nomen

Noam Chomsky

Hegemonie oder Untergang

Amerikas Kampf um die Weltherrschaft

nomen

Aus dem Amerikanischen übersetzt von Michael Haupt

www.nomen-verlag.de

4. Auflage 2022

Titel der amerikanischen Originalausgabe:
»Hegemony or Survival«

First published in the United States by: Metropolitan Books,
a division of Henry Holt and Company L.L.C.

Umschlaggestaltung: Petra Dorkenwald, München
Autorenfoto: © Don Usner

Druck und Bindung: CPI Clausen & Bosse, Leck

ISBN 978-3-939816-86-7

Inhalt

I. Hegemonie oder Überleben

Vor einigen Jahren hat einer der großen zeitgenössischen Biologen, Ernst Mayr, einen Aufsatz veröffentlicht, in dem er sich mit den Erfolgsmöglichkeiten der Suche nach außerirdischer Intelligenz beschäftigt.[1] Er hält die Aussichten für sehr gering und sieht die Gründe in dem mangelhaften Anpassungsvermögen der spezifisch menschlichen Form geistiger Organisation. Seit der Entstehung des Lebens hat es, Mayr zufolge, an die 50 Milliarden Arten auf der Erde gegeben, von denen nur eine einzige »jene Intelligenz ausbildete, die zur Errichtung einer Zivilisation notwendig ist«. Das geschah vor etwa 100 000 Jahren, als eine kleine Gruppe höherer Lebewesen überlebte, von der wir alle abstammen.

Es könnte sein, spekuliert Mayr, daß die menschliche Gattung gerade aufgrund ihrer Intelligenz von der natürlichen Auslese nicht begünstigt wird. Zumindest biologisch widerlege die Geschichte des Lebens auf der Erde die Behauptung, daß »Klugheit besser ist als Dummheit«: Käfer und Bakterien z. B. seien überlebensfähiger als Menschen. Überdies betrage, bemerkt Mayr düster, »die durchschnittliche Lebenserwartung einer Art ungefähr 100 000 Jahre«.

Vielleicht bietet die Epoche, deren Beginn wir jetzt gerade erleben, eine Antwort auf die Frage, ob Klugheit besser ist als Dummheit, wobei die hoffnungsvollste Antwort allerdings *keine* wäre, weil sich sonst herausstellen könnte, daß der Mensch ein »biologischer Irrtum« ist, der die ihm von der Evolution eingeräumten einhundert Jahrtausende dazu genutzt hat, sich selbst und dabei noch vieles andere zu zerstören.

Ganz sicher hat unsere Gattung die entsprechenden destruktiven Fähigkeiten entwickelt und, wie ein außerirdischer Beobachter bemerken könnte, im Verlauf ihrer Geschichte auch in die Tat umgesetzt; am augenfälligsten während der letzten Jahrhunderte mit Angriffen auf die lebenserhaltende Umwelt, die Artenvielfalt komplexerer Organismen sowie mit kalter und berechnender Brutalität gegen die Angehörigen der menschlichen Spezies selbst.

»Zwei Supermächte«

Schon zu Beginn des Jahres 2003 gab es zahlreiche Hinweise darauf, daß die Sorgen um das Überleben unserer Gattung keineswegs übertrieben sind. Um nur ein paar Beispiele zu nennen: Im Herbst 2002 wurde bekannt, daß vierzig Jahre zuvor ein alles vernichtender Atomkrieg nur um Haaresbreite vermieden werden konnte. Kurz nach dieser alarmierenden Entdeckung blokkierte die Regierung Bush Bemühungen der Vereinten Nationen, die Militarisierung des Weltraums zu verhindern, brach internationale Verhandlungen über ein Verbot biologischer Kriegführung ab und marschierte, allen nationalen und internationalen Protesten zum Trotz, entschlossen auf einen Angriff gegen den Irak zu.

Irakerfahrene Hilfsorganisationen und Untersuchungen medizinischer Institutionen wiesen darauf hin, daß die Invasion in eine humanitäre Katastrophe münden könnte. Washington ignorierte diese Warnungen, und die Medien interessierten sich nur mäßig dafür. Eine hochrangige US-amerikanische Projektgruppe kam zu dem Schluß, daß Angriffe mit Massenvernichtungswaffen innerhalb der Vereinigten Staaten »wahrscheinlich« seien und durch einen Angriff auf den Irak noch wahrscheinlicher würden. Ähnlich äußerten sich zahlreiche Spezialisten und Geheimdienste, die hinzufügten, daß Washingtons kriegerische Haltung, die sich nicht auf den Irak beschränkte, langfristig den internationalen Terrorismus stärken und die Verbreitung von Massenvernichtungswaffen begünstigen werde. Auch diese Warnungen wurden in den Wind geschlagen.

Im September 2002 verkündete die Regierung Bush ihre Nationale Sicherheitsstrategie: Fortan werde man sich das Recht vorbehalten, jeder Bedrohung der auf Dauer gestellten globalen Hegemonie der Vereinigten Staaten mit Gewalt zu begegnen. Diese neue Großstrategie erregte weltweit Besorgnis und führte auch bei außenpolitischen Spezialisten im eigenen Land zu kritischen Fragen. Ebenfalls im September wurde, rechtzeitig zum Beginn der Kongreßwahlen, eine Propagandakampagne lanciert, um Saddam Hussein als unmittelbare Bedrohung für die USA darzustellen und den Anschein zu erwecken, er sei für die Anschläge vom 11. September 2001 verantwortlich und plane weitere Attentate. Diese Kampagne war äußerst erfolgreich: Schon bald befürwortete die amerikanische Öffentlichkeit (im Gegensatz zur Weltmeinung) einen Krieg gegen Hussein, und die Regierung konnte den Irak zum geeigneten Testfall für die neue Strategie willkürlicher Gewaltanwendung machen.

Ebenso torpedierte die Regierung Bush internationale Bemühungen um eine umweltfreundlichere Politik mit Vorwänden, die kaum zu verhüllen mochten, daß es einzig um privatwirtschaftliche Interessen ging. Der Climate Change Science Plan (CCSP) der Regierung enthalte, schrieb Donald Kennedy, Herausgeber des Wissenschaftsmagazins *Science*, »keine Empfehlung für die Begrenzung von Emissionen oder andere Formen der Umweltentlastung«, sondern beschränke sich auf »freiwillige Maßnahmen, die, selbst wenn sie befolgt würden, eine Steigerung der Emissionsraten um 14 Prozent pro Dekade erlaubten«. Unberücksichtigt bleibe auch die wachsende Wahrscheinlichkeit, daß die kurzfristige Erwärmung der Erdatmosphäre einen »plötzlichen, nicht-linearen Prozeß« mit tiefgreifenden Temperaturveränderungen in Gang setzen könnte, der für die USA, Europa und andere gemäßigte Zonen erhebliche Risiken berge. Washingtons »verächtlicher Umgang mit den multilateralen Bemühungen um das Problem der Erderwärmung« führe, so Kennedy, »zur weiteren Aushöhlung der guten Beziehungen zu den europäischen Freunden« und zu »schwelendem Unmut«.[2]

Im Oktober war kaum noch zu übersehen, daß die Welt »den ungezügelten Einsatz amerikanischer Macht mit größerer Sorge betrachtete ... als die von Saddam Hussein ausgehende Bedrohung« und »den Einfluß des Giganten ebenso gern beschränkt ... wie die Arsenale des Despoten leergeräumt sähe«.[3] Die Sorge wuchs noch in den folgenden Monaten, als der Gigant seine Absicht bekundete, den Irak auch dann anzugreifen, wenn es den von ihm widerwillig geduldeten UN-Inspektoren nicht gelingen sollte, die erforderlichen Massenvernichtungswaffen aufzutreiben. Im Dezember waren, internationalen Umfragen zufolge, außerhalb der USA gerade einmal zehn Prozent der Öffentlichkeit für einen Krieg, und zwei Monate später hieß es angesichts weltweiter Proteste, daß es »vielleicht immer noch zwei Supermächte auf diesem Planeten gibt: die Vereinigten Staaten und die öffentliche Weltmeinung« (wobei mit den »Vereinigten Staaten« hier die Regierung gemeint ist, nicht die Bevölkerung oder die Eliteschichten).[4]

Zu Beginn des Jahres 2003 hatte die globale Angst vor den USA beträchtliche Höhen erreicht, während das Vertrauen in ihre politische Führung nahezu auf den Nullpunkt gesunken war. Allzusehr hatte die Regierung Bush, ihren Lippenbekenntnissen zum Trotz, elementare Menschenrechte mißachtet und die Demokratie auf zuvor nie gekannte Weise mit Füßen getreten. Die folgenden Ereignisse sollten jeden mit Besorgnis erfüllen, der sich Gedanken über die Welt macht, die er seinen Kindern und Enkeln hinterläßt.

Obwohl die Bush-Krieger im traditionellen politischen Spektrum der USA die Position der extremen Falken besetzen, haben ihre Programme und Doktrinen viele Vorläufer, nicht nur in der amerikanischen Geschichte selbst, sondern auch in vielen früheren Weltmacht-Aspiranten. Noch bedrückender ist, daß die Entscheidungen der jetzigen US-Strategen im Rahmen der vorherrschenden Ideologie und der sie verkörpernden Institutionen keineswegs irrational sein müssen. Für die Bereitschaft politischer Führer, ungeachtet möglicher Katastrophen auf die Androhung oder Anwendung von Gewalt zu setzen, gibt es genügend historische Beispiele. Heute jedoch sind die Risiken höher als je zuvor, denn die Alternative lautet: Hegemonie oder Überleben.

Im folgenden möchte ich einige der vielen Fäden, die dieses vielschichtige Gewebe durchziehen, entwirren und mich dabei auf die Weltmacht, die gegenwärtig globale Hegemonie beansprucht, konzentrieren. Ihre Handlungen und Prinzipien sind für alle Bewohner dieses Planeten von größter Bedeutung, insbesondere natürlich für die Amerikaner selbst, von denen viele außergewöhnliche Freiheiten und Privilegien genießen, die es ihnen ermöglichen, an der Gestaltung der Zukunft mitzuwirken. Sie sollten daher die Verantwortung, die mit solchen Privilegien unmittelbar verbunden ist, nicht auf die leichte Schulter nehmen.

Der Feind im Innern

Wer seiner Verantwortung gerecht werden möchte, indem er für wahrhafte Demokratie und Freiheit – und eine Politik des Überlebens – eintritt, sollte wissen, welche Hindernisse dem entgegenstehen. In gewalttätigen Staaten liegen diese offen zutage, in demokratischeren Gesellschaften sind sie eher verborgen. So unterschiedlich die Methoden der Behinderung von Demokratie und Freiheit auch sein mögen, so ähnlich sind die Ziele: Immer geht es darum, die »große Bestie«, wie Alexander

Hamilton das Volk nannte, innerhalb eng gezogener Schranken zu halten.

Seit der ersten demokratischen Revolution der Moderne im England des 17. Jahrhunderts war den Mächtigen und Privilegierten vor allem daran gelegen, die Volksmassen im Zaum zu halten. Angewidert reagierten die »wahrlich tugendhaften Männer«, wie sie sich selbst nannten, als eine »wankelmütige Menge von Bestien in Menschengestalt« jenseits des Bürgerkriegs zwischen Krone und Parlament eine Regierung forderte, die »aus Landsleuten wie wir selbst, die unsere Bedürfnisse kennen« bestehen müsse, nicht aber aus »Rittern und Adligen, deren Gesetze uns Furcht einflößen und unterdrücken sollen«. Wenn aber, so erkannten die wahrlich Tugendhaften, das Volk derart »verkommen und korrumpiert« ist, daß es »Macht und Verantwortung in die Hände schlechter und unwürdiger Männer legt, hat es damit seine Macht an diejenigen verloren, die gut sind, seien es ihrer auch nur wenige«. Fast drei Jahrhunderte später nahm der »Wilsonsche Idealismus« eine ähnliche Haltung ein. Im Ausland muß die US-Regierung dafür sorgen, daß die jeweilige Herrschaft von den »wenigen Guten« ausgeübt wird, während es im eigenen Land darum geht, die von Eliten getroffenen Entscheidungen von der Bevölkerung ratifizieren zu lassen, also ein System aufrechtzuerhalten, das die Politikwissenschaft »Polyarchie« nennt und das mit Demokratie wenig zu tun hat.[5]

Als Präsident schreckte Woodrow Wilson auch vor innerstaatlicher Repressionspolitik nicht zurück, aber solche Maßnahmen sind, wie man bereits damals in den Herrschaftsetagen der USA und Großbritanniens erkannte, kaum noch durchzusetzen, sobald die Bürger sich ein substantielles Maß an Freiheiten und Rechten erkämpft haben. Um die Bestie zu zähmen, bedurfte es anderer Mittel, die vor allem auf die Beeinflussung der öffentlichen Meinung hinausliefen. Zu diesem Zweck wurde eine umfangreiche Industrie ins Leben gerufen.

Wilson selbst war der Ansicht, daß eine gebildete Elite mit »erhabenen Idealen« dazu berufen sei und ermächtigt werden müsse, »Stabilität und Rechtschaffenheit« zu bewahren.[6] Führende Intellektuelle wie Walter Lippmann schlossen sich dem an. In seinen Essays zur Funktion der Demokratie schlug Lippmann die »Herstellung von Konsens« vor; eine »Revolution« der demokratischen Verfahrensweise, mittels derer es einer »Klasse von Spezialisten« möglich wird, die »Interessen des Gemeinwesens« zu vertreten, die der Öffentlichkeit zumeist entgehen. Das ist im wesentlichen das leninsche Konzept einer »Avantgarde-Partei«. Wie eine solche Revolution möglich ist, konnte Lippmann schon als Mitglied von Wilsons Committee on Public Information erfahren, dem es mit gezielter Propaganda gelang, die amerikanische Öffentlichkeit für den Eintritt der USA in den Ersten Weltkrieg zu begeistern.

Die »verantwortlichen Männer« müssen, so Lippmann, ihre Entscheidungen treffen können, ohne sich vom »Getrampel und Gebrüll einer verwirrten Herde« beeindrucken zu lassen, deren Mitglieder bestenfalls »Zuschauer«, nicht aber »Teilnehmer« sein können. Der Herde kommt die Funktion zu, bei den periodisch abgehaltenenen Wahlen für den einen oder anderen Vertreter der politischen Führungsschicht zu trampeln und zu brüllen. Unerwähnt bleibt, daß die »verantwortlichen Männer« ihren Status nicht aufgrund bestimmter Talente oder Kenntnisse erlangen, sondern durch willige Unterordnung unter das jeweilige Machtsystem und die Treue zu dessen Prinzipien, deren wichtigstes lautet, daß die Entscheidungen über die sozialen und wirtschaftlichen Strukturen den autoritär verfaßten Institutionen überlassen bleiben, während die Mitwirkung der Bevölkerung auf einen eng begrenzten öffentlichen Bereich beschränkt bleibt.

Wie begrenzt dieser Bereich sein sollte, ist umstritten. In den letzten dreißig Jahren haben neoliberale Initiativen immer wieder den Versuch unternommen, ihn weiter zu reduzieren und die Entscheidungsebene einigen rechtlich unangreifbaren Privattyranneien zu überlassen, die miteinander und mit ein paar mächtigen Staaten eng verwoben sind. Die Demokratie kann dann nur in äußerst eingeschränkter Form überleben. In dieser Hinsicht besonders extrem waren die Regierungen Reagan und Bush, aber das politische Spektrum in den USA ist ohnehin nicht besonders breit. Manche bezweifeln, daß es überhaupt existiert und machen sich über jene Experten lustig, die »ihren Lebensunterhalt dadurch verdienen, daß sie [bei Wahlkämpfen] die feineren Pointen der von der NBC ausgestrahlten Sitcoms mit denen vergleichen, die bei CBS laufen«: »In stillschweigendem Einvernehmen führen die beiden großen Parteien den Wettbewerb um die Präsidentschaft als politisches Kabuki-Theater durch, bei dem alle Spieler ihre Rollen gelernt haben und nicht vom Drehbuch abweichen« – eine Veranstaltung, »die in keiner Weise ernstgenommen werden kann«.[7]

Wenn die Öffentlichkeit ihre Marginalisierung und Passivität überwindet, sprechen liberale Intellektuelle von einer »Krise der Demokratie«, die auch durch die Disziplinierung jener Institutionen überwunden werden muß, welche für die »Indoktrinierung der Jugend« verantwortlich sind, also Schulen, Universitäten, Kirchen und dergleichen. Und falls die Selbstzensur der Medien nicht mehr ausreicht, müssen sie von der Regierung direkt kontrolliert werden.[8]

Insofern sie solche Ansichten unterstützen, können die zeitgenössischen Intellektuellen sich auf verfassungsnahe Quellen berufen. Schon James Madison meinte, die Macht müsse an den »Reichtum der Nation« delegiert werden, d. h. an jene »fähigeren Männer«, die begreifen, daß die Regierung die Aufgabe hat, »die Minderheit der Wohlhabenden vor der Mehrheit zu schützen«. Madison, dessen Weltbild noch aus der vorkapitalistischen Ära stammte, war davon überzeugt, daß die »aufgeklärten Staatsmänner« und »wohlmeinenden Philosophen« ihre Macht »im wahren Interesse ihres Landes« ausüben und die Allgemeinheit vor dem »Mutwillen« demokratischer Mehrheiten bewahren würden. Als er älter wurde, befiel ihn die Furcht, daß die wachsende Zahl derer, die »unter der Mühsal des Lebens leiden und heimlich eine gerechtere Verteilung seiner Früchte ersehnen«, zu gravierenden Problemen führen könnte. Die moderne Geschichte ist nicht zuletzt von den Auseinandersetzungen darüber geprägt, wer auf welche Weise Entscheidungen trifft.

Daß keine Regierung, sei sie despotisch oder frei, auf die Kontrolle der öffentlichen Meinung verzichten kann, wußte bereits David Hume. Dem ist bestenfalls hinzuzufügen, daß dies in den freieren Gesellschaften, in denen Gehorsam nicht durch die Knute zu erzwingen ist, sehr viel größere Bedeutung besitzt. Daher kann nicht verwundern, daß die modernen Institutionen für die Gedankenkontrolle – die ganz offen als Propaganda bezeichnet wurde, bevor der Begriff in den Ruch des Totalitären kam – in den freiesten Gesellschaften entstanden. Pionierarbeit leistete Großbritannien mit seinem Informationsministerium, das im Ersten Weltkrieg sich vornahm, »weltweit die Gedanken zu kontrollieren«. Bald darauf folgte Wilsons bereits erwähntes Committee on Public Information, dessen Erfolge die fortschrittlichen Theoretiker der Demokratie ebenso inspirierten wie die moderne PR-Industrie. Führende Mitarbeiter dieses Komitees wie Walter Lippmann und Edward Bernays machten sich die Errungenschaften der Kriegspropaganda zunutze; Bernays erblickte in der »Herstellung von Konsens ... das wesentliche Merkmal des demokratisches Prozesses«. 1922 fand der Terminus »Propaganda« Eingang in die *Encyclopaedia Britannica*, ein Jahrzehnt später tauchte er in der *Encyclopedia of the Social Sciences* auf, als Harold Lasswell den neuen Techniken zur Kontrolle des öffentlichen Bewußtseins seinen akademischen Segen erteilte. Bedeutsam waren die Methoden der Pioniere auch deshalb, schreibt Randall Martin in seiner Geschichte der Propaganda, weil sie »vom nationalsozialistischen Deutschland, von Südafrika, der Sowjetunion und dem Pentagon nachgeahmt wurden«, ohne daß die Erfolge der PR-Industrie jemals erreicht worden wären.[9]

Die eigene Bevölkerung unter Kontrolle zu halten, wird vor allem dann problematisch, wenn die Regierungspolitik auf heftige Opposition stößt. In diesem Fall mag die politische Führung versucht sein, den Weg Reagans einzuschlagen, der ein »Büro für öffentliche Diplomatie« (Office of Public Diplomacy) einrichtete, um seine mörderische Vorgehensweise in Mittelamerika besser zu verkaufen. Ein hoher Regierungsbeamter beschrieb die vom Büro lancierte »Operation Wahrheit« als »umfangreiche psychologische Operation der Art, wie sie das Militär durchführt, um eine auf feindlichem Territorium lebende Bevölkerung zu beeinflussen« – was besagt, daß die Regierung auch die eigene Bevölkerung durchaus als »auf feindlichem Territorium lebend« begreifen kann.[10]

Der Feind jenseits der Grenzen

Während man im eigenen Land die Leute oft mit intensiver Propaganda im Zaum halten muß, stehen für Aktionen jenseits der Grenzen weniger umständliche Mittel zur Verfügung. Führende Mitglieder der jetzigen Regierung Bush haben, als sie noch unter Reagan und Bush sr. dienten, bereitwillig gezeigt, daß und wie sie diese Mittel zu nutzen imstande sind. Als die traditionelle Herrschaft von Gewalt und Unterdrückung in den mittelamerikanischen US-Domänen von kirchlichen und anderen oppositionellen Kräften in Frage gestellt wurde, reagierte Reagan gleich nach seinem Amtsantritt 1981 mit einem »Krieg gegen den Terror«, der schon bald und wenig überraschenderweise zu einem Terrorkrieg, einer Folter- und Mordkampagne wurde, die auch andere Weltregionen nicht verschonte.

In Nicaragua hatte Washington die Kontrolle über die Streitkräfte verloren, denen es traditionellerweise (eine Erbschaft des Wilsonschen Idealismus) oblag, die Bevölkerung in den Staaten der Region zu unterdrücken. Die Sandinisten stürzten den Diktator Somoza, eine US-Marionette, und entwaffneten die mörderische Nationalgarde. Daraufhin wurde das Land Reagans Terrorismus unterworfen, der sich wirtschaftlich, politisch und auch psychologisch katastrophal auswirkte. Der Sturz der Diktatur hatte für eine Welle von Begeisterung, Vitalität und Optimismus gesorgt und die Hoffnung hervorgerufen, daß die düstere Geschichte Nicaraguas vielleicht doch einen anderen Verlauf nehmen könnte. Das durfte die Supermacht in ihrem Hinterhof nicht zulassen.

In den anderen Ländern Mittelamerikas, die Zielscheiben von Reagans »Krieg gegen den Terror« wurden, behielt das von den USA ausgebildete und mit Waffen versehene Militär die Oberhand. Die Bevölkerung war diesen Terroristen schutzlos ausgeliefert und wurde das Opfer zahlloser Greueltaten, die von Menschenrechtsorganisationen, Kirchengruppen und Lateinamerikaexperten in allen Einzelheiten dokumentiert wurden, ohne daß die Bürger jenes Staats, der für die Folterungen und Massaker in erster Linie verantwortlich war, davon besonders viel erfuhren.[11]

Mitte der achtziger Jahre hatten, so eine kirchliche Menschenrechtsorganisation aus El Salvador, die staatsterroristischen Kampagnen in den betroffenen Gesellschaften ein Klima »von Schrecken und Panik … kollektiver Einschüchterung und Furcht« geschaffen; die Bevölkerung hatte sich an den »täglichen und häufigen Einsatz von Gewalt« und den »Anblick von Folteropfern« gewöhnt. Nach der Rückkehr von einem kurzen Besuch seiner Heimat Guatemala schrieb der Journalist Julio Godoy: »Man ist versucht zu glauben, daß einige Leute im Weißen Haus die aztekischen Götter anbeten und ihnen das Blut der Mittelamerikaner opfern.« Godoy war geflohen, nachdem das Büro seiner Zeitung, *La Epoca*, von Staatsterroristen in die Luft gesprengt worden war, was in den Vereinigten Staaten keinerlei Aufmerksamkeit erregte. Das Weiße Haus habe, so Godoy, in Mittelamerika Kräfte installiert, die es »an Grausamkeit durchaus mit Nicolae Ceausescus *Securitate* aufnehmen können«.[12]

Nachdem die Terroristen ihre Ziele erreicht hatten, erörterte eine Konferenz von Jesuiten und Laienbrüdern in San Salvador die Folgen. Die Teilnehmer hatten in den düsteren achtziger

Jahren genügend persönliche Erfahrungen gesammelt, um ein Urteil abgeben zu können, und kamen zu dem Schluß, daß es nicht ausreiche, sich allein auf den Terror zu konzentrieren. Ebenso müsse man erforschen, »welches Gewicht der Kultur der Terrors zukommt, wenn es darum geht, die Erwartungen der Bevölkerungsmehrheit herabzusetzen« und sie daran zu hindern, »Alternativen zu den Forderungen der Mächtigen« in Betracht zu ziehen.[13] Das gilt nicht nur für Mittelamerika.

Hoffnungen zu zerstören, ist ein wichtiges Unterfangen. Gelingt es, können die Mächtigen formelle Demokratie zulassen oder gar, wenn auch nur aus PR-Motiven, für wünschenswert halten. In Kreisen, wo halbwegs ehrlich gesprochen wird, räumt man dies auch ein. Am besten aber verstehen es jene »Bestien in Menschengestalt«, die den Imperativen von Stabilität und Ordnung Widerstand leisten und dann die Folgen zu tragen haben.

Diese Dinge sollte die zweite Supermacht, die öffentliche Weltmeinung, zu begreifen sich alle Mühe geben, damit sie die ihr auferlegten Zügel abwerfen und die Ideale von Gerechtigkeit und Freiheit auf die Tagesordnung setzen kann. Denn leicht ist es, diese Begriffe im Munde zu führen, schwer jedoch, sie zu verteidigen und in die Tat umzusetzen.

II. Die imperiale Strategie

Im Herbst 2002 hatte der mächtigste Staat in der Geschichte *ein* Ziel ganz oben auf seine weltpolitische Tagesordnung gesetzt: Er wollte seine Hegemonie durch die Androhung oder Anwendung militärischer Gewalt, also jener Dimension, in der er die uneingeschränkte Vorherrschaft besitzt, aufrechterhalten. In der offiziellen Rhetorik der Nationalen Sicherheitsstrategie hieß das: »Unsere Streitkräfte werden stark genug sein, potentielle Gegner davon abzuhalten, eine militärische Aufrüstung zu betreiben, die darauf ausgerichtet ist, die Macht der Vereinigten Staaten zu übertreffen oder mit ihr gleichzuziehen.«[1]

Ein bekannter Spezialist für internationale Politik, John Ikenberry, beschreibt die Erklärung als »umfassende Strategie, die sich von ihrem Ansatz her dazu verpflichtet, eine unipolare Welt zu garantieren, in der die Vereinigten Staaten keinen gleichrangigen Konkurrenten haben«, so daß auch langfristig »kein Staat oder Staatenbündnis die USA als globale Führungs-, Schutz- und Erzwingungsmacht in Frage stellen kann«. Damit werden »internationale Normen der Selbstverteidigung, wie sie im Artikel 51 der UN-Charta festgelegt sind, nahezu bedeutungslos«. Darüber hinaus mißt die Doktrin der internationalen Rechtsprechung und ihren Institutionen nur noch »geringen Wert« bei. Ikenberry fährt fort: »Die neue imperiale Strategie läßt die USA als einen revisionistischen Staat erscheinen, der seine momentanen Vorteile in eine Weltordnung umzumünzen sucht, deren Strukturen von ihm bestimmt werden.« Dadurch aber werden andere Staaten veranlaßt, nach Wegen zu suchen, um »die US-amerikanische Macht zu unterminieren, einzudämmen und Vergeltungsschläge gegen sie auszuüben«. Die Strategie läuft darauf hinaus, »die Welt gefährlicher und in sich gespaltener zu machen, während die Vereinigten Staaten weniger Sicherheit genießen«. Viele außenpolitische Spezialisten teilen diese Ansicht.[2]

Die Hegemonie erzwingen

Mit der imperialen Strategie räumen die Vereinigten Staaten sich das Recht ein, nach Gutdünken einen »Präventivkrieg« zu führen: *präventiv*, nicht etwa *präemptiv*.[3] Ein präemptiver Krieg kann im Rahmen des internationalen Rechts geführt werden. Hätte die Regierung Reagan 1983 auf dem von ihr hervorgezauberten Militärstützpunkt auf Grenada tatsächlich russische Bomber entdeckt, die bereitstanden, um die USA zu bombardieren, wäre ein präemptiver Angriff, der die Flugzeuge und eventuell auch den Stützpunkt zerstören würde, mit der UN-Charta zu rechtfertigen gewesen. Ebenso hätten sich Kuba, Nicaragua und andere Länder, als sie von den USA angegriffen wurden, auf dieses Recht berufen können, wenngleich es aufgrund ihrer militärischen Schwäche verrückt gewesen wäre, präemptive Maßnahmen gegen die Supermacht zu ergreifen. Aber solche Rechtfertigungen gelten nicht für den Präventivkrieg, und schon gar nicht in der Bedeutung, die seine gegenwärtigen Befürworter dem Begriff verleihen, wenn sie darunter die Anwendung von Gewalt gegen eine angebliche oder erfundene Bedrohung verstehen, weil dafür selbst der Terminus »präventiv« noch zu milde ist.

Der Präventivkrieg fällt unter die Kategorie der Kriegsverbrechen. Wenn es sich tatsächlich um eine Idee handeln sollte, »deren Zeit gekommen ist«, hat die Welt berechtigten Anlaß zur Sorge.[4]

Als die Invasion des Irak begann, schrieb der prominente Historiker und Kennedy-Berater Arthur Schlesinger:

> »Der Präsident betreibt eine Politik ›antizipatorischer Selbstverteidigung‹, die auf alarmierende Weise der Politik des imperialen Japan beim Angriff auf Pearl Harbor ähnelt, dessen Datum, wie ein früherer amerikanischer Präsident bemerkte, einen Tag der Schande bezeichnet. Franklin D. Roosevelt hatte recht, aber heute sind wir Amerikaner dabei, die Schande zu begehen.«[5]

Er fügte hinzu, daß »die weltweite Woge des Mitgefühls für die Vereinigten Staaten nach dem 9. September einer weltweiten Woge des Hasses auf amerikanischen Hochmut und Militarismus gewichen ist« und sogar in befreundeten Ländern Bush nach Ansicht der Bevölkerung »eine größere Bedrohung des Friedens darstellt als Saddam Hussein«.

Der Spezialist für internationales Recht, Richard Falk, findet die Folgerung »unausweichlich«, daß der Irakkrieg ein »Verbrechen jener Art war, für das deutsche Führer in Nürnberg angeklagt, verurteilt und bestraft wurden«.[6]

Einige Verteidiger der Strategie räumen ein, daß sie sich über internationales Recht hinwegsetzt, sehen darin aber kein Problem, weil dieses Recht nur »heiße Luft« sei. »Der großangelegte Versuch, die Herrschaft der Gewalt der Herrschaft des Gesetzes zu unterwerfen« gehöre, schreibt der Rechtswissenschaftler Michael Glennon, auf den Müllhaufen der Geschichte. Das ist die angemessene Einstellung für den einen Staat, der die neuen Nicht-Regeln seinen Zwecken dienstbar machen kann, weil er fast ebensoviel wie die gesamte übrige Welt in Gewaltmittel investiert und bei der Entwicklung von Vernichtungswaffen, ungeachtet aller globalen Opposition, neue und gefährliche Pfade beschreitet. Im übrigen wird der Beweis dafür, daß das internationale Rechtssystem »heiße Luft« sei, recht umstandslos geführt: Washington »machte deutlich, daß es alles tun werde, um seine Vorherrschaft aufrechtzuerhalten«, verkündete dann, es werde die Resolutionen des UN-Sicherheitsrats zum Irak »ignorieren« und erklärte schließlich, es sei »nicht länger an die Regeln der UN-Charta zur Anwendung von Gewalt gebunden«. Quod erat demonstrandum. Dementsprechend seien die Regeln »zusammengebrochen« und »das ganze Gebäude eingestürzt«. Das ist, meint Glennon, eine gute Sache, weil die USA die Führungsmacht der »aufgeklärten Staaten« sind und daher jedem Versuch, »die von ihnen [den Vereinigten Staaten] ausgeübte Gewalt zu beschneiden, widerstehen müssen«.[7]

Die aufgeklärte Führungsmacht hat auch die Freiheit, die Regeln nach ihrem Willen zu verändern. Als die Militärkräfte bei der Besetzung des Irak die Massenvernichtungswaffen, deren bedrohliche Existenz doch den Einmarsch hatte rechtfertigen sollen, nicht fanden, sprach die US-Regierung auf einmal nicht mehr von »absoluter Gewißheit«, sondern versicherte nun, daß die Beschuldigungen »durch die Entdeckung von Ausrüstungsgegenständen, die zur Herstellung von Waffen geeignet sind, gerechtfertigt waren«. Hochrangige Regierungsbeamte schlugen vor, den »umstrittenen Begriff ›Präventivkrieg‹«, der bislang Washington dazu berechtigte, Militäraktionen »gegen ein Land, das tödliche Waffen in großer Quantität besitzt« zu unternehmen, dahingehend zu »verfeinern«, »daß die Regierung gegen ein feindliches Regime auch dann vorgehen kann, wenn dieses nur die Absicht und Fähigkeit hat«, Massenvernichtungswaffen zu entwickeln.[8]

Allerdings hat fast jedes Land die Fähigkeit, solche Waffen zu entwickeln und herzustellen, und die Absicht liegt im Auge des Betrachters. Mithin garantiert diese verfeinerte Version Washington das Recht auf willkürliche Aggression. Nachdem das ursprüngliche Argument für die Invasion des Irak in sich zusammengefallen war, senkte man also einfach die Hemmschwelle für die Anwendung von Gewalt.

Die imperiale Strategie verfolgt das Ziel, alles zu verhindern, was »die Macht, die Position und das Prestige der Vereinigten Staaten« in Frage stellen könnte. Das sind nicht die Worte von Dick Cheyney oder Donald Rumsfeld oder einem der anderen etatistischen Reaktionäre, die im September 2002 die Nationale Sicherheitsstrategie formulierten. Vielmehr stammen sie von 1963 und wurden von dem geachteten liberalen Elder Statesman Dean Acheson geäußert, der damit die amerikanischen Aktionen gegen Kuba rechtfertigte. Er wußte natürlich, daß Washingtons terroristischer Feldzug, der auf der Insel einen »Regimewechsel« bewirken sollte, nur einige Monate zuvor dazu beigetragen hatte, die Welt an den Rand eines Atomkriegs zu bringen. Nachdem die Raketenkrise behoben worden war, wurde der Feldzug fortgesetzt, als sei nichts geschehen, und Acheson teilte der American Society of International Law mit, daß kein »Rechtsproblem« entstehe, wenn die USA auf eine Bedrohung ihrer Macht, ihrer Position, ihres Prestiges reagierten.

Achesons Doktrin war auch maßgebend für die konservative Regierung Reagan, als der Angriff auf Nicaragua vor dem Weltgerichtshof verhandelt wurde. Dessen Aufforderung, die verbrecherischen Aktionen zu beenden, wurde ignoriert, Resolutionen des UN-Sicherheitsrats, die alle Staaten aufriefen, das internationale Recht zu respektieren, wurden mit einem Veto belegt. Abraham Sofaer, Rechtsberater des Außenministeriums, erklärte, daß die meisten Staaten »unsere Ansicht nicht teilen«, wobei »diese Mehrheit bei wichtigen internationalen Fragen oftmals in Opposition zu den Vereinigten Staaten steht«. Folglich müssen wir uns die Entscheidung darüber, welche Angelegenheiten »unter die nationale Rechtsprechung der Vereinigten Staaten fallen« vorbehalten – und dazu gehörten in diesem Fall eben auch Aktionen, die der Weltgerichtshof als »unrechtmäßige Anwendung von Gewalt«, d. h. letztlich als internationalen Terrorismus, gegen Nicaragua verurteilt hatte.[9]

Besonders die Regierungen Reagan und Bush sr. zeigten eine flagrante Verachtung für das internationale Recht und seine Institutionen, doch ihre Nachfolger machten ebenfalls deutlich, daß sich die USA vorbehielten, »wenn notwendig, unilateral zu handeln«, wozu auch der »unilaterale Einsatz militärischer Macht« gehörte, mit dem vitale Interessen wie der »ungehinderte Zugang zu Schlüsselmärkten, Energievorräten und strategischen Ressourcen« verteidigt werden sollte.[10] Neu war diese Haltung allerdings nicht.

Die Fundamente der imperialen Strategie vom September 2002 wurden bereits in der Anfangsphase des Zweiten Weltkriegs gelegt. Noch vor dem Kriegseintritt der USA gingen hochrangige Strategen davon aus, daß die Vereinigten Staaten in der Nachkriegsära eine »unhinterfragbare Machtposition« einnehmen und »jedwede Ausübung von Souveränität« durch Staaten, die Washingtons globale Pläne gefährden könnten, beschränken müßten. Um diese Ziele zu erreichen, war es unbedingt notwendig, »so schnell wie möglich das Programm einer vollständigen Wiederbewaffnung in die Tat umzusetzen«. Hochrüstung war damals wie heute die zentrale Komponente »einer Politik, die den USA gleichermaßen die ökonomische wie militärische Vorherrschaft sichern wird«. Zunächst richteten sich diese Ambitionen noch auf die »nicht-deutsche Welt«, die unter der Suprematie der USA als *Grand Area* entstehen sollte. Zu diesem geopolitischen Großraum gehörten die westliche Hemisphäre, das ehemalige britische Empire und der Ferne Osten. Als die Niederlage Deutschlands sich abzuzeichnen begann, wurden diese Pläne auch auf Eurasien ausgedehnt.[11]

Das sind nur einige Präzedenzfälle, die indes das enge Spektrum politischer Planungsstrategien verdeutlichen. Sie werden im Rahmen eines institutionellen Machtgefüges entwickelt, das relativ stabil bleibt. Auch die ökonomischen Entscheidungsbefugnisse sind hoch zentralisiert, und John Dewey dürfte kaum übertrieben haben, als er die Politik den »Schatten, den das Big Business auf die Gesellschaft wirft«, nannte. Es ist nur natürlich, daß Washington die Errichtung eines globalen Systems intendiert, das der amerikanischen Wirtschaft offensteht und sich politisch kontrollieren läßt, ohne daß Konkurrenten oder andere Bedrohungen zu befürchten wären.[12] Dazu gehört auch die wachsame Abwehr aller Bestrebungen zu einer unabhängigen Entwicklung, die, wie Strategen es ausdrückten, zum »Virus« werden könnte, der »andere infiziert«. Der Kampf gegen diese Bestrebungen bildet eines der Leitmotive der Nachkriegsgeschichte und wurde, auch von der zweiten Supermacht, oft unter dem Vorwand des Kalten Kriegs geführt.

Die wesentlichen Aufgaben des US-amerikanischen globalpolitischen Managements sind seit 1945 dieselben geblieben: Im von den USA geschaffenen »weltweiten Ordnungsrahmen« müssen andere Zentren globaler Macht an der Entfaltung gehindert werden; zugleich gilt es, die Kontrolle über die Energiereserven zu bewahren, unannehmbare Formen eines unabhängigen Nationalismus zu bekämpfen und im eigenen Land den inneren Feind namens »Krise der Demokratie« zu bewältigen. Vor allem in Perioden tiefgreifenden Wandels können diese Aufgaben in unterschiedlicher Gestalt auftreten: Ab 1970 ging es um die Entwicklungen in der Weltwirtschaftsordnung; zwanzig Jahre später um die Rückstufung des ehemaligen Hauptfeindes auf einen quasi-kolonialen Status; kurz darauf um jenen internationalen Terrorismus, der diesmal die Vereinigten Staaten selbst bedrohte, was schockhaft am 11. September 2001 erfahren werden mußte. Immer wieder wurden die Taktiken, mit denen diese Entwicklungen bewältigt werden konnten, verändert und neue Gewaltmittel ersonnen, die unsere gefährdete Spezies näher an den Rand der Katastrophe treiben.

Allerdings löste die Verkündung der imperialen Strategie im September 2002 berechtigterweise weltweit Alarmsignale aus. Acheson und Sofaer hatten politische Leitlinien *beschrieben*, und dies nur für Eingeweihte. Ihre Standpunkte waren bestenfalls Spezialisten oder Lesern kritischer Literatur bekannt. Andere Fälle können als lebenskluge Wiederholung der Maxime des Thukydides betrachtet werden, der zufolge »große Nationen tun, was ihnen beliebt, während kleine Nationen die Kröten schlucken, die sie schlucken müssen«. Im Gegensatz dazu *verkünden* Cheyney, Rumsfeld und Konsorten ganz offiziell eine sogar noch extremere, auf permanente globale Hegemonie ausgerichtete Politik, die, wenn notwendig, durch Gewalt abgesichert wird. Sie wollten gehört werden und zeigten der Welt sehr schnell, daß sie, was sie sagen, auch meinen. Das ist ein bedeutsamer Unterschied.

Neue Normen des internationalen Rechts

Die Verkündung der imperialen Strategie galt mit Recht als unheildrohende Veränderung in den internationalen Beziehungen. Doch darf eine Großmacht die Neuausrichtung ihrer offiziellen Politik nicht einfach nur verbal deklarieren, sondern muß sie durch beispielhafte Aktionen als neue Norm des internationalen Rechts geltend machen. Danach können hervorragende Spezialisten und medienwirksame Intellektuelle nüchtern erklären, Recht und Gesetz seien flexible Instrumente, so daß die neue Norm als Anleitung zum Handeln gelten dürfe. Dementsprechend wurden im September 2002 die Kriegstrommeln gerührt und die Bevölkerung für die Invasion des Irak in den fälligen Begeisterungstaumel versetzt. Zur gleichen Zeit wurde die Kampagne für die Kongreßwahlen eröffnet. Diese Konstellation, auf die bereits hingewiesen wurde, sollte nicht in Vergessenheit geraten.

Das Angriffsziel eines Präventivkriegs à la USA muß bestimmte Eigenschaften aufweisen:

1. Es muß praktisch verteidigungsunfähig sein.
2. Es muß wichtig genug sein, damit der Aufwand sich lohnt.
3. Es muß sich als das Böse schlechthin und unmittelbare Gefahr für unser Überleben darstellen lassen.

Der Irak erfüllte alle drei Punkte. Die ersten beiden Bedingungen waren offensichtlich, die dritte ließ sich leicht herstellen. Man mußte nur die leidenschaftlichen Beschwörungen von Bush und Blair oft genug wiederholen: Der irakische Diktator

»legt sich die gefährlichsten Waffen der Welt zu, um herrschen, einschüchtern oder angreifen zu können«, und er hat diese Waffen »bereits gegen ganze Dörfer eingesetzt, wobei Tausende seiner eigenen Bürger erblindeten, entstellt wurden oder zu Tode kamen … Wenn das nicht das Böse ist, dann hat das Wort keine Bedeutung.«[13]

Die beredte Anklage von Präsident Bush, die er im Januar 2003 in seiner Rede zur Lage der Nation formulierte, klingt zweifellos wahrhaftig. Und sicherlich sollte nicht ungestraft davonkommen, wer zur Steigerung des Bösen beiträgt – und dazu gehören auch der beredsame Redner und seine Spießgesellen, die den schlechthin Bösen und seine Verbrechen lange Zeit offenen Auges unterstützten. Beeindruckend, wie mühelos George W. Bush die Untaten des Monsters aufzählt, ohne zu erwähnen, daß sie mit unserer fortgesetzten Hilfe verübt werden konnten, weil wir uns nicht darum scherten. Allerdings fiel Saddam Hussein sofort aus der Gnade, als er 1990 sein erstes wirkliches Verbrechen beging, indem er Befehlen nicht gehorchte (oder sie vielleicht mißverstand) und in Kuweit einmarschierte. Die Strafe folgte auf dem Fuß – für seine Untertanen. Der Tyrann aber kam ungeschoren davon und wurde durch die von seinen Ex-Freunden verhängten Sanktionen noch gestärkt.

Als im September 2002 dic Zeit näherrückte, um der Welt die neue Form des Präventivkriegs zu demonstrieren, sprach Bushs Sicherheitsberaterin Condoleezza Rice mit warnender Stimme von dem möglichen nächsten Beweis für Husseins Absichten – einem Atompilz über New York. Die Nachbarländer des Irak wiesen diese Behauptungen ebenso zurück wie der israelische Geheimdienst, und später fanden die UN-Inspektoren auch nicht den Hauch eines Beweises, aber Washington beharrte auf der Existenz von Massenvernichtungswaffen, obwohl der Propagandaoffensive von Anfang an die Glaubwürdigkeit fehlte. »›Diese Regierung ist zu jeder Lüge fähig … um ihre Kriegsziele im Irak voranzutreiben‹, ließ ein Regierungsbeamter mit zwanzigjähriger Geheimdiensterfahrung durchblicken.« Die

Regierung sei gegen Inspektionen, weil sie fürchte, daß nicht viel gefunden werde. Die Behauptungen über irakische Drohpotentiale, fügten zwei führende Politikwissenschaftler hinzu, sollten »als durchsichtige Versuche gewertet werden, den Amerikanern Angst einzujagen, damit sie den Krieg unterstützen«. Das ist die übliche Verfahrensweise. Washington weigert sich immer noch, Beweise für die Behauptung von 1990 beizubringen, der Irak habe an der Grenze zu Saudi-Arabien einen gewaltigen Militäraufbau betrieben, womit der erste Golfkrieg zunächst gerechtfertigt wurde. Die einzige Zeitung, die Recherchen in dieser Richtung anstellte, fand keine Anzeichen für einen solchen Aufbau, doch blieben ihre Enthüllungen wirkungslos.[14]

Indes setzten Bush und seine Helfershelfer, Beweise hin oder her, ihre Warnrufe über die Bedrohung, die der Irak für die USA und seine Nachbarn darstelle, munter fort und deuteten an, Saddam Hussein habe Verbindungen zu internationalen Terroristen, ja, sei gar in die Angriffe vom 11. September verwickelt. Die von Regierung und Medien unisono vorgetragenen Propagandalügen blieben nicht ohne Erfolg: Schon nach wenigen Wochen glaubten knapp 60 Prozent der Amerikaner, Hussein sei »eine unmittelbare Bedrohung für die Vereinigten Staaten« und müsse aus Gründen der Selbstverteidigung eilends beseitigt werden. Im März war die US-Bevölkerung fast zur Hälfte der Ansicht, der Diktator sei in die Anschläge vom 9. September verstrickt und unter den Flugzeugentführern hätten sich Irakis befunden. Konsequenterweise stieg damit auch die Akzeptanz eines kriegerischen Angriffs.[15]

Im Ausland, so berichtete die internationale Presse, habe die US-Diplomatie »kläglich versagt«, jedoch im eigenen Land triumphiert, »weil es ihr gelungen war, den Irakkrieg mit dem Trauma vom 11. September in Verbindung zu bringen ... Fast 90 Prozent der Amerikaner glauben, daß Saddam Husseins Regime Terroristen stützt und schützt, die weitere Anschläge gegen die Vereinigten Staaten vorbereiten.« Der politische Kommentator Anatol Lieven meinte, die meisten Amerikaner hätten sich »von einem Propagandaprogramm täuschen lassen, dessen systematische Verlogenheit in Demokratien zu Friedenszeiten kaum eine Parallele findet«.[16] Der Propagandafeldzug verschaffte den Republikanern zudem eine knappe Mehrheit im Kongreß, weil die Wähler ihre Alltagssorgen hintanstellten und sich aus Furcht vor dem dämonischen Feind unter dem Schirm der Macht zusammenkauerten.

Auch der Kongreß erlag dem Zauber der Regierungsdiplomatie. Im Oktober 2002 gab er dem Präsidenten grünes Licht für den Krieg, »um die nationale Sicherheit der Vereinigten Staaten gegen die fortwährende Bedrohung, die der Irak darstellt, zu verteidigen«. Das ist ein vertrautes Drehbuch: 1985 rief Ronald Reagan den nationalen Notstand aus, der dann jährlich erneuert wurde, weil »die Politik und die Handlungen der Regierung von Nicaragua für die nationale Sicherheit und die Außenpolitik der Vereinigten Staaten eine unübliche und außergewöhnliche Bedrohung darstellen«. Siebzehn Jahre später mußten die Amerikaner erneut erzittern, diesmal aus Furcht vor dem Irak.

Einen weiteren Heimerfolg feierte die US-Diplomatie, als der Präsident am 1. Mai 2003 auf dem Deck des Flugzeugträgers *Abraham Lincoln* »einem sechswöchigen Krieg ein kraftvolles Finale à la Reagan verlieh«. Ohne skeptische Kommentare aus der Heimat befürchten zu müssen, konnte er erklären, daß er »im Krieg gegen den Terror einen Sieg« errungen habe, indem »ein Verbündeter von al-Qaida« beseitigt worden sei.[17] Es spielt dabei keine Rolle, daß die angebliche Verbindung zwischen Saddam Hussein und Osama bin Laden, der in Wirklichkeit ein erbitterter Feind des Diktators ist, aller Beweise entbehrte und von kompetenten Beobachtern für unwahrscheinlich gehalten wurde. Ebenso unwichtig ist die bislang einzig bekannte Verbindung zwischen der Invasion des Irak und dem Terrorismus, die allem Anschein nach darauf hinausläuft, die Reihen von al-Qaida massiv zu stärken, so daß die Invasion eher als »großer Rückschlag im ›Kampf gegen den Terror‹« zu werten wäre.[18]

Aber der Einfluß der Propaganda wirkte auch nach dem Krieg weiter. Obwohl trotz intensivster Anstrengungen keine Massenvernichtungswaffen gefunden werden konnten, glaubte ein Drittel der US-Bevölkerung, die Streitkräfte hätten solche Waffen entdeckt, und mehr als zwanzig Prozent meinten, der Irak habe sie während des Kriegs eingesetzt.[19] Das ist eine vielleicht verständliche Reaktion von Menschen, die sich nach Jahren umfassender Propaganda mittlerweile vor allem und jedem fürchten.

Die Redewendung vom »kraftvollen Finale à la Reagan« bezieht sich vermutlich auf dessen stolze Verkündung, daß die USA wieder »groß dastehen«, nachdem sie die schreckliche Bedrohung, die von Grenada ausging, niedergerungen hatten. Scharfsinnige Kommentatoren fügten hinzu, daß Bushs sorgfältig inszenierter Auftritt auf dem Flugzeugträger »den Beginn seiner Kampagne für die Wiederwahl 2004« markierte. Diese Kampagne, so hofft man im Weißen Haus, »wird sich so ausführlich wie möglich um Themen der nationalen Sicherheit drehen und dabei hauptsächlich die Beseitigung des irakischen Führers Saddam Hussein in den Vordergrund rücken«. Um die Botschaft noch deutlicher zu vermitteln, wurde der Beginn der offiziellen Bush-Kampagne auf Mitte September 2004 verschoben, damit der in New York stattfindenden Konvent der Republikaner jenen Kriegsherrn, der als einziger in der Lage ist, die Amerikaner vor einem neuen 11. September zu bewahren, gebührend feiern kann. Die Wahlkampagne werde sich, so erklärte der Chefstratege der Republikaner, Karl Rove, »auf die *Schlacht* gegen den Irak« konzentrieren, nicht aber auf den Krieg selbst. Die Invasion des Irak war lediglich Bestandteil eines »sehr viel längeren und umfassenderen Kriegs gegen den Terrorismus, der sich, wie Rove bemerkt, mit etwas Glück auf jeden Fall bis zum Wahltag 2004 erstrecken wird«.[20] Und sicherlich darüber hinaus.

Im September 2002 standen alle drei Faktoren, die man zur Inauguration der neuen internationalen Rechtsnorm benötigte, Gewehr bei Fuß: Der Irak war militärisch schwach, strategisch wichtig und eine unmittelbare Bedrohung für unsere Existenz.

Natürlich gab es immer noch die Möglichkeit, daß etwas schiefgehen könnte, aber das war, zumindest für die Invasoren, wenig wahrscheinlich. Das außergewöhnliche Ungleichgewicht der Kräfte garantierte einen überlegenen Sieg, und eventuelle humanitäre Kollateralschäden konnten Saddam Hussein angelastet werden. Waren sie allzu unerfreulich, würde man sie nicht weiter untersuchen und, wie in der Vergangenheit, die Spuren tilgen. Sieger machen sich nicht die Mühe, ihre eigenen Verbrechen zu erforschen, so daß die Nachwelt nur wenig von ihnen weiß; ein Prinzip, das fast ausnahmslos gültig ist. Bis heute wissen wir nicht, wieviele Millionen Opfer die US-Kriege in Indochina gekostet haben. Ähnlich verfuhren die Sieger mit den Kriegsverbrecherprozessen nach dem Zweiten Weltkrieg. Die Definition von *Kriegsverbrechen* und *Verbrechen gegen die Menschlichkeit* folgte rein operationalen Erwägungen: Um Verbrechen handelte es sich bei Aktionen des Feindes, nicht der Alliierten. Folglich war die Bombardierung städtischer Wohngebiete kein Verbrechen. Auch bei weiteren Tribunalen fand dieses Prinzip Anwendung, jedoch nur gegenüber besiegten Feinden oder anderen Gegnern, die man gefahrlos mit Füßen treten kann.

Nachdem die Invasion des Irak zum Erfolg erklärt worden war, wurde öffentlich anerkannt, daß ein Motiv des Kriegs darin bestanden hatte, die imperiale Strategie als neue Norm durchzusetzen: »Die Veröffentlichung der Nationalen Sicherheitsstrategie war das Signal, daß der Irak dafür der erste, nicht jedoch der letzte Testfall sein würde«, hieß es in der *New York Times*. »Der Irak war die Petrischale, in der dieses Experiment einer präemptiven [*preemptive*] Politik heranwuchs.« Ein hochrangiger Regierungsbeamter fügte hinzu: »Wir werden nicht zögern, allein zu handeln, wenn es notwendig ist, um unser Recht auf Selbstverteidigung durch präemptives Handeln auszuüben.« Was jetzt, da die Norm durchgesetzt wurde, natürlich möglich ist. »Das Beispielhafte dieses Vorgehens [gegen den Irak] wird von der übrigen Welt durchaus erkannt«, bemerkte der Nahost-Historiker Roger Owen von der Harvard-Universität. Völker und Regierungen werden ihre Sicht auf die Welt ändern und »von einer Perspektive, die sich auf die Vereinten Nationen und das internationale Recht beruft, zu einer anderen übergehen müssen, die auf der Identifikation« mit Washingtons Tagesordnung beruht. Die Macht läßt ihre Muskeln spielen, um den Staaten der Welt zu zeigen, daß sie »ernsthafte Erwägungen nationalen Eigeninteresses« hintanzustellen und die »Zielvorstellungen Amerikas« in den Vordergrund zu rücken haben.[21]

Möglicherweise hat das Bedürfnis, Stärke zu demonstrieren, um vor aller Welt die »Glaubwürdigkeit zu bewahren«, bei der Entscheidung für den Krieg den Ausschlag gegeben. In einem Rückblick lokalisierte die *Financial Times* den endgültigen Zeitpunkt auf Mitte Dezember 2002, nachdem der Irak das Dossier über die in seinem Besitz befindlichen Waffen den Vereinten Nationen übergeben hatte. »›Im Weißen Haus hatte man das Gefühl, verspottet worden zu sein‹, bemerkt eine Person, die in jenen Tagen nach dem 8. Dezember, dem Tag, an dem das Dossier übermittelt worden war, eng mit dem Nationalen Sicherheitsrat zusammengearbeitet hatte. ›Ein Operettentyrann machte sich über den Präsidenten lustig. Das rief im Weißen Haus eine Art von Zorn hervor. Danach gab es keine Aussichten mehr für eine diplomatische Lösung.‹«[22] Es folgten nur noch diplomatische Vernebelungsaktionen, während die Truppen in Marsch gesetzt wurden.

Nachdem die imperiale Strategie nicht nur offiziell verkündet, sondern auch in die Tat umgesetzt worden ist, kann die neue Norm des Präventivkriegs ihren Platz im Kanon finden, und die USA sind in der Lage, sich schwierigeren Fällen zuzuwenden. Möglichkeiten gibt es genug: den Iran, Syrien, die Andenregion und weitere Gebiete. Was geschehen wird, hängt großenteils davon ab, ob die »zweite Supermacht« eingeschüchtert und in Schranken gehalten werden kann.

Es ist interessant, sich die Bedingungen, unter denen neue Normen implementiert werden, näher anzusehen. Daß nur die wirtschaftlich und militärisch Mächtigen dazu berechtigt sind, verdeutlicht die weithin gefeierte »normative Revolution«, mit der das 20. Jahrhundert zu Ende ging. Nach einigen Fehlschlägen wurden die neunziger Jahre zum »Jahrzehnt der humanitären Intervention«. Das neue Recht, aus »humanitären Gründen« zu intervenieren, verdankte sich dem Mut und Altruismus der USA und ihrer Verbündeten, wobei vor allem das Kosovo und Ost-Timor, die zwei Juwelen im Diadem, eine herausragende Rolle spielen. Vor allem die Bombardierung des Kosovo gilt bei angesehenen Experten als bahnbrechend, weil hier von der NATO zum ersten Mal Gewaltaktionen ohne die Autorisierung des UN-Sicherheitsrats durchgeführt wurden.

Man könnte die Frage stellen, warum die neunziger Jahre als »Jahrzehnt der humanitären Intervention« galten, nicht aber die siebziger? Seit dem Zweiten Weltkrieg hat es zwei herausragende Beispiele für Gewaltanwendung gegeben, die schrecklichen Verbrechen ein Ende bereiteten und offensichtlich der Selbstverteidigung dienten: Indiens Invasion in Ost-Pakistan 1971, und Vietnams Invasion von Kambodscha im Dezember 1978, die Pol Pots Greueltaten stoppte. Nichts auch nur annähernd Vergleichbares geschah unter westlicher Ägide in den neunziger Jahren. Man muß schon die Konventionen kennen, um zu verstehen, warum das letzte Jahrzehnt des 20. Jahrhunderts dennoch den Vorzug erhielt.

Allerdings sind die Gründe nicht schwer zu durchschauen: Die wirklich humanitären Interventionen – die der siebziger Jahre – wurden von den falschen Staaten durchgeführt. Zudem waren die USA in beiden Fällen strikt gegen diese Aktionen und zögerten nicht, die Übeltäter abzustrafen, worunter insbesondere Vietnam zu leiden hatte, das von den USA unterstützte Übergriffe der Chinesen und danach noch härtere Sanktionen erdulden mußte, während die Vereinigten Staaten und Großbritannien den vertriebenen Roten Khmer ihre Hilfe anboten. Mithin gab es in den siebziger Jahren keine humanitären Interventionen und keine neuen Normen.

Die wesentliche Einsicht in diese Dinge wurde bereits 1949 in einer einstimmig gefaßten Entschließung des Internationalen Gerichtshofs formuliert:

> »Der Gerichtshof kann das angebliche Recht auf Intervention lediglich als die Manifestation einer Politik der Gewalt betrachten, die in der Vergangenheit zu höchst mißbräuchlicher Anwendung geführt hat und der, aller Mängel in den internationalen Beziehungen ungeachtet, kein Platz im internationalen Recht eingeräumt werden kann ... Es liegt in der Natur der Dinge, daß eine Intervention nur den mächtigsten Staaten vorbehalten bliebe und leicht zu einer Pervertierung der Durchsetzung des Gerechtigkeitsprinzips selbst führen könnte.«[23]

Während man sich im Westen dazu beglückwünschte, die neue Norm der humanitären Intervention durchgesetzt zu haben, reagierte der Rest der Welt alles andere als begeistert. So gab es auf Tony Blairs Wiederholung der offiziellen Begründung für die Bombardierung Serbiens sehr erhellende Reaktionen. Blair hatte verkündet, daß ein Gewaltverzicht »der Glaubwürdigkeit der NATO einen entscheidenden Schlag versetzt hätte« und »die Welt im Endeffekt weniger sicher gewesen wäre«. Viele, die ihre eigenen Erfahrungen mit amerikanischer und britischer Politik gemacht hatten, zeigten sich davon wenig beeindruckt. Nelson Mandela z. B. verurteilte Großbritannien und die USA wegen ihrer Angriffe auf den Irak 1998 und der Intervention in Serbien und meinte, sie hätten »das internationale Chaos verstärkt ... indem sie andere Nationen ignorierten und den ›Weltpolizisten‹ spielten«. Auch in der größten Demokratie der Welt, in der die Erinnerung an die britische Kolonialherrschaft noch lebendig ist, reagierten Presse und Regierung auf Clintons und Blairs Einlassungen mit heftiger Kritik, die jedoch im Westen nicht zur Kenntnis genommen wurde. Und sogar in Israel, dem Satellitenstaat par excellence, bezeichneten führende Experten aus Militär und Politik das Vorgehen der NATO als Rückkehr zur traditionellen »Kanonenboot-Diplomatie«, die sich unter dem bekannten »Mantel moralischer Rechtschaffenheit« verberge, tatsächlich jedoch eine »Gefahr für die Welt« darstelle.[24]

Man hätte auch auf die Stimmen der blockfreien Länder hören können, deren Regierungen auf dem Südgipfel im April 2000 etwa 80 Prozent der Weltbevölkerung vertraten. Das Treffen war das wichtigste in ihrer Geschichte, weil es zum ersten Mal auf höchster Ebene stattfand. Die Teilnehmer leisteten nicht nur eine detaillierte, kritische Analyse jener neoliberalen sozioökonomischen Programme, die von westlichen Ideologen »Globalisierung« genannt werden, sondern verwarfen auch »das sogenannte Recht auf humanitäre Intervention«. Diese Haltung wurde auf dem Gipfel in Malaysia drei Jahre später mit den gleichen Worten bekräftigt.[25] Vielleicht wissen diese Länder zuviel von der dunklen Seite der Geschichte, um sich mit exaltierter Rhetorik über »humanitäre Intervention« abspeisen zu lassen.

Im Prinzip besitzen, wie gesagt, nur die mächtigsten Staaten die Autorität, Normen angemessenen politischen Verhaltens durchzusetzen, die dann auch nur für sie gelten. In Ausnahmefällen jedoch kann diese Autorität auf verläßliche Satellitenstaaten übertragen werden. Dergestalt dürfen Israels Verbrechen zum Normen- und Normalfall werden, wie etwa das regelmäßige »zielgerichtete Töten« von Verdächtigen, das für gewöhnlich unter die Kategorie »terroristische Greueltaten« fallen würde. Im Mai 2003 stellten zwei israelische Anwälte und Menschenrechtsaktivisten eine detaillierte Liste »aller Liquidierungen und Attentatsversuche« vor, die israelische Sicherheitskräfte während der Al-Aqsa-Intifada vom November 2000 bis zum April 2003 verübt hatten. Aufgrund der Auswertung offizieller und halboffizieller Dokumente fanden sie heraus, daß bei »nicht weniger als 175 Attentatsversuchen« 235 Personen ums Leben kamen, von denen 156 verdächtigt wurden, Verbrechen begangen zu haben. »Es schmerzt uns sehr, dies zu sagen«, bemerkten die Anwälte, aber »die weitverbreitete Politik zielgerichteter Liquidierungen läuft auf ein Verbrechen gegen die Menschlichkeit hinaus.«[26]

Das ist natürlich ein sehr einseitiges Urteil. Liquidierung ist nur dann ein Verbrechen, wenn es von den falschen Leuten verübt wird, anderenfalls aber ein gerechtfertigter, wenngleich bedauerlicher Akt der Selbstverteidigung, der sogar für den »›Partner‹ genannten Boß«, der das Ganze genehmigt, normenbildend wirken kann.[27] Der nämlich machte sich das israelische Beispiel zunutze, als er mittels einer Rakete im Jemen eine verdächtige Person tötete, wobei fünf weitere, die zufällig in der Nähe waren, ebenfalls ums Leben kamen. Der Schlag war zeitlich so berechnet, daß er »als Oktober-Überraschung ... für die Kongreßwahlen« diente und einen »Vorgeschmack auf kommende Ereignisse« bot.[28]

Ganz andere Maßstäbe für Normen hatte Israel im Juni 1981 mit der Bombardierung des irakischen Atomreaktors in Osirak gesetzt. Zunächst wurde der Angriff als Verletzung internationalen Rechts kritisiert; eine Bewertung, die sich änderte, als Saddam Hussein im August 1990 vom Freund zum Feind mutiert war. Nunmehr war die Aktion gegen den Reaktor eine aller Ehren werte Tat, weil sie Husseins Programm zur Herstellung von Atomwaffen erheblich beeinträchtigt hatte.

Die Wirklichkeit sah leider etwas anders aus. Kurz nach der Bombardierung inspizierte ein prominenter Atomphysiker, Richard Wilson, der damals die Abteilung für Physik an der Harvard-Universität leitete, den Schauplatz. Er kam zu dem Schluß, daß der Reaktor für die Produktion von Plutonium nicht geeignet gewesen sei (wobei wir nur am Rande darauf hinweisen, daß Israels Atomreaktor in Dimona bereits Material für die Herstellung von 700 nuklearen Waffen produziert haben soll). Wilsons Auffassung wurde von dem irakischen Atomphysiker Imad Khadduri bekräftigt. Khadduri war am Reaktor vor der Bombardierung mit Experimenten beschäftigt gewesen und später aus dem Irak geflohen. Er merkte an, daß der Irak nach der Zerstörung »den Entschluß faßte, die atomare Bewaffnung mit aller

Macht voranzutreiben«. Die israelische Aktion habe, bestätigt Kenneth Waltz, »die Araber noch stärker dazu motiviert, Nuklearwaffen zu produzieren« und dem Irak »die Unterstützung anderer arabischer Staaten zur Fortsetzung seines Atomprogramms verschafft«.[29]

Wie immer die Tatsachen beschaffen sein mögen, ist die von Israel 1981 etablierte Norm dank der irakischen Invasion in Kuweit jetzt zum festen Bestandteil politischen Handelns geworden. Und selbst wenn die Bombardierung die Verbreitung von Massenvernichtungswaffen beschleunigt haben sollte, ziehen wir daraus noch lange keine Schlüsse über die Folgen einer Gewaltanwendung, mit der altmodische Konzeptionen des internationalen Rechts verletzt werden, weil diese Konzeptionen jetzt der Verachtung durch die Supermacht anheimgefallen sind. Zukünftig werden die USA, Israel und vielleicht noch ein paar andere Favoriten je nach Gusto auf diese Norm zurückgreifen können.

Die Herrschaft des Gesetzes

Die imperiale Strategie erstreckt sich auch auf die Gesetzgebung in den Vereinigten Staaten, wo, wie in vielen anderen Ländern, die Regierung die Gelegenheit nutzte, im Gefolge der Terrorangriffe vom 11. September die Bevölkerung zu disziplinieren. Das Justizministerium behauptet, es sei rechtens, Personen – auch US-Bürger – zu »feindlichen Kombattanten« oder »des Terrorismus Verdächtigen« zu erklären und sie ohne konkrete Beschuldigung und ohne ihnen den Kontakt zu einem Anwalt oder zur Familie zu gestatten, so lange ins Gefängnis zu sperren, bis das Weiße Haus den »Krieg gegen den Terror« für erfolgreich beendet erklärt, also bis zum St. Nimmerleinstag. Die Gerichte haben Justizminister Ashcroft teilweise recht gegeben und verfügt, »daß ein Präsident in Kriegszeiten einen Bürger der Vereinigten Staaten, der auf dem Schlachtfeld als feindlicher Kombattant gefangengenommen wird, auf unbestimmte Zeit gefangenhalten und ihm den Kontakt mit einem Anwalt verweigern kann«.[30]

Gegen die Behandlung von »feindlichen Kombattanten« im US-Gefangenenlager Guantánamo auf Kuba haben Menschenrechts- und andere Organisationen protestiert, und sogar der Generalinspekteur des Justizministeriums sah sich zu einem höchst kritischen Bericht veranlaßt, den sein Dienstherr jedoch unbeachtet ließ. Nach der Eroberung des Irak stellte sich schon bald heraus, daß mit irakischen Gefangenen ähnlich umgegangen wurde: Knebelungen, Fesselungen, Augenbinden und Schläge waren an der Tagesordnung. Das Rote Kreuz wandte sich empört gegen die Weigerung des US-Kommandos, Vertretern dieser Organisation Zutritt zu gefangenen Zivilisten und – in Verletzung der Genfer Konvention – zu Kriegsgefangenen zu gewähren.[31] Überdies ist höchst unklar, wer als »feindlicher Kombattant« eingestuft werden kann – im Augenblick gehört dazu jeder, den die USA angreifen, auch wenn es, wie Washington einräumt, für seinen Status keine glaubwürdigen Beweise gibt.[32]

Wie das Justizministerium den Feind im Innern bekämpfen will, geht aus einem vertraulichen Papier hervor, von dem das Center for Public Integrity Wind bekommen hat. Der Plan trägt den Titel »Domestic Security Enhancement Act of 2003« (Gesetz zur Verschärfung der inneren Sicherheitsmaßnahmen) und ist, wie der Rechtsprofessor Jack Balkin von der Yale-Universität bemerkt, ein »neuer Angriff auf unsere bürgerlichen Freiheiten«. Er untergräbt verfassungsmäßige Rechte, indem er dem Staat die Möglichkeit einräumt, die Staatsbürgerschaft einer Person zu annullieren, wenn gegen sie der Vorwurf erhoben werden kann, sie gewähre einer Organisation, die sich auf der Schwarzen Liste des Justizministers befindet, »materielle Unterstützung«, wobei unerheblich ist, ob die angeklagte Person von diesem Umstand Kenntnis besaß. »Wenn man einer muslimischen karitativen Organisation, von der Ashcroft glaubt, sie verfolge terroristische Ziele, ein paar Dollar spendiert, kann man schon mit dem nächsten Flugzeug abgeschoben werden«, schreibt Balkin. Dem Plan zufolge muß die »Absicht, auf die Staatsbürgerschaft zu verzichten, nicht unbedingt in Worten geäußert, sondern kann aus dem Verhalten abgeleitet werden«. Die Ableitung besorgt der Justizminister, dessen Urteilsfähigkeit wir einfach vertrauen müssen. Kritiker haben Parallelen zu den düsterten Zeiten der McCarthy-Ära gezogen, aber diese neuen Vorschläge gehen noch darüber hinaus. Vorgesehen sind u. a. geheime Verhaftungen, Überwachungen ohne Gerichtsbeschluß und die weitere Abschottung des Staats gegenüber der Möglichkeit von Bürgern zur kritischen Prüfung seiner Maßnahmen. »Diese Regierung ist willens, jedes Bürgerrecht – auch das der Staatsbürgerschaft – zu mißbrauchen, um das Leben der Amerikaner noch umfassender kontrollieren zu können«, schließt Balkin.[33]

Auf dem Schreibtisch von Präsident Bush soll eine Büste von Winston Churchill stehen, die ihm sein Freund Tony Blair einmal schenkte. Ob Bush weiß, was Churchill zu diesen Themen zu sagen hatte?

> »Die Macht der Exekutive, einen Menschen ohne gesetzlich festgelegte Anklage ins Gefängnis zu bringen und ihm insbesondere zu verweigern, von seinesgleichen beurteilt zu werden, ist in höchstem Maße widerwärtig und die Grundlage aller totalitären Regierungen, seien sie nazistisch oder kommunistisch.«[34]

Die von der Regierung Bush angestrebten Machtbefugnisse gehen über diese widerwärtigen Praktiken noch weit hinaus. Churchill sprach seine Warnung vor dem Mißbrauch exekutiver Macht für geheimdienstliche und präventive Zwecke 1943 aus, als Großbritannien befürchten mußte, von der heimtückischsten Massenmordmaschine, die die Geschichte je gekannt hat, zerstört zu werden. Vielleicht verspürt irgend jemand im US-

Justizministerium das Bedürfnis, über die Gedanken des Mannes nachzudenken, dessen Abbild der Präsident jeden Tag vor sich hat.

Das internationale Recht und seine Institutionen

In einem kritischen Bericht der American Academy of Arts and Sciences wird darauf hingewiesen, daß die neue imperiale Politik auf das »internationale Recht als übergreifendes Ziel der Politik« verzichtet und die Nationale Sicherheitsstrategie noch nicht einmal die UN-Charta erwähnt. In der neuen Strategie verschwindet »die seit dem Ende des Zweiten Weltkriegs für die amerikanische Außenpolitik maßgebende Vorherrschaft des Gesetzes über die Gewalt«, und ebenso spielen die internationalen Institutionen, die »die Reichweite des Gesetzes ausdehnen, um die Mächtigen in die Schranken zu weisen und den Schwachen eine Stimme zu verleihen« keine Rolle mehr. Die Strategie wird, wie die Autoren der Akademie mutmaßen, »die Feinde der USA dazu veranlassen, ihren wachsenden Groll auf das, was sie als Einschüchterung begreifen, in Handlungen zu übersetzen ... und die Verletzbarkeit der Vereinigten Staaten auf billige und einfache Weise auszunutzen«. Die Bush-Strategen scheint das jedoch nicht weiter zu interessieren, denn die Nationale Sicherheitsstrategie enthält nur einen einzigen und zudem noch abfälligen Satz zu verstärkten Bemühungen um Rüstungskontrolle.[35] In der Zeitschrift der Akademie bezeichnen zwei Spezialisten für internationale Beziehungen die strategischen Pläne als »implizite Provokation«, weil sie »auf die Erweiterung der Konfrontation« setzten, statt auf »politische Anpassung«, wobei »die offensichtliche Festlegung der Vereinigten Staaten auf aktive militärische Konfrontation zur Erlangung nationaler Vorteile« immense Risiken berge.[36]

Allerdings kann die Behauptung der Akademie, für die amerikanische Außenpolitik sei die Vorherrschaft des Gesetzes über die Gewalt maßgebend gewesen, nicht unwidersprochen bleiben. Seit dem Zweiten Weltkrieg haben die US-Regierungen die gängige Praxis von Machtstaaten übernommen und immer dann die Gewalt dem Gesetz vorgezogen, wenn es dem »nationalen Interesse«, d. h. dem Interesse jener Sektoren, die in der Lage sind, die Politik zu bestimmen, dienlich war. Für die angloamerikanische Welt gilt diese Binsenweisheit seit Adam Smith, der die »hauptsächlichen Architekten der Politik«, also die englischen »Kaufleute und Manufakturbesitzer« verurteilte, weil sie nur auf ihr eigenes Interesse bedacht seien, ohne die beklagenswerten Auswirkungen ihres Handelns auf andere zu berücksichtigen, zu denen vor allem die Opfer ihrer »barbarischen Ungerechtigkeit« im Ausland und die englische Bevölkerung selbst zählten.[37] Auch Binsenweisheiten sind Weisheiten.

Die in den US-Eliten vorherrschende Meinung über die Vereinten Nationen wurde treffend von Francis Fukuyama, dem ehemaligen stellvertretenden Direktor des Planungsstabs im Außenministerium zum Ausdruck gebracht: Die UNO sei »ein äußerst nützliches Instrument des amerikanischen Unilateralismus und könnte auch zukünftig der hauptsächliche Mechanismus zur Betätigung dieses Unilateralismus sein«. Seine Vorhersage erwies sich als richtig, insofern sie sich auf die Praxis bezog, die in den Anfangsjahren der UNO gang und gäbe war, als diese noch von den USA instrumentalisiert werden konnte und infolgedessen die Bewunderung der Eliten genoß. Das änderte sich, als im Zuge der Entkolonialisierung andere Mitgliedskonstellationen die USA in die Defensive drängten. Nun sprachen die Eliten von der »Tyrannei der Mehrheit«, weil andere Themen auf der Tagesordnung standen als die von den Machtzentren gewünschten, und das ging der »faktischen Weltregierung« der »Herren des Universums« gegen den Strich.[38]

Wenn die UNO sich nicht mehr als »Instrument des amerikanischen Unilateralismus« mißbrauchen läßt, wird das Dienstverhältnis für beendet erklärt und man greift zu einem anderen Instrument, nämlich dem des Vetos. Seit den sechziger Jahren waren es hauptsächlich die Vereinigten Staaten, die auf diese Weise zahlreiche UN-Resolutionen blockierten; an zweiter Stelle liegt Großbritannien, dahinter, abgeschlagen, Frankreich und Rußland. Zudem konnte Washington dank seiner Macht oftmals ungeliebte Resolutionen inhaltlich abschwächen oder dafür sorgen, daß bestimmte Themen gar nicht erst auf die Tagesordnung gesetzt wurden, wie z. B. die US-Kriege in Indochina.

Wegen seiner Weigerung, zahlreichen Resolutionen des UN-Sicherheitsrats nachzukommen, wurde Saddam Hussein mit Recht verurteilt. Weniger bekannt ist die Tatsache, daß auch die USA eben diese Resolutionen verwarfen. Die wichtigste von ihnen, Resolution 687, forderte die Aufhebung der Sanktionen gegen den Irak, sobald dieser den Anweisungen des Sicherheitsrats Folge leisten würde. Im Artikel 14 der Resolution war von der Beseitigung der Massenvernichtungswaffen und entsprechender Trägersysteme im Nahen Osten die Rede (was sich implizit auch auf Israel bezog), aber die USA akzeptierten diesen Artikel nicht und so verschwand er von der Bildfläche.

Präsident Bush sr. und sein Außenminister James Baker verkündeten darüber hinaus, daß sie auch die Hauptbedingung der Resolution 687 nicht akzeptieren würden: Selbst eine »Milderung der Sanktionen« käme nicht in Frage, »solange Saddam Hussein an der Macht ist«. Clinton verhielt sich nicht anders. Sein Außenminister, Warren Christopher, schrieb 1994, daß die Bereitschaft des Irak, den Forderungen des UN-Sicherheitsrats nachzukommen, nicht ausreiche, »um die Aufhebung des Embargos zu rechtfertigen«. Das war, wie Dilip Hiro bemerkt, eine »unilaterale Veränderung der Regeln«.[39] Ferner torpedierte Washington die UN-Waffeninspektionen, indem es Inspektoren zu Spionagezwecken einsetzte, und nachdem Clinton und Blair das Land im Dezember 1998 gegen den Willen der UNO bombardiert hatten, wurden alle Inspektoren aus dem Irak ausgewiesen. Was die Inspektionen an Ergebnissen gezeitigt hätten, ist mithin nur den Ideologen jedweder Couleur bekannt.

Es bestand jedoch nie ein Zweifel daran, daß die Entwaffnung des Irak mittels UN-Inspektionen nicht das Ziel der USA und Großbritanniens gewesen war und daß die beiden Kriegerstaaten nicht die Absicht hatten, sich an die relevanten UN-Resolutionen zu halten.

Abgesehen davon kommt, wie einige Kommentatoren hervorheben, bei der Verletzung von UN-Resolutionen Israel die führende Rolle zu, aber auch die Türkei und Marokko haben diesbezüglich mehr auf dem Kerbholz als der Irak. In allen diesen Fällen ging es um höchst brisante Angelegenheiten, die über das Problem einer unvollständigen Entwaffnung weit hinausreichen, nämlich um brutale Praktiken während einer jahrzehntelangen militärischen Besatzung sowie um gravierende Verstöße gegen die Genfer Konvention (d. h. gemäß US-amerikanischem Recht um Kriegsverbrechen). Zwar bezogen sich die Irak-Resolutionen auch auf Husseins repressive Maßnahmen gegen die eigene Bevölkerung, doch war das, wie die langjährige Unterstützung seitens der Vereinigten Staaten z. B. im Krieg gegen den Iran zeigt, bedauerlicherweise nur ein Nebenaspekt. Resolutionen, die sich mit Israel befassen, fallen übrigens nicht unter Kapitel VII der UN-Charta [das sich mit »Maßnahmen bei Bedrohung oder Bruch des Friedens und bei Angriffshandlungen« beschäftigt], weil die USA dagegen auf jeden Fall ihr Veto einlegen würden.

In diesem Zusammenhang läßt sich die Frage stellen, wie es um die Nichterfüllung der Resolutionen durch den Irak bestellt wäre, wenn auch er das Recht hätte, im UN-Sicherheitsrat sein Veto einzulegen. Offensichtlich wäre das Thema damit vom Tisch gewesen. Darüber hinaus ist zu bedenken, daß das Veto im Grunde die extremste Form der Nichterfüllung von UN-Resolutionen darstellt. Aber solche Zusammenhänge bleiben unerörtert, weil die Folgerungen allzu offensichtlich wären.

Natürlich ist den Vereinigten Staaten nicht gleichgültig, wer im Sicherheitsrat mit Nein votiert, was sich im Verlauf der Vorbereitungen auf den Irak-Krieg deutlich zeigte. Als Frankreich drohte, gegen den Krieg zu stimmen, reagierte Washington mit großer Empörung. »Sie sagten, sie würden ihr Veto gegen alles einlegen, was geeignet wäre, Saddam zur Verantwortung zu ziehen«, behauptete Bush mit gewohnter Wahrheitsliebe, als er am 16. März 2003 dem Sicherheitsrat sein Ultimatum stellte. Frankreichs Querköpfigkeit führte zu Überlegungen, wie das Land, das sich weigerte, den Anordnungen aus Crawford, Texas, zu folgen, bestraft werden könne. Überhaupt ist es ein Skandal, wenn andere Mächte mit einem Veto drohen; in diesem Fall wird gern vom »diplomatischen Versagen« und schlechtem Verhalten der UNO gesprochen. Eine Stimme aus dem Chor der Entrüsteten gehörte Edward Luck, dem Leiter des Center on International Organization an der Columbia-Universität: »Wenn geringere Mächte sich erdreisten, den Sicherheitsrat in ein Forum zu verwandeln, wo die amerikanische Macht mit Voten, Worten und öffentlichen Appellen in Schach gehalten wird, trägt dies zur weiteren Schwächung seiner Legitimität und Glaubwürdigkeit bei.«[40] Wenn dagegen der Veto-Weltmeister mit Nein stimmt, schwächt das die Glaubwürdigkeit von UN-Vollversammlung und -Sicherheitsrat selbstverständlich nicht, sondern ist ein Zeichen für Washingtons aufrechte Haltung und Prinzipienfestigkeit.

Es konnte also nicht überraschen, als ein ranghoher Beamter der Regierung Bush im Oktober 2002 erklärte, daß »wir den Sicherheitsrat nicht benötigen«. Wenn er weiterhin »von Bedeutung« sein wolle, müsse er uns »die gleiche Autorität verschaffen«, die kurz zuvor schon der US-Kongreß gewährt hatte, nämlich die Autorität, Gewalt nach Belieben einzusetzen. Der Präsident bekräftigte diese Haltung, während Außenminister Colin Powell noch hinzufügte, daß »der Sicherheitsrat die Angelegenheit natürlich gern anders diskutieren könne«, wir jedoch »die Autorität haben, das zu tun, was wir für notwendig halten«. Washington erklärte sich zwar bereit, im Sicherheitsrat die Resolution 1441 mitzutragen, ließ jedoch keinen Zweifel daran, daß es sich dabei lediglich um eine Pflichtübung handelte.

»Jenseits aller diplomatischen Spitzfindigkeiten machte Mr. Bush deutlich, daß für ihn die Resolution alles war, was er brauchte, um gegen den Irak vorzugehen, falls Mr. Hussein sich nicht kooperativ zeigen sollte«, berichteten politische Korrespondenten. »Washington würde zwar andere Mitglieder des Sicherheitsrats konsultieren, aber keine Notwendigkeit sehen, ihre Zustimmung zu gewinnen.« Der Stabschef des Weißen Hauses, Andrew Card, erklärte im Anschluß an Powell: »Die UN-Mitglieder können sich treffen und miteinander diskutieren, aber wir brauchen ihre Erlaubnis nicht.«[41]

Was die amerikanische Regierung von der Weltmeinung hielt, als sie erklärte, aus welchen Gründen sie zum Handeln gezwungen sei, zeigte sich erneut, als Powell einige Monate später vor dem Sicherheitsrat Washingtons Kriegsabsicht darlegte. »US-Regierungsvertreter bestanden darauf, daß Powells Lagebericht nicht als Teil einer Hinhaltetaktik mit dem Ziel, Unterstützung für eine die Anwendung von Gewalt autorisierende Resolution zu bekommen, interpretiert werden dürfe«, hieß es in der internationalen Presse. Aus Regierungskreisen verlautete: »Wir werden nicht über eine zweite Resolution verhandeln, weil wir das nicht nötig haben … Wenn der Sicherheitsrat sich uns anschließen will, sind wir bereit, auf der gepunkteten Linie zu unterschreiben«, mehr aber auch nicht.[42] Die Welt wurde davon in Kenntnis gesetzt, daß Washington auf jeden Fall gewaltbereit sei; der Debattierklub kann sich »anschließen« oder muß die Folgen tragen, denn wer nicht »für uns« ist, steht »auf Seiten der Terroristen«.

Ihre Verachtung für das internationale Recht und seine Institutionen unterstrichen Bush und Blair anläßlich ihres Gipfeltreffens auf einem US-Militärstützpunkt auf den Azoren, an dem auch Spaniens Ministerpräsident Aznar teilnahm. Der UN-Sicherheitsrat bekam ein Ultimatum gestellt: Er solle innerhalb von 24 Stunden kapitulieren, sonst erfolge der Einmarsch in den Irak und die Einsetzung eines Regimes ohne Zustimmung der Vereinten Nationen und unabhängig davon, ob Saddam

Hussein mit seiner Familie das Land verlasse. Die Invasion, erklärte Bush, sei legitim, weil »die Vereinigten Staaten die souveräne Befugnis besitzen, zur Wahrung ihrer nationalen Sicherheit Gewalt anzuwenden«. Die UNO sei irrelevant, weil sie »ihrer Verantwortung nicht gerecht geworden ist«, d. h. Washingtons Befehle nicht befolgt hat. Die USA werden »den gerechten Forderungen der Welt Geltung verschaffen«, auch wenn die Welt diese Forderungen mehrheitlich nicht unterstützt.[43]

Washington sorgte auch dafür, daß alle Welt erfuhr, wie hohl die offiziellen Erklärungen der Regierung waren. Auf der Pressekonferenz vom 6. März konstatierte Bush, es gebe nur »eine einzige Frage: Hat das irakische Regime gemäß Resolution 1441 die vollständige und bedingungslose Entwaffnung durchgeführt oder nicht?« Danach verdeutlichte er, daß die Antwort auf diese einzige Frage gar keine Rolle spiele und verkündete: »Wenn es um unsere Sicherheit geht, benötigen wir niemandes Erlaubnis.« Das machte die Inspektionen und die Beratungen des UN-Sicherheitsrats zur Farce, weil selbst die vollständige Erfüllung der Bedingungen von Resolution 1441 seitens des Irak für irrelevant erklärt wurde. Bereits einige Tage zuvor hatte Bush seine auf dem Azorengipfel bekundete Haltung noch einmal unterstrichen: Was immer Saddam Hussein auch unternehme, der Regimewechsel im Irak sei beschlossene Sache.[44]

Das war er allerdings schon seit langem. Bereits einige Monate zuvor hatte der Sprecher des Weißen Hauses, Ari Fleischer, die Presse darüber informiert, daß »die Politik der Vereinigten Staaten auf einen Regimewechsel zielt, mit oder ohne Inspektoren«. »Regimewechsel« bedeutet natürlich nicht, daß die Iraker nach Husseins Sturz so frei wären, selbst über eine neue Regierung zu entscheiden; das übernimmt vielmehr der Eroberer. Er nennt sie dann, der üblichen Praxis gemäß, »demokratisch«, so wie auch die Sowjetunion zu ihrer Zeit »Volksdemokratien« installierte. Als dann die Kriegsvorbereitungen weiter angekurbelt wurden, setzte Fleischer die »einzige Frage« wieder an die erste

Stelle der Tagesordnung: Der Krieg »drehe sich ausschließlich darum«, ob Saddam Hussein bereit sei, seine Massenvernichtungswaffen zu zerstören. Während Bush auf seiner Pressekonferenz Selbstwidersprüchliches von sich gab, verkündete der britische Außenminister Jack Straw, man akzeptiere, »daß die irakische Regierung im Amt bleibt«, falls Hussein entwaffnet werde; die »einzige Frage« sei also die Entwaffnung und alles Gerede über »Befreiung« und »Demokratie« null und nichtig; Großbritannien werde den Krieg nicht aus den von Bush angegebenen Gründen unterstützen. Aber die britische Regierung machte sehr schnell klar, daß sie Washingtons Befehlen folgen werde.[45]

Unterdessen wandte sich US-Außenminister Powell gegen die Erklärung seines Präsidenten: »Die Frage lautet einfach: Hat Saddam Hussein eine strategische, politische Entscheidung getroffen, die Resolutionen des UN-Sicherheitsrats zu erfüllen und sich seiner Massenvernichtungswaffen zu entledigen? Das ist der Kern des Problems ... Das ist die Frage. Eine andere Frage gibt es nicht.« Allerdings hatte der Präsident diese »einzige Frage« fünf Tage zuvor verworfen und tat es einen Tag später erneut. Als die Invasion begann, stellte Powell noch einmal die »einzige Frage« in den Vordergrund: Der Irak »wird angegriffen, weil er die im Kapitulationsabkommen von 1991 eingegangenen ›internationalen Verpflichtungen‹, die die Offenlegung und Vernichtung seiner gefährlichen Waffen forderten, verletzt hat«.[46] Insofern sind alle anderen Behauptungen irrelevant: Die USA entscheiden unilateral, daß die Inspektoren ihre Arbeit nicht verrichten dürfen, und das Abkommen von 1991 berechtigt, obwohl der explizite Wortlaut das Gegenteil besagt, die USA zur Gewaltanwendung.

An einem anderen Tag und vor einem anderen Publikum ist dann wieder von »Befreiung« und »Demokratie« die Rede, nicht nur für den Irak, sondern gleich für die gesamte Region. Die Botschaft ist eindeutig: Wir tun, was wir wollen, unter welchem Vorwand auch immer. Wer nicht mitmacht, ist draußen.

Im übrigen stellt sich die Frage, warum die Bedrohung durch

irakische Massenvernichtungswaffen gerade nach dem September 2002 so schwerwiegend wurde, während kurz zuvor Condoleezza Rice noch behauptet hatte: »Wenn der Irak sich Massenvernichtungswaffen verschafft, werden sie unbrauchbar sein, weil jeder Versuch, sie zu benutzen, die nationale Zerstörung zur Folge hat.«[47]

Wer »gegen uns« ist, kann hart bestraft werden, wohingegen denen, die mitmachen, substantielle Belohnungen winken. Mitgliedsländer des UN-Sicherheitsrats bekamen Besuch von hochrangigen US-Regierungsvertretern, die »darauf drängten, daß die politische Führung mit den USA stimmen solle, anderenfalls bestehe das Risiko, daß ›ein hoher Preis zu zahlen ist‹«. Ein erheblicher Anreiz für wirtschaftlich schwache Staaten, »deren Probleme wenig Aufmerksamkeit erregten, als sie noch keinen Sitz im Sicherheitsrat hatten«. Mexikanische Diplomaten versuchten, Washingtons Emissären zu erklären, daß die Bevölkerung »mehrheitlich gegen einen Krieg ist«, bekamen aber zu hören: »Jedes Land, das sich uns nicht anschließt, wird einen hohen Preis dafür zahlen müssen.«[48]

Besondere Probleme bekamen jene Länder, »die sich demokratischerweise dem Druck der Bevölkerung gebeugt und nun der Öffentlichkeit einiges zu erklären haben«. Leicht könnten sie in den ökonomischen Würgegriff der Vereinigten Staaten geraten. Colin Powell sicherte »den politischen und militärischen Verbündeten der USA Vergünstigungen zu«, während Ari Fleischer »erregt dementierte«, daß Bush eben solche Angebote im Austausch gegen Voten gemacht habe, was, wie das *Wall Street Journal* berichtete, »in den Reihen der Journalisten Gelächter auslöste«.[49]

Zu den Belohnungen für folgsames Verhalten gehörten nicht nur finanzielle Vergünstigungen, sondern auch die Genehmigung zur Ausweitung terroristischer Aktionen. Der russische Präsident Wladimir Putin, dessen Beziehungen zu Bush besonders herzlich sein sollen, erhielt »ein diplomatisches Kopfnicken für sein Vorgehen gegen die tschetschenischen Separatisten, was einige Experten hier und im Nahen Osten vermuten ließ, daß dadurch langfristige US-Interessen gefährdet werden könnten«. Vielleicht gibt es aber auch noch ein paar andere Gründe, Washingtons Unterstützung für den Krieg gegen Tschetschenien besorgniserregend zu finden. Die USA jedenfalls lassen sich davon nicht beeindrucken: Gerade als Putin grünes Licht für seine Terrorkampagne erhalten hatte, wurde der Vorsitzende einer muslimischen Wohlfahrtsorganisation von einem US-Bundesgericht verurteilt, weil er Gelder für den tschetschenischen Widerstand gegen die russische Besatzung abgezweigt hatte. Ebenso wurde er beschuldigt, Krankenwagen für Bosnien finanziert zu haben, was ungefähr zu jener Zeit geschehen sein mußte, als Clinton Aktivisten von al-Qaida und Hisbollah nach Bosnien fliegen ließ, damit sie dort die amerikanische Seite im gerade laufenden Krieg verstärkten.[50]

Auch die Türkei wurde mit Lockangeboten geködert: Man wollte für sie ein umfangreiches Finanzpaket schnüren und ihr das Recht geben, in den von Kurden bewohnten Nordirak einzumarschieren. Die Türkei jedoch verpaßte dem Westen eine Lehrstunde in Sachen Demokratie – sie ging nämlich auf das Angebot nicht ein, was in den USA großen Zorn erregte und Außenminister Powell Konsequenzen androhen ließ.[51]

Die »diplomatischen Feinheiten« sind für jene bestimmt, die sich täuschen lassen wollen, wie es bei der augenscheinlichen Unterstützung von Mitgliedern des UN-Sicherheitsrats für die von den USA lancierte Resolution 1441 der Fall war. De facto war die Unterstützung Unterwerfung; die Jasager wußten, wie die Alternative aussehen würde. In Rechtssystemen, die Anspruch auf Seriosität erheben, ist erzwungene Zustimmung ungültig. In der internationalen Politik dagegen wird sie als Diplomatie geehrt.

Nach dem Irakkrieg erwiesen sich die Vereinten Nationen erneut als »irrelevant«, weil ihr »kompliziertes Handelssystem« jenen US-Firmen Probleme bereitete, die unter der amerikanischen Militärherrschaft Verträge abgeschlossen hatten. Im übrigen war das »komplizierte System« von den USA als Bestandteil der Sanktionen erzwungen worden und hatte außer Großbritannien keinen Befürworter gefunden. Aber jetzt erwies es sich als Hindernis. Also bemühten die USA den Sicherheitsrat, nicht ohne den Eindruck zu erwecken, daß »wir hierher kommen, weil wir es wollen und nicht, weil wir es müssen«. Den Hintergrund, darin sind sich alle Diplomaten einig, bildete die Frage, »wieviel freie Hand man den USA bei der Verwaltung des irakischen Öls und der Etablierung einer Nachfolgeregierung gewähren solle«. Washington verlangte uneingeschränkte Entscheidungsmöglichkeiten, während andere Länder, die Mehrheit der US-Bevölkerung und (soweit es darüber Informationen gibt) die Iraker selbst ein stärkeres Engagement der UNO« befürworteten, in dessen Rahmen die diplomatischen und wirtschaftlichen Beziehungen sowie die inneren Angelegenheiten des Irak normalisiert werden könnten.[52] Für die USA stand allerdings fest, daß im Endeffekt sie die Kontrolle über das Land behalten würden, wenn möglich hinter der Fassade einer Art von Demokratie.

Daß »Amerikas imperialer Ehrgeiz« sich nach dem Zusammenbruch seines einzigen Rivalen auf die ganze Welt erstrecken würde, dürfte kaum erstaunen; und natürlich gibt es zahllose Vorgänger, deren Bestrebungen nicht allzu angenehme Folgen hatten. Die heutige Situation jedoch ist anders. Nie zuvor hat es in der Geschichte eine solche Konzentration umfassender und weitreichender Gewaltmittel in den Händen eines einzigen Staats gegeben – ein weiterer Grund dafür, seine Praktiken und Doktrinen mit besonderer Sorgfalt zu untersuchen.

Besorgnisse der US-Eliten

Selbst in etablierten Kreisen zeigte man sich besorgt, daß »Amerikas imperialer Ehrgeiz« auch für die eigene Bevölkerung gefährlich werden könnte. Besonders alarmiert reagierte man, als die Regierung Bush erklärte, die USA seien ein »revisionistischer Staat«, der die Welt auf Dauer zu beherrschen beabsichtige. Ein solcher Staat, befürchteten manche, würde unter der Führerschaft von »radikalen Nationalisten«, die »durch absolute militärische Überlegenheit zu unilateraler Weltherrschaft gelangen wollen«, zu einer »Bedrohung für sich selbst und die Menschheit« werden.[53] Und viele weitere Mainstream-Intellektuelle waren von dem Abenteurertum und der Arroganz dieser radikalen Nationalisten, die jetzt noch unbeschränkter agieren können als in den achtziger Jahren, äußerst angewidert.

Solche Besorgnisse sind nicht ganz neu. Während der Präsidentschaft von Clinton wies der prominente Politologe Samuel Huntington darauf hin, daß die USA in vielen Ländern der Welt als »Schurkensupermacht betrachtet werden, die für deren Gesellschaften die größte äußere Bedrohung darstellt«. Ganz ähnlich äußerte sich Robert Jervis, der damalige Präsident der American Political Science Association. Sie warnten, wie auch andere Intellektuelle, vor Koalitionen, die als Gegengewicht zur »Schurkensupermacht« entstehen könnten. Die Folgen seien dann sehr bedrohlich.[54]

Einige führende Spezialisten für Auslandspolitik haben darauf hingewiesen, daß die Zielobjekte, die Amerikas imperialer Ehrgeiz ins Auge fassen könnte, wohl kaum geduldig auf ihre Zerstörung warten dürften. Sie »wissen, daß die Vereinigten Staaten nur durch Abschreckung im Zaum zu halten sind ... und daß nur Massenvernichtungswaffen abschreckend wirken«, schreibt Kenneth Waltz und meint, daß Washingtons Politik eben dadurch die Verbreitung solcher Waffen fördere, was durch die Unterminierung internationaler Abkommen zur Gewaltkontrolle noch beschleunigt werde. Die Warnungen wurden wiederholt, als Bush den Angriff auf den Irak vorbereitete: Eine Konsequenz sei, so Steven Miller, daß andere Staaten »sehr wahrscheinlich den Schluß ziehen, daß Massenvernichtungswaffen notwendig sind, um eine amerikanische Intervention zu verhindern«. Ein anderer bekannter Experte wies darauf hin, daß die »allgemeine Strategie des Präventivkriegs« andere Länder dazu motiviert, »mit Terror- und Massenvernichtungswaffen herumzufuchteln«, um »den ungezügelten Einsatz amerikanischer Macht« zu verhindern. Immer wieder wurde auf die Möglichkeit verwiesen, daß der Iran Programme zur Herstellung von Atomwaffen entwickelt. Und »es ist keine Frage, daß Nordkorea aus dem Irakkonflikt die Lektion der Nützlichkeit nuklearer Abschreckung gelernt hat«, meint Selig Harrison.[55]

Als das Jahr 2002 sich seinem Ende näherte, hatte Washington gezeigt, wie nützlich die Lektion tatsächlich ist. Die Welt hatte begriffen, daß sie, um sich gegen die USA zur Wehr zu setzen, am besten Nordkorea nachahmt und für ein glaubwürdiges militärisches Drohpotential sorgt. Das nordkoreanische war in diesem Fall noch konventioneller Machart: Schwere Artillerie, die auf Seoul und US-Truppen nahe der entmilitarisierten Zone gerichtet war. Den Irak werden wir begeistert angreifen, weil wir wissen, daß er sich nicht verteidigen kann; aber Nordkorea, eine viel schlimmere und gefährlichere Diktatur, ist kein angemessenes Ziel, solange es jede Menge Schaden anrichten kann.

Ein weiterer Anlaß zur Besorgnis ist die »zweite Supermacht«, die öffentliche Meinung. Nicht nur der »Revisionismus« der politischen Führung war ohne geschichtliches Vorbild, sondern auch die Opposition, die dagegen antrat. Oftmals werden Vergleiche mit der Bewegung gegen den Vietnamkrieg gezogen. Aber die häufig gestellte Frage, wo denn Protest und Dissens, die damals so mächtig waren, dieses Mal geblieben seien, verdeutlicht, wie sehr das Geschichtsbild nachgebessert wurde und wie wenig manche Kreise die Veränderungen wahrnehmen, die das öffentliche Bewußtsein in den letzten vier Jahrzehnten durchlaufen hat. Da hilft nur ein genauer Vergleich: 1962 war öffentlicher Protest gegen den Vietnamkrieg so gut wie inexistent, obwohl die Regierung Kennedy in jenem Jahr verkündete, die US-Luftwaffe werde Südvietnam bombardieren, und obwohl bereits damit begonnen wurde, Millionen von

Vietnamesen in Sammellager zu treiben sowie Laubwälder und Bodenfrüchte durch chemische Kampfstoffe zu vernichten. Erst Jahre später, nachdem Hunderttausende von Soldaten nach Vietnam entsandt, dichtbesiedelte Gebiete durch Flächenbombardements zerstört und die Kriegshandlungen auf ganz Indochina ausgeweitet worden waren, erreichte der Protest ernstzunehmende Ausmaße, und der Militärhistoriker und Indochinaspezialist Bernard Fall, ein eingefleischter Antikommunist, konnte schreiben: »Vietnam ist als kulturelle und historische Größe von Auslöschung bedroht«, weil »die ländlichen Gebiete unter den Schlägen der größten Militärmaschinerie, die jemals auf einem Areal dieses Umfangs geführt wurden, buchstäblich sterben«.[56]

Im Gegensatz dazu gab es vierzig Jahre später noch vor Kriegsbeginn eine umfassende, engagierte und in ihrer Haltung eindeutige Protestbewegung, die ohne die einzig in den USA so heftig geschürten Illusionen über die Angriffslust des Irak wahrscheinlich das gleiche Ausmaß erreicht hätte wie in anderen Ländern. Das zeigt, wie sehr bei uns in den letzten Jahrzehnten die Bereitschaft, Aggressionen und Greueltaten nicht länger zu dulden, gewachsen ist.

Die politische Führung ist sich dieser Entwicklungen durchaus bewußt. 1968 war die Angst vor der Öffentlichkeit so groß, daß die Joint Chiefs of Staff (Vereinigten Stabschefs) abwägen mußten, ob, wenn weitere Truppen nach Vietnam geschickt würden, »noch genügend Streitkräfte zur Kontrolle zivilen Aufruhrs zur Verfügung stünden«. Das Verteidigungsministerium befürchtete, daß man bei weiteren Truppenentsendungen Gefahr liefe, »eine innenpolitische Krise bislang ungekannten Ausmaßes heraufzubeschwören«.[57] Die Regierung Reagan wollte in Lateinamerika zunächst Kennedys Südvietnam-Strategie folgen, machte jedoch einen Rückzieher, als die Öffentlichkeit mit einer unvorgesehenen Heftigkeit reagierte, die wichtigere Bestandteile der politischen Tagesordnung zu untergraben drohte. Statt dessen bevorzugte Washington die Methode klandestinen Terrors, der mehr oder weniger geheimgehalten werden konnte. Als Bush sr. 1989 sein Amt antrat, war auch ihm die öffentliche Meinung nicht gleichgültig. Neue US-Regierungen beauftragen traditionellerweise die Geheimdienste, einen Bericht über die Weltlage abzugeben. Diese Berichte bleiben geheim, aber damals sickerte eine Passage durch, in der es um Fälle ging, »bei denen die USA in eine Konfrontation mit sehr viel schwächeren Feinden geraten«. Die Geheimdienstexperten rieten dazu, diese Feinde »schnell und entschlossen zu besiegen«, weil anderenfalls die ohnehin dünne Unterstützung seitens der Öffentlichkeit rasch dahinschwinden könnte.[58]

Wir leben nicht mehr in den sechziger Jahren, als die Bevölkerung einen mörderischen Krieg jahrelang duldete, ohne sichtbar zu protestieren. Die Bürgerbewegungen der letzten vierzig Jahre haben in vielen gesellschaftlichen Bereichen sichtbare Spuren hinterlassen. Mittlerweile kann die Regierung einen sehr viel schwächeren Feind nur noch angreifen, wenn sie vorher eine Propagandaoffensive lanciert, in der er als unmittelbare Bedrohung oder als völkermordendes Monster dargestellt wird, während man zugleich darauf setzt, daß der Feldzug kaum Ähnlichkeiten mit einem tatsächlichen Krieg aufweisen wird.

Die Besorgnisse der Eliten erstrecken sich auch auf den Eindruck, den die Weltöffentlichkeit von der Regierung Bush und ihren radikalen Nationalisten gewinnt. Deren Kriegsgeschrei trug sicher mit zu dem Ansehensverlust bei, den eine im Januar 2003 vom Weltwirtschaftsforum veröffentlichte Umfrage enthüllte. Ihr zufolge genossen nur die Führungskräfte von Nicht-Regierungsorganisationen das Vertrauen einer deutlichen Mehrheit der Befragten. Auf den Plätzen folgten UN-Repräsentanten und spirituelle/religiöse Führungspersönlichkeiten, sodann westeuropäische Politiker und Wirtschaftsmanager und gleich dahinter Geschäftsführer von Konzernen. Ganz unten rangierte die politische Führung der Vereinigten Staaten.[59]

Eine Woche nach Veröffentlichung der Umfrage wurde der jährlich stattfindende Weltwirtschaftsgipfel in Davos eröffnet, dem jedoch die Ausgelassenheit früherer Jahre fehlte. »Die Stimmung hat sich verdüstert«, bemerkte die Presse: Es wird keine »globale Party« mehr gefeiert. Der Begründer des Weltwirtschaftsforums, Klaus Schwab, nannte den vordringlichsten Grund: »Das Thema ›Irak‹ wird alle Diskussionen beherrschen.« Powell sei vor seinem Auftritt, so berichtete das *Wall Street Journal*, von seinen Beratern auf die »häßliche« Stimmung in Davos hingewiesen worden: »Ein Chor internationaler Beschwerden über den amerikanischen Marsch in den Krieg gegen den Irak erreichte bei dieser Zusammenkunft von etwa 2000 Konzerndirektoren, Politikern und Akademikern seinen Höhepunkt.« Sie waren von Powells »knapper neuer Botschaft« nicht gerade überwältigt. Der US-Außenminister teilte ihnen mit: »Wenn wir von etwas überzeugt sind, übernehmen wir die Führung«, auch wenn niemand uns folgt. »Wir werden handeln, auch wenn andere nicht bereit sind, sich uns anzuschließen.«[60]

Der Weltwirtschaftsgipfel stand unter dem Motto: »Vertrauen aufbauen«. Das hatte gute Gründe.

In seiner Rede betonte Powell, daß die USA das »souveräne Recht auf militärisches Handeln«, wann und wo es ihnen beliebt, für sich in Anspruch nehmen. Weiter bemerkte er, daß niemand »Saddam Hussein und seinem Regime traut«, was sicherlich stimmte, auch wenn Powell einige andere Regierungspolitiker, denen ebenfalls kein Vertrauen entgegengebracht wird, unerwähnt ließ. Der Außenminister versicherte seinen Zuhörern, daß Husseins Waffen »die Nachbarn des Iraks einschüchtern sollen«, erklärte jedoch nicht, warum den Nachbarn diese Bedrohung offensichtlich entgangen war.[61] Obwohl sie den mörderischen Tyrannen verabscheuten, hatten sie sich den vielen Staaten angeschlossen, »die nicht begreifen, warum Washington mit so furchtsamer Besessenheit auf eine letztlich minderrangige Macht reagiert, deren Reichtum und militärische Mittel durch international auferlegte Beschränkungen längst zurückgestutzt worden sind«. Ebenso wußten die Nachbarn, daß der Irak aufgrund der negativen Auswirkungen der Sanktionen auf die Bevölkerung zu einem der schwächsten Staaten in der Region geworden war, dessen wirtschaftliche und militärische Aufwendungen weit unterhalb denen von Kuweit und anderen Nachbarstaaten lagen.[62] Aus diesen und anderen Gründen hatten die Nachbarn seit einigen Jahren mit dem Irak wieder Beziehungen angeknüpft, was die USA mit großem Mißfallen betrachteten. Aber sie wußten, wie auch das US-Verteidigungsministerium und die CIA, »daß der heutige Irak für niemanden in der Region und schon gar nicht für die Vereinigten Staaten eine Bedrohung darstellt … Wer anders argumentiert, ist unehrlich.«[63]

Während sich die Wirtschaftselite in Davos traf, liefen weitere unerfreuliche Neuigkeiten zum Thema »Vertrauen aufbauen« ein: Einer Meinungsumfrage in Kanada zufolge »betrachteten 36 Prozent der Kanadier die USA als größte Bedrohung für den Weltfrieden; nur 21 Prozent nannten al-Qaida, 17 Prozent den Irak und 14 Prozent Nordkorea«. In krassem Widerspruch dazu steht, daß 72 Prozent der Befragten ein positives Bild von den USA allgemein hatten. Aus Deutschland wurden ähnliche Zahlen gemeldet, nur daß hier, wie in Westeuropa insgesamt, die positive Einstellung zu Amerika und den Amerikanern stark rückläufig war. Eine informelle Umfrage des Magazins *Time* erbrachte, daß mehr als 80 Prozent der in Europa Befragten in den USA die größte Bedrohung für den Weltfrieden sahen. Selbst wenn diese Zahlen übertrieben sein sollten, sind sie alarmierend. Ihre Bedeutung wird unterstrichen durch internationale Umfragen zum britisch-amerikanischen Vorgehen gegen den Irak.[64]

»Die Nachrichten, die von US-Botschaften aus aller Herren Länder übermittelt werden, sind besorgniserregend geworden«, notierte die *Washington Post* in einem Aufmacher. »Immer mehr Menschen überall auf der Welt sehen in Präsident Bush eine größere Bedrohung für den Weltfrieden als in Saddam Hussein.« Ein Beamter des Außenministeriums wurde mit folgenden Worten zitiert: »Die Diskussion dreht sich nicht um den Irak. In der Welt herrscht wirkliche Angst vor unserer Macht und dem, was als Rücksichtslosigkeit, Arroganz und Einseitigkeit [der Vorgehensweise Washingtons] betrachtet wird.« Die Überschrift lautete: »Gefahr in Sicht? Die Welt sieht in Präsident Bush eine Bedrohung«. Drei Wochen später erschien in *Newsweek* eine Titelgeschichte, die der Chefredakteur für Auslandspolitik verfaßt hatte. Auch er wies darauf hin, daß die weltweite Diskussion nicht Saddam zum Thema habe: »Es geht um Amerika und seine Rolle in der neuen Welt ... Ein Krieg gegen den Irak, zumal wenn er erfolgreich ist, könnte das Irak-Problem lösen, nicht aber das Problem Amerika. Was den Menschen überall mißfällt, ist die Tatsache, daß sie in einer Welt leben, die von einem einzigen Land geformt und beherrscht wird – von den Vereinigten Staaten. Und mittlerweile empfinden sie uns gegenüber tiefe Angst und Mißtrauen.«[65]

Nach dem 11. September, als den USA weltweite Anteilnahme und Solidarität entgegenschlug, fragte George Bush: »Warum hassen sie uns?« Die Frage war falsch gestellt; was richtigerweise hätte gefragt werden müssen, tauchte nur am Rande auf. Aber innerhalb eines Jahres war es der US-Regierung gelungen, für eine Antwort zu sorgen: »Aufgrund dessen, was Sie, Mr. Bush, und Ihre Helfershelfer getan haben. Und wenn Sie so weitermachen, werden Haß und Angst vielleicht irgendwann auf das Land zurückschlagen, das Sie ebenfalls mit Schande bedeckt haben.« Hinweise darauf gibt es mehr als genug, und Usama bin Ladin kann einen Sieg feiern, den er sich in seinen wildesten Träumen nicht ausgemalt haben dürfte.

Absichtsvolle Ignoranz

Das grundlegende Prinzip der imperialen Strategie, dessen Wahrheit so offensichtlich scheint, daß eine explizite Formulierung überflüssig ist, beruht auf dem Leitmotiv des Wilsonschen

Idealismus: Wir – d. h. zumindest die politische Führung und ihre Berater – sind gut, wenn nicht gar edelmütig. Daher entspringen unsere Interventionen notwendigerweise den besten Absichten, auch wenn die Ausführung bisweilen ein wenig ungeschickt wirkt. Wir haben, wie Wilson betonte, »hochfliegende Ideale« und setzen uns für »Stabilität und Rechtschaffenheit« ein. Insofern ist es nur natürlich, daß »unsere Interessen voranschreiten müssen, auch wenn wir altruistisch sind. Andere Nationen sollten nicht den Versuch unternehmen, uns dabei aufzuhalten.« Das schrieb Wilson, um die Eroberung der Philippinen zu rechtfertigen.[66]

Die gegenwärtige Version dieses Idealismus kennt noch ein weiteres Leitmotiv, das »die Parameter der politischen Auseinandersetzung bestimmt«. Es findet so breite Zustimmung, daß auf der Rechten wie der Linken nur noch »Trümmerreste« übrigbleiben und ist »in seiner Autorität gegen jegliche Herausforderung praktisch immun«. Dieses Leitmotiv lautet: *»Amerika ist die geschichtliche Avantgarde* … Die Geschichte hat eine wahrnehmbare Richtung und Bestimmung. Unter allen Nationen der Welt sind es einzig und allein die Vereinigten Staaten, die den Zweck der Geschichte verstehen und ihm Ausdruck verleihen.« Demzufolge ist die amerikanische Hegemonie die Verwirklichung des Zwecks der Geschichte und dienen die amerikanischen Errungenschaften dem allgemeinen Wohl. Das ist eine Binsenweisheit, die empirisch zu untermauern unnötig, wenn nicht gar lächerlich anmutet. Das grundlegende Prinzip der US-Außenpolitik, das im Wilsonschen Idealismus wurzelt und von Clinton auf Bush jr. übergegangen ist, lautet: *»Amerikas Auftrag als Avantgarde der Geschichte besteht darin, die Weltordnung zu transformieren und dabei seine eigene Vorherrschaft auf Dauer zu stellen.«* Geleitet wird diese Politik *»vom Imperativ militärischer Überlegenheit, die dauerhaft und global sein muß«*.[67]

Weil nur Amerika den Zweck der Geschichte verstehen und erfüllen kann, hat es das Recht und sogar die Pflicht, zum Wohle aller so zu handeln, wie seine Führer es für richtig halten, ob die

Welt dies nun begreift oder nicht. Und wie sein nobler Vorgänger und jetziger Juniorpartner, Großbritannien, sollte Amerika sich nicht davon abschrecken lassen, den transzendenten Zweck der Geschichte zu verwirklichen, auch wenn es »die Schmähungen von Narren und Neidern erdulden« muß, wie dies bereits seinem Vorgänger geschah, wenn wir dessen ruhmreichsten Fürsprechern Glauben schenken wollen.[68]

Um Bedenken, die noch auftauchen könnten, zu beschwichtigen, sollten wir uns daran erinnern, daß »die Vorsehung die Amerikaner dazu berufen hat«, sich der Aufgabe, die Weltordnung zu reformieren, anzunehmen; schließlich haben »alle, die in den letzten Jahren das Oval Office bewohnten, welcher Partei sie auch angehörten, sich als Anhänger der Wilsonschen Tradition erwiesen« – was im übrigen auch für deren Vorgänger, ihre ausländischen Pendants und ihre verhaßtesten Feinde, deren Namen ab und zu erneuert werden müssen, gelten darf.[69] Aber um unsere Überzeugung, daß die Mächtigen bei ihrem Streben nach »Stabilität und Rechtschaffenheit« von »hochfliegenden Idealen« und »Altruismus« geleitet werden, bewahren zu können, müssen wir jene Haltung einnehmen, die ein Kritiker der in den achtziger Jahren von den USA und ihren Söldnern in Mittelamerika angerichteten Greueltaten als »absichtsvolle Ignoranz« bezeichnet hat.[70] Mit dieser Haltung können wir nicht nur die Vergangenheit bereinigen und gern jene Fehler eingestehen, die auch mit der besten aller Absichten gemacht werden, sondern seit kurzem, da die Norm der humanitären Intervention ins Leben gerufen ward, die US-amerikanische Außenpolitik in neuem Glanz erstrahlen lassen, der fast schon wie ein Heiligenschein anmutet. Washingtons »Interventionen nach dem Kalten Krieg waren, alles in allem, nobel, aber halbherzig; und sie waren halbherzig, *weil* sie nobel waren«, versichert uns der Historiker Michael Mandelbaum. Vielleicht ist unser Heiligenschein schon allzu heilig, und wir müssen uns davor hüten, »unsere Außenpolitik fast ausschließlich rein idealistischen Motiven zu unterstellen« und, anderen dienend, unser legitimes Eigeninteresse zu vernachlässigen, warnen nüchternere Stimmen.[71]

Leider hat man es in Europa nicht geschafft, den Idealismus der politischen Führungspersönlichkeiten Amerikas zu begreifen. Wie kann das sein, wo es sich doch um eine reine Binsenweisheit handelt? Max Boot schlägt eine Antwort vor: Europa »ist oft von Habgier getrieben worden« und die »zynischen Europäer« sind blind für den »idealistischen roten Faden«, der die amerikanische Außenpolitik durchzieht. »Nach 200 Jahren hat Europa immer noch nicht herausgefunden, was Amerika umtreibt.« Vielmehr sind die Europäer zynisch genug, Washington niedrige Motive zu unterstellen, statt sich dessen noblen Unternehmungen mit der gebührenden Begeisterung anzuschließen. Eine andere Erklärung bietet der renommierte Historiker und politische Kommentator Robert Kagan an. Europas Problem liege darin, daß es sich in »paranoidem, konspiratorischem Anti-Amerikanismus«, der »fieberhafte Höhen erreicht hat«, verzehre, wobei glücklicherweise ein paar Figuren wie Berlusconi und Aznar dem Sturm die Stirn bieten.[72]

Unwissentlich plagiieren Boot und Kagan John Stuart Mills klassischen Essay über die humanitäre Intervention, in dem er Großbritannien drängte, dieses Unternehmen in Indien mit größerem Nachdruck zu verfolgen, d. h. noch mehr zu erobern. Großbritannien müsse, so erklärte Mill, diese hochherzige Mission ungeachtet aller »Schmähungen«, die es von Kontinentaleuropa zu erdulden hat, auf sich nehmen. Unerwähnt ließ er, daß Großbritannien damit weitere schwere Schläge gegen Indien führen und das nahezu vollständige Monopol auf die Opiumproduktion ausweiten würde. London brauchte dieses Monopol, um die chinesischen Märkte gewaltsam öffnen und das Imperium mittels Drogenhandel stabilisieren zu können. All das war in England wohlbekannt, durfte aber auf dem Kontinent nicht der Grund für die »Schmähungen« sein. Vielmehr stacheln die zynischen, habgierigen Europäer »zum Haß gegen uns auf«, weil sie unfähig sind zu begreifen, daß England »eine Weltneuheit«

darstellt, eine Nation, die so bemerkenswert ist, weil sie nur »im Dienste anderer« handelt. Sie ist dem Frieden verpflichtet, doch wenn »die Angriffslust von Barbaren sie zu einem erfolgreichen Krieg zwingt«, trägt sie selbstlos die Kosten und »teilt die Früchte in brüderlicher Gleichheit mit der gesamten menschlichen Rasse«, auch mit den Barbaren, die sie zu deren eigenem Besten erobert und vernichtet. In Mills Augen ist England eine nahezu vollkommene Nation, ohne »aggressive Pläne« und ohne »das eigene Wohlergehen auf Kosten anderer zu erstreben«. Ihre Politik ist »tadelsfrei und lobenswert«. Somit war das England des 19. Jahrhunderts das Gegenstück zur »idealistischen neuen Welt, die der Unmenschlichkeit ein Ende zu bereiten willens ist«, motiviert durch reinen Altruismus und einzig den höchsten »Prinzipien und Werten« verpflichtet. Leider wird auch das von den habgierigen oder paranoiden Europäern mißverstanden.[73]

Mill schrieb diesen Essay, als Großbritannien damit beschäftigt war, einige der schlimmsten Verbrechen seiner imperialen Epoche zu begehen. Es ist nicht leicht, sich einen hervorragenderen und aufrichtigeren Intellektuellen vorzustellen, und dennoch ist sein Essay das traurige Beispiel einer Apologetik schrecklicher Untaten. Vor diesem Hintergrund lassen die Ausführungen von Boot und Kagan an den Marxschen Satz denken, demzufolge sich alle geschichtlichen Ereignisse zweimal abspielen, das erste Mal als Tragödie und das zweite Mal als Farce. Abgesehen davon war der kontinentale Imperialismus keineswegs menschenfreundlicher und in seiner Rhetorik ebenso verblasen. Auch Frankreich gewann Mills Wertschätzung, als es in Algerien seinem zivilisatorischen Auftrag nachging und dabei, wie der französische Kriegsminister erklärte, »die einheimische Bevölkerung ausrottete«.[74]

Kagans Vorwurf des »Anti-Amerikanismus« ist zwar konventionell, aber des Nachdenkens wert. Dieser Begriff wird, mitsamt seinen Varianten (»Haß auf Amerika« und dergleichen), zumeist benutzt, um Kritiker der staatlichen Politik zu diffamieren. Selbst wenn sie das Land, seine Kultur und seine Errungenschaften bewundern, »hassen sie Amerika« und sind »Anti-Amerikaner«. Dem liegt die stillschweigende Voraussetzung zugrunde, daß die gesamte Gesellschaft mit der Staatsmacht identisch ist. Ein solcher Umgang mit Begriffen stammt direkt aus dem Lexikon des Totalitarismus. In der Sowjetunion wurden Dissidenten des »Anti-Sowjetismus« beschuldigt, und vielleicht galten Kritiker der brasilianischen Militärdiktatur als »Anti-Brasilianer«. Wer sich auch nur ein wenig für Freiheit und Demokratie einsetzt, kann solche Haltungen nicht akzeptieren. Einen Kritiker der Politik Berlusconis als »Anti-Italiener« zu beschimpfen, würde in Rom oder Mailand bestenfalls Gelächter auslösen, auch wenn es sich zu Mussolinis Zeiten anders verhalten haben mag.

Wohin wir den Blick auch immer wenden mögen, wird die Anwendung von Gewalt gern mit der Beschwörung hochfliegender Ideale, an denen kein Mangel herrscht, gerechtfertigt. Die »Wilsonsche Tradition« wird mit edelster Rhetorik verziert, sah in der Praxis aber doch ein bißchen anders aus. Wir erwähnten bereits Wilsons Forderung, die Philippinen zu erobern; während seiner Präsidentschaft intervenierte er in Haiti und der Dominikanischen Republik, was beide Länder zu Trümmerfeldern machte. Erwähnenswert ist auch das von Walter LaFeber so genannte »Wilsonsche Korollar« zur Monroe-Doktrin. Es sah vor, daß innerhalb der Reichweite US-amerikanischer Macht »nur amerikanische Ölgesellschaften Konzessionen erhalten«.[75]

Auch die schlimmsten Tyrannen haben ihre Verbrechen gern mit nobler Rhetorik verbrämt. 1990 warnte Saddam Hussein Kuweit vor möglicher Vergeltung für Aktionen, die die angeschlagene irakische Wirtschaft beschädigten, nachdem der Irak Kuweit im Krieg gegen den Iran beschützt hatte. Andererseits versicherte Hussein der Welt, er wolle keinen »permanenten Krieg, sondern dauerhaften Frieden ... und ein Leben in Würde«.[76] 1938 lobte Präsident Roosevelts enger Vertrauter Sumner

Wells die Nationalsozialisten für ihren Versuch, »eine neue, auf Gesetz und Gerechtigkeit beruhende Weltordnung« zu errichten. Kurz darauf setzten sie diesen Versuch in die Tat um, indem sie Teile der Tschechoslowakei annektierten, während Hitler versicherte, man habe den ernsthaften Wunsch, den wahren Interessen der diese Gebiete bewohnenden Menschen zu dienen, die nationale Eigenheit des deutschen und tschechischen Volks zu bewahren und den Frieden und das soziale Wohl aller zu fördern. Auch Mussolini sorgte sich um das Schicksal der »befreiten Völker« Äthiopiens. Ebenso wollte Japan in Nordchina und der Mandschurei für die leidende Bevölkerung ein »Paradies auf Erden« schaffen und die legitimen Regierungen dieser Regionen vor kommunistischen »Banditen« schützen. Mit bewegenden Worten sprach Japan 1938 von seiner »hohen Verantwortung« für die Errichtung einer »Neuen Ordnung«, mit der die »dauerhafte Stabilität Ostasiens gesichert« werden sollte, gewährleistet durch die »gegenseitige Hilfe« von Japan, der Mandschurei und China »auf politischen, wirtschaftlichen und kulturellen Gebieten« und ihre »gemeinsame Verteidigung gegen den Kommunismus«.[77]

Nach dem Zweiten Weltkrieg wurden Interventionen routinemäßig durch »humanitäre« Aspekte oder die Notwendigkeit der Selbstverteidigung gerechtfertigt, um ihre Übereinstimmung mit der UN-Charta zu sichern. So wurde z. B. der sowjetische Einmarsch in Ungarn 1956 von russischen Rechtswissenschaftlern damit begründet, daß er auf Bitten der ungarischen Regierung erfolgt sei, und zwar als »defensive Reaktion auf die ausländische Unterstützung subversiver Aktivitäten und bewaffneter Banden in Ungarn, die das Ziel verfolgten, die demokratisch gewählte Regierung zu stürzen«. Ähnlich wurde ein paar Jahre später der Angriff der USA auf Südvietnam plausibel gemacht: Es handle sich, so wurde behauptet, um »kollektive Selbstverteidigung« gegen die »interne Aggression« von Südvietnamesen (Adlai Stevenson) und ihren »Angriff von innen her« (John F. Kennedy).[78]

Wir müssen nicht annehmen, daß diese Einlassungen, so grotesk sie auch klingen mögen, unehrlich gemeint sind. Die gleiche Rhetorik findet man häufig auch in regierungsinternen Dokumenten, wo die Notwendigkeit der Verstellung zumeist nicht gegeben ist. So äußerten sich z. B. Stalins Diplomaten wie folgt: »Zur Schaffung einer wahren Demokratie bedarf es eines gewissen Drucks von außen … Wir sollten nicht zögern, uns auf diese Weise in die ›inneren Angelegenheiten‹ anderer Staaten einzumischen … weil demokratische Regierungen zu den hauptsächlichen Garanten eines dauerhaften Friedens gehören.«[79]

Andere behaupten, zweifellos ebenso ernsthaft:

> »Vor polizeilicher Repression durch die lokale Regierung sollten wir nicht zurückschrecken. Das ist keine Schande, weil die Kommunisten im wesentlichen Verräter sind … Es ist besser, ein starkes Regime an der Macht zu haben als eine liberale Regierung, die nachgiebig, unaufmerksam und von Kommunisten durchsetzt ist.«

Mit diesen Worten schärfte George Kennan US-Botschaftern in Lateinamerika die Notwendigkeit ein, sich beim »Schutz unserer Rohstoffe« von pragmatischen Erwägungen leiten zu lassen. Die Rohstoffe sind im Prinzip immer unsere, egal wo man sie auffindet, und wir müssen unser »Zugangsrecht«, in Übereinstimmung mit dem alten Völkerrecht, notfalls durch Eroberung sichern.[80] Davon abgesehen muß man der Macht schon sehr loyal gegenüberstehen, um zu vergessen, welche Folgen die Installierung und Unterstützung »starker Regime« für die Bevölkerung des jeweiligen Landes gehabt hat, und es gehört eine hohe Dosis absichtsvoller Ignoranz zum Glauben, daß sich die Anwendung von Gewalt unter Berufung auf die bedrohte nationale Sicherheit rechtfertigen lasse.

Wie diese wenigen Beispiele zeigen, werden selbst die härtesten und schändlichsten Maßnahmen gern von einem Bekenntnis zu edlen Absichten begleitet. Thomas Jeffersons Bemerkungen zur politischen Situation seiner Zeit lassen sich zwanglos verallgemeinern:

> »Wir glauben nicht, daß Bonaparte einzig für die Freiheit der Meere kämpft, so wie wir auch nicht glauben, daß es Großbritannien um die Befreiung der Menschheit geht. Das Ziel ist immer das gleiche, nämlich die Aneignung der Macht, des Reichtums und der Ressourcen anderer Nationen.«[81]

Ein Jahrhundert später bemerkte Woodrow Wilsons Außenminister Robert Lansing (der im übrigen den Idealismus seines Präsidenten recht illusionslos zu betrachten schien) voller Abscheu, »wie bereitwillig die Briten, Franzosen oder Italiener ein Mandat« des Völkerbunds übernehmen, sobald »Minen, Ölvorkommen, reiche Kornfelder oder Eisenbahnen es zu einem profitablen Unternehmen machen«. In ihrer Selbstlosigkeit erklären diese Regierungen, daß Mandate »zum Besten der Menschheit« übernommen werden müssen: »Sie sichern sich ihren Anteil durch die Verwaltung der reichen Regionen Mesopotamiens, Syriens usw.« Daß es sich dabei um Vorwände handelt, ist »so offensichtlich, daß es fast eine Beleidigung wäre, dies offen auszusprechen«.[82]

Offensichtlich ist es, wenn andere Regierungen sich über ihre edlen Absichten verbreiten. Für einen selbst gelten solche Maßstäbe natürlich nicht.

Wenn man jedoch der eigenen politischen Führung glaubt und die von ihr proklamierten edlen Absichten für aufrichtig hält, nimmt man jene Haltung ein, die Hans Morgenthau, einer der Begründer der modernen Theorie internationaler Beziehungen, als »unsere konformistische Unterwürfigkeit den Mächtigen gegenüber« verurteilt hat. Diese Haltung haben, geschichtlich gesehen, die meisten Intellektuellen eingenommen.[83] Aber es ist wichtig zu erkennen, daß die Rechtfertigung politischen Handelns mittels edler Absichten vorhersehbar ist und insofern auch im technischen Sinne keine Informationen über die tatsächlichen Motive enthält. Wer ernsthaft daran interessiert ist, die Welt zu verstehen, wird bei der Bewertung der eigenen politischen und intellektuellen Eliten keine anderen Maßstäbe anlegen als bei denen offizieller Feinde. Man könnte sich fragen, wie viele edle Absichten dieses so elementare wie zugleich rationale und ehrliche Verfahren überleben würden.

Allerdings gibt es auch bei den intellektuellen Schichten gelegentliche Abweichungen von der »konformistischen Unterwürfigkeit den Mächtigen gegenüber«. Einige der wichtigsten Beispiele finden wir in zwei Ländern, deren harte und repressive Regimes von US-amerikanischer Militärhilfe profitieren. Es handelt sich dabei um die Türkei und Kolumbien. In der Türkei protestieren prominente Schriftsteller, Journalisten, Akademiker, Verleger und andere Intellektuelle nicht nur gegen Greueltaten und drakonische Gesetze, sondern gehen, indem sie zivilen Ungehorsam leisten, auch das Risiko harter und langer Strafen ein. In Kolumbien, einem der gewalttätigsten Staaten der Welt, sehen couragierte Priester, Menschenrechtler und Gewerkschaftsvertreter der Gefahr ins Auge, ermordet zu werden.[84] Ihre Handlungen sollten die westlichen Intellektuellen beschämen und würden es auch, wenn die Wahrheit nicht von jener absichtsvollen Ignoranz verdeckt bliebe, die einen entscheidenden Beitrag zur Ermöglichung verbrecherischer Politik leistet.

III. Die neue Epoche der Aufklärung

In den letzten Jahren des Milleniums wurden wir Zeugen einer überschwenglichen Selbstbeweihräucherung, die alles bisher Dagewesene in den Schatten zu stellen drohte. Ehrfurchtsvoll applaudierte man den Führern einer »idealistischen neuen Welt«, die, geleitet von »Prinzipien und Werten«, zum ersten Mal in der Geschichte »der Unmenschlichkeit ein Ende zu bereiten gewillt war«. Eine Epoche der Aufklärung und Benevolenz war über uns gekommen, in der die zivilisierten Nationen, angeführt von den damals »auf der Höhe ihres Ruhms« befindlichen Vereinigten Staaten, mit »Altruismus« und »moralischer Inbrunst« höchste Ideale verfolgten.[1]

Ein solcher Wandel wäre wirklich beruhigend, und gern schlössen wir uns dem Chor der Eigenlobspender an, gäbe es da nicht ein paar widerspenstige Tatsachen.

An erster Stelle stehen dabei die terroristischen Verbrechen, die während der letzten Jahre mit entschiedener Beihilfe der vorherrschenden Supermacht und ihrer Verbündeten begangen wurden und weiterhin werden, ohne daß die intellektuelle Mainstream-Kultur davon Notiz nähme, wie sie es auch in der Vergangenheit nicht getan hat. Das sind Ereignisse von einiger Bedeutung, die nicht einfach deshalb aus der Geschichte verschwinden, weil das für sie zuständige Verwaltungspersonal es gerne so hätte.

Ein längerer historischer Rückblick verweist uns zudem auf die unerfreuliche Tatsache, daß in den letzten tausend Jahren »die hauptsächliche Aktivität der europäischen Staaten im Kriegführen bestand«. Der Grund dafür ist so einfach wie tragisch: »Zwang *funktioniert*; wer auf seine Umwelt hinreichende Gewalt ausübt, wird mit Unterwürfigkeit belohnt, aus der er vielfache Vorteile ziehen kann, die weniger Mächtigen verwehrt bleiben: Geld, Güter, gesellschaftliche Achtung, Vergnügungen vielerlei Art«. Auch diese Tatsache dürfte den meisten Menschen auf der Welt vertraut sein, doch soll dieses Prinzip der Staatskunst, wie man uns nicht zum ersten Mal erzählt, mittlerweile außer Kraft gesetzt worden sein.[2]

Etwas umstandsloser lassen sich die von so viel Jubel begleiteten Aussichten auf eine neue Ära einschätzen, wenn man die Wege der US-amerikanischen Militärhilfe verfolgt. Ein guter Ausgangspunkt dafür ist das Jahr 1997, als Washingtons Außenpolitik mit jenem Heiligenschein versehen wurde, der zu den darauf folgenden Lobeshymnen inspirierte. Tatsächlich jedoch war 1997 von besonderer Bedeutung für die Menschenrechtsbewegungen, denn in diesem Jahr übertrafen die amerikanischen Waffenlieferungen an die Türkei die gesamte Militärhilfe, die während des Kalten Kriegs bis zum Beginn des Feldzugs gegen die Kurden an Ankara geleistet worden war. Im Verlauf des Jahres 1997 hatte dieser Feldzug Millionen von Kurden aus den zerstörten Dörfern und Ortschaften vertrieben, Zehntausende getötet oder barbarischen Foltern unterworfen. Und noch während die Greueltaten eskalierten, wurde die Türkei neben Israel und Ägypten zum führenden Empfänger US-amerikanischer Waffen.

Im selben Jahr nahm auch die Militärhilfe für Kolumbien erheblich an Umfang zu und stieg binnen zweier Jahre von 50 auf 290 Millionen Dollar, wobei ein Ende noch nicht abzusehen ist. 1999 hatte der lateinamerikanische Staat die Türkei vom Spitzenplatz verdrängt. Die weitere Militarisierung der inneren Konflikte Kolumbiens, die ihre Wurzeln in der Geschichte einer reichen Gesellschaft voller Armut und Gewalt haben, wirkte sich auf die geschundene Bevölkerung in vorhersehbarer Weise aus und ließ die Guerrillaorganisationen zu einer Armee anwachsen, unter der die Bauern und seit kurzem auch die Städtebewohner leiden. Die bekannteste kolumbianische Menschenrechtsorganisation schätzt die Zahl der gewaltsam Vertriebenen auf 2,7 Millionen, wobei jeden Tat 1000 weitere dazukommen. In den ersten neun Monaten des Jahres 2002 sollen 350 000 Personen, mehr als im gesamten Vorjahr, mit Gewalt aus ihren Wohnstätten vertrieben worden sein. Die Zahl der politischen Morde ist auf zwanzig pro Tag gestiegen, während es 1998 noch zehn waren. Die US-Medien schweigen dazu ebenso, wie sie zu den Menschenrechtsverletzungen in der Türkei geschwiegen haben.

Vergleichen wir damit das dämonischste und gefährlichste Mitglied der »Achse des Bösen«. Berichten der *New York Times* zufolge sind im Irak »mindestens eine Million Menschen umgesiedelt worden«, was, wie der Artikel richtig bemerkt, zum »Elend, das Saddam Husseins Regime verursacht« erheblich beigetragen hat.[3] Die Titelzeile lautete: »Entwurzelte Iraker sehen den Krieg als Weg zurück nach Hause«. Allerdings wurde nie dic Frage gestellt, ob nicht auch Kurden und Kolumbianer, die ebenfalls gewaltsam und offensichtlich in noch größerer Zahl entwurzelt wurden, einen »Krieg als Weg zurück nach Hause« sehen würden. Natürlich wäre ein solcher Vorschlag abwegig. Aber Washington könnte das Leid mildern und vielleicht den Weg für eine substantiellere Lösung tief verwurzelter Probleme freiräumen, indem es weitere Greueltaten einfach nicht mehr unterstützt. Um das zu bewirken, müßten die Führungseliten jedoch wenigstens bereit sein, in den Spiegel zu schauen, statt sich darauf zu beschränken, die Untaten offizieller Feinde zu beklagen, gegen die oftmals nicht viel unternommen werden kann.

Kosovo und Ost-Timor

Im selben Jahr, in dem Kolumbien die Türkei als Empfänger amerikanischer Militärhilfe vom Spitzenplatz verdrängte, ging eine andere Geschichte des Grauens zu Ende, die Washington mit Leichtigkeit sehr viel früher hätte verhindern können: 1999 eskalierte Indonesien die Situation im 1975 besetzten Territorium von Ost-Timor, wo das indonesische Militär im Lauf der Jahrzehnte mit militärischer und diplomatischer Unterstützung Großbritanniens und der Vereinigten Staaten sowie der »absichtsvollen Ignoranz« der Medien an die 200 000 Menschen umgebracht hatte. In den ersten Monaten des Jahres 1999 sorgten militärische und paramilitärische Verbände für einige tausend weitere Tote, während die in Djakarta regierenden Generäle verkündeten, daß es noch schlimmer kommen dürfte, falls die Bevölkerung beim für den 30. August vorgesehenen Unabhängigkeitsreferendum auf unerwünschte Weise abstimmen werde. Erstaunlicherweise fand die Bevölkerung den Mut, sich für die Unabhängigkeit zu entscheiden,[4] woraufhin das Militär sein Versprechen einlöste, Hunderttausende vertrieb und das Land verwüstete. Diesmal jedoch wurde in den USA ausführlich darüber berichtet. Am 8. September bekräftigte die Regierung Clinton zunächst ihre bisherige Haltung, derzufolge Ost-Timor »in der Verantwortlichkeit der Regierung von Indonesien liegt, worin wir uns nicht einmischen wollen«. Ein paar Tage später mußte Clinton dem internationalen und einheimischen Druck der Öffentlichkeit nachgeben und die seit 25 Jahren von den USA betriebene Politik revidieren. Er setzte die Generäle davon in Kenntnis, daß Washington ihre Verbrechen nicht länger direkt unterstützen werde. Daraufhin zogen sich die Truppen sofort aus Ost-Timor zurück, und ein UN-Friedenskorps unter australischer Führung konnte das Land ungehindert betreten.[5]

Die Lektion war eindeutig: Wie eine Handvoll Aktivisten und Kritiker seit 25 Jahren betont hatten, waren Drohungen und gewaltsame Maßnahmen überflüssig und wären es von Anfang an gewesen. Man hätte eines der schlimmsten Verbrechen des späten 20. Jahrhunderts verhindern können, indem man ihm einfach die Unterstützung entzogen hätte. Aber diese Lektion blieb unbegriffen. Man stellte sich der Herausforderung, indem man die ideologisch erforderlichen Schlüsse zog: Die Ereignisse in Ost-Timor zeigten, daß unsere Außenpolitik, geleitet von »Werten und Prinzipien«, in eine neue »Epoche der Aufklärung« und der »humanitären Intervention« eingetreten ist. Aber es hat keine Intervention gegeben, geschweige denn eine humanitäre.[6] Zu dem Zeitpunkt, als die Lobgesänge erschallten, waren die ruhmreichen USA noch damit beschäftigt, Indonesien bei seinen Verbrechen behilflich zu sein.

Als leuchtendstes Beispiel für die jetzige »Epoche der Aufklärung« galt jedoch ohnehin das Kosovo, wo die USA und ihre Verbündeten »eine neue Art des Umgangs mit der Macht in der Weltpolitik« prägten, indem sie »auf die Deportation von mehr als einer Million Kosovaren« durch Bombardements reagierten, um sie »vor Schrecken, Leid und Tod« zu bewahren.[7] Diese Beschreibung stammt aus einer akademischen Quelle und repräsentiert die Standardversion, von der die Berichterstattung in den Medien und den großen Tageszeitungen und Magazinen kaum abweicht. So lesen wir (um nur einige Beispiele zu zitieren), daß 1998, nach einer »Welle von Gewalt« im Kosovo, serbische Streitkräfte »mit einer ethnischen Säuberungskampagne reagierten und über die Hälfte der albanischen Bevölkerung ins Exil trieben … Das wachsende Blutvergießen brachte die USA und ihre Verbündeten dazu … massive Bombardierungen zu starten … um den albanischen Flüchtlingen die Rückkehr zu ermöglichen.«[8] »Im Frühjahr 1999 schienen die Serben eine ethnische Säuberungsaktion vorzunehmen«, woraufhin albanische Kosovaren »vor dem Angriff flohen« und in den Nachbargebieten »von summarischen Erschießungen und Zwangsvertreibungen berichteten«, die dann am 24. März zum Beginn »der Bombardements durch die NATO« führten.[9] Mithin diente die

Intervention im Kosovo »ausschließlich den Bewohnern der Region« und war, wie alle US-Interventionen dort, »ein Akt des Altruismus«.[10] Sie war »absolut richtig«, meint Timothy Garton Ash, weil »die sehr hohe Schwelle für eine solche humanitäre Intervention« durch die serbische Regierung überschritten worden war, die »mit der Tötung oder ›ethnischen Säuberung‹ großer Teile der Bevölkerung ... bereits in die Nähe des Völkermords geraten war«.[11]

Wenn dem so wäre, hätte der Westen mit seinem Eingreifen wirklich eine neue »Epoche der Aufklärung« eingeläutet und sich das so reichlich gezollte Lob redlich verdient. Leider sehen die Tatsachen ganz anders aus.

Die ausgewählten Zitate sind in mehrfacher Hinsicht typisch für die Standardversion der Ereignisse. Zum einen entbehren sie jeglicher Beweise, obwohl zuverlässige westliche Quellen diese in großem Umfang bereithielten. Zum zweiten wird der historische Ablauf ins Gegenteil verkehrt: In Wirklichkeit nämlich ging, was unumstritten ist, die Bombardierung den ethnischen Säuberungen und Gewalttaten voraus; letztere waren eine absehbare Folge der NATO-Aktionen.

Natürlich war das Kosovo schon vor der Intervention kein Paradiesgarten gewesen. Schätzungen zufolge waren 1998 insgesamt 2000 Personen getötet wurden, Angehörige aller am Konflikt beteiligten Parteien. Die westlichen Dokumente belegen jedoch keine wesentliche Änderung der Situation bis zum 24. März 1999, ausgenommen eine leichte Zunahme serbischer Gewalttaten zwei Tage vorher, als die internationalen Überwachungskräfte in Erwartung des NATO-Angriffs abgezogen wurden. Eine Woche später registrierten UN-Organisationen die ersten Flüchtlingswellen. Diese Tatsachen waren im Mai 1999, als die Anklage gegen Milosevic präzisiert wurde, bekannt. Die ihm zur Last gelegten Verbrechen waren schrecklich, jedoch fast ausnahmslos erst nach der Bombardierung begangen worden.

Am 24. März sagte der britische Verteidigungsminister (und spätere NATO-Generalsekretär) George Robertson vor dem

Unterhaus aus, daß die Kosovo-Befreiungsarmee (KLA) »im Kosovo für mehr Tötungen verantwortlich ist als die serbischen Behörden«. Er bezog sich auf die albanische Guerrillagruppe, die damals von der CIA unterstützt wurde. Die KLA hatte offen erklärt, daß es ihr Ziel sei, Serben zu töten, um eine möglichst brutale Reaktion hervorzurufen, die im Westen die Öffentlichkeit für eine NATO-Intervention mobilisieren würde. Eine spätere parlamentarische Untersuchung ergab, daß Außenminister Robin Cook dem britischen Unterhaus am 18. Januar mitgeteilt hatte, daß die KLA »den Waffenstillstand öfter gebrochen hat und bis zu diesem Wochenende für mehr Tötungen verantwortlich ist als die [jugoslawischen] Sicherheitskräfte«.[12]

Robertson und Cook beziehen sich in ihren Ausführungen vor allem auf das Massaker, das die serbischen Sicherheitskräfte am 15. Januar in Racak begangen hatten und bei dem, Berichten zufolge, 45 Personen umgebracht worden waren. Aber da die westlichen Dokumente nach dem Verbrechen von Racak keine bemerkenswerte Verlagerung der Gewalttätigkeiten verzeichnen, dürfte die von Cook und Robertson vorgetragene Lagebeschreibung bis in den März hinein ihre Gültigkeit behalten haben. Jedenfalls waren Vorkommnisse wie das von Racak für die britische oder amerikanische Führung ohne Belang. Das nur wenig später erfolgte Massaker von Liquica in Ost-Timor war sehr viel schlimmer und zugleich nur eins von vielen und konnte noch nicht einmal den Vorwand einer Vergeltungsaktion für sich in Anspruch nehmen. Dennoch änderte sich kein Jota an der Politik des Westens gegenüber den indonesischen Invasoren.

Hinsichtlich der Ereignisse im Kosovo kam die seriöse Forschung zu ähnlichen Ergebnissen wie Cook und Robertson. Nicholas Wheeler, der in der Chronologie die Standardversion beibehält, schätzt, daß die Serben vor der Bombardierung 500 Albaner getötet hatten, während er implizit von 1500 Opfern der KLA ausgeht. Dennoch sind für ihn die NATO-Angriffe ein echter Fall von humanitärer Intervention, weil »Geheimdienste ... in der Ermordung von Albanern durch die Serben ... den

Vorreiter einer umfangreicheren Tötungs- und Säuberungskampagne sahen«. Glaubwürdige Quellen für diese Behauptung werden nicht genannt, aber Wheelers Darstellung ist einer der wenigen ernstzunehmenden Versuche, jenseits der Standardchronologie eine Rechtfertigung für die Aktion der westlichen Verbündeten zu liefern.[13]

Am 27. März, drei Tage nach Beginn der Angriffe auf Serbien, setzte der Oberkommandierende der NATO, General Wesley Clark, die Presse davon in Kenntnis, daß die gewalttätigen serbischen Reaktionen »vollständig vorhersehbar« gewesen seien, man mit ihnen gerechnet habe und die politische Führung davon »unbeeindruckt« sei. In seinen Memoiren berichtet Clark, daß er am 6. März die US-Außenministerin Madeleine Albright davon unterrichtet habe, daß im Falle eine Bombardierung Serbiens die Serben »mit äußerster Wahrscheinlichkeit ... die Zivilbevölkerung angreifen« würden, was die NATO mangels Bodentruppen nicht verhindern könnte. In einer Rezension von Clarks Buch referiert Michael Ignatieff dessen Ansicht, daß »der entscheidende Impuls« für die Angriffe auf Serbien »nicht Milosevics Menschenrechtsverletzungen im Kosovo vor dem März 1999 und auch nicht die vollständige Zurückdrängung der Serben nach Beginn der Bombardierung gewesen sind. Entscheidend war vielmehr die Notwendigkeit, einem Führer, dessen Widerspenstigkeit, zuerst in Bosnien und dann im Kosovo, die Glaubwürdigkeit der amerikanischen und europäischen Diplomatie und die Willenskraft des nordatlantischen Bündnisses in Frage stellte, den Willen der NATO aufzuzwingen.«[14]

Daß es vor allem um die »Glaubwürdigkeit« ging, hatten bereits Clinton und Blair deutlich gemacht. Ähnlich äußerte sich US-Verteidigungsminister William Cohen vor dem Kongreß, wenn man die chronologischen Verfälschungen einmal außer acht läßt.

Noch weiter geht die Interpretation von Andrew Bacevich, die bestreitet, daß es überhaupt ein humanitäres Motiv gegeben habe. Clintons Vorgehen in Bosnien 1995 diente, wie die Bombardierung Serbiens vier Jahre später, »nicht, wie behauptet, dem Zweck, ethnischen Säuberungen ein Ende zu setzen und war auch keine Reaktion des Gewissens, sondern sollte einer Bedrohung des Zusammenhalts der NATO und der Glaubwürdigkeit amerikanischer Macht zuvorkommen«. Die Leiden der Kosovaren hätten dabei keine Rolle gespielt. Vielmehr »sollte jedem europäischen Staat, der meinte, er sei von den Regeln der Ära nach dem Kalten Krieg ausgenommen, eine Lektion erteilt werden«. Die Regeln hatte natürlich Washington festgesetzt, und es wollte »die vorherrschende Position der Vereinigten Staaten in einem vereinten, integrierten und offenen Europa festschreiben«. Dieses Ziel »war von den Architekten des Kriegs von Anfang an ins Auge gefaßt worden, galt es doch, einer möglichen Abtrünnigkeit Europas, die nicht geduldet werden konnte, den Riegel vorzuschieben«.[15]

Vier Jahre nach den Bomben auf Serbien haben Europa und die USA das Interesse an der Region verloren. Die Hälfte der Kosovaren lebt in Armut. Radikale Islamisten haben sich die »von dem gleichgültigen Verhalten der internationalen Gemeinschaft hervorgerufenen negativen Gefühle« zunutzegemacht, die Verteilung von »Lebensmitteln, Kleidung und Behausung« sowie die zum kulturellen Überleben der Landbevölkerung notwendigen Instrumentarien monopolisiert und dergestalt zu einer Art »Talibanisierung« geführt. Die westliche Politik nach 1999 »könnte direkt verantwortlich werden für die Entstehung eines europäischen Taliban-Phänomens«.[16]

Kosovo und Ost-Timor gelten nicht nur als erstrangige Beispiele für die neue Ära der humanitären Intervention, sondern auch als Demonstrationsobjekte für »eine neu definierte Rolle der Vereinten Nationen«. Die von den Westmächten etablierten Normen machen die UN-Charta nämlich überflüssig, weil es mittlerweile legitim ist, ein Land ohne Autorisierung durch den Sicherheitsrat zu besetzen. Die Invasion des Irak ist ein weiteres Beispiel und für den Dekan der Woodrow Wilson School of Public and International Affairs »eine Lektion, die die Vereinten Nationen und wir alle lernen sollten«.[17]

Die tatsächlichen Ereignisse vermitteln eine andere Lektion: Wir lernen, auf welche Weise die Mächtigen Normen festlegen, um ihr »souveränes Recht auf militärisches Handeln« (Colin Powell) zu rechtfertigen, und wir lernen ferner, wie selbst die jüngste Geschichte durch gut funktionierende ideologische Systeme umgeschrieben werden kann. Das sind wichtige Lektionen, und wer sich Gedanken über die Zukunft macht, sollte sie ernstnehmen.

»Die Notwendigkeit der Kolonisierung«

Während sich 1999 in Ost-Timor und im Kosovo die dramatischen Ereignisse abspielten, wurde, wie gesagt, nach der Türkei Kolumbien zum führenden Empfänger US-amerikanischer Wirtschaftshilfe. Der Grund dafür ist höchst einfach: In der Türkei war der Staatsterror erfolgreich gewesen, in Kolumbien bislang noch nicht. Während der neunziger Jahre und der Epoche der neuen Aufklärung hatte Kolumbien das größte Ausmaß an Menschenrechtsverletzungen in der westlichen Hemisphäre zu verzeichnen und wurde zugleich in dieser Region am umfangreichsten mit amerikanischen Waffen und militärischer Ausbildung versorgt. Dieser Zusammenhang ist durchaus kein zufälliger, aber leider nur in der Forschung und Dissidentenkreisen bekannt.

Zu den Verstößen gegen die Menschenrechte in Kolumbien gehört die Vertreibung der Bevölkerung durch chemische Kriegführung (die sogenannte »Ausräucherung«), die unter dem Vorwand einer – allerdings kaum ernstzunehmenden – Anti-Drogen-Kampagne stattfindet. Ein führender akademischer Spezialist bemerkt dazu: »Provozierend ließe sich feststellen, daß die amerikanische Drogenpolitik zur Kontrolle einer ethnisch und ökonomisch diskriminierten Unterschicht im eigenen Land beiträgt und im Ausland den Wirtschafts- und Sicherheitsinteressen der USA dient.«[18] Viele Kriminologen und Beobachter der internationalen Szene halten das sogar noch für eine Untertreibung. Allerdings läßt sich anhand der Analyse erklären, warum die US-gesponserten Aktionen mit desto größerem Eifer und Enthusiasmus durchgeführt werden, je mehr sie ihr angebliches Ziel, den einheimischen Drogenkonsum in den Griff zu bekommen, verfehlen, während sehr viel wirksamere Maßnahmen wie Prävention und Therapie kaum finanziert werden.

Die Gouverneure der vom »Drogenkrieg« besonders betroffenen südlichen Provinzen Kolumbiens haben in Kooperation mit Bauern und Menschenrechtsaktivisten Pläne zur manuellen Vernichtung von Koka und Mohn und zum Anbau alternativer Feldfrüchte entwickelt, die bislang jedoch kaum in die Tat umgesetzt werden konnten. Unterdessen wird das Land durch die chemischen Mittel vergiftet, Kinder sterben und die aus ihren Dörfern vertriebenen Opfer leiden an Krankheiten und Verletzungen.

Auch in Kolumbien beruht die bäuerliche Landwirtschaft auf einer reichen, jahrhundertealten Tradition an Kenntnissen und Erfahrungen, die von Generation zu Generation weitergegeben werden. Dennoch ist diese bemerkenswerte menschliche Errungenschaft sehr instabil und kann innerhalb weniger Jahre zerstört werden. Mittlerweile gehören zu den Millionen Slum- und Lagerbewohnern auch Campesinos, Eingeborene und Afro-Kolumbianer. Und nachdem die Menschen vertrieben wurden, können multinationale Konzerne die Berge zwecks Kohleförderung abholzen, nach Öl und anderen Bodenschätzen bohren und das, was an Ländereien übrigbleibt, den Reichen übergeben, die dort ihre Ranchen bauen, oder Agroexportfirmen, die eine artenreiche Umwelt in Monokulturen verwandeln. Informierte Spezialisten sehen in Washingtons Ausräucherungsmethoden ein weiteres Stadium des historischen Prozesses, bei dem arme Bauern von ihrem Land vertrieben werden, damit ausländische Investoren und kolumbianische Eliten Geschäfte machen können.

Wie viele andere Länder, in denen Aufruhr und Staatsterror herrschen, gehört Kolumbien zu einer wichtigen, ölproduzierenden Region und fördert selbst bedeutende Mengen an Erdöl. Das gleiche gilt für Tschetschenien, Westchina, die zentralasiatischen Diktaturen und andere Gebiete, in denen staatliche Gewalt nach dem 11. September unter dem Vorwand eines »Kriegs gegen den Terror« und in der Erwartung eines Kopfnickens aus Washington intensiviert wurde. Menschenrechtsorganisationen und das US-Außenministerium stimmen zumindest darin überein, daß die überwiegende Mehrzahl der Greueltaten in Kolumbien von militärischen und paramilitärischen Kräften begangen werden. Letztere bezeichnet man auch als »sechste Division« der (fünf Divisionen umfassenden) kolumbianischen Armee, weil, so Human Rights Watch, zwischen beiden enge Verbindungen bestehen. Allerdings gehen immer mehr Verbrechen auf das Konto der paramilitärischen Einheiten, weil die Ausübung von Gewalt, in Übereinstimmung mit neoliberalen Doktrinen, privatisiert wird. Das ist im übrigen ein globales Phänomen: Serbien bediente sich im ehemaligen Jugoslawien privater Milizen, ebenso Indonesien in Ost-Timor und die Türkei in Ost-Anatolien. Die Privatisierung findet sich auch auf internationaler Ebene; so wird die »Ausräucherung« in Kolumbien von »privaten« Firmen betrieben, die aus US-Offizieren mit Pentagon-Verträgen bestehen. Das ist insbesondere nützlich, um eindeutige Verantwortlichkeiten zu verschleiern.

Selbst wenn man den US-amerikanischen Argumenten für den Antidrogenkrieg Glauben schenken wollte, blieben die zugrundeliegenden Annahmen doch skandalös. Wie würde man hierzulande wohl auf den Vorschlag reagieren, daß Kolumbien oder China in North Carolina »Ausräucherungsprogramme« durchführen sollten, um Pflanzen zu vernichten, die zur Herstellung sehr viel tödlicherer Produkte verwendet werden? Abgesehen davon, daß diese Länder die Produkte nicht nur bei Strafe von Handelssanktionen importieren, sondern für die sie auch noch Werbung dulden müssen.

Es gibt in den USA ein neues und hochangesehenes literarisches Genre, das die kulturellen Defekte untersucht, die uns daran hindern, angemessen auf die Verbrechen anderer Staaten zu reagieren. Das ist eine interessante Frage, die jedoch, wenn man rationale Maßstäbe anlegt, sehr viel unbedeutender ist als ein anderes Problem: Warum begehen wir selbst hartnäckig weiterhin Verbrechen, sei es direkt oder mittels Unterstützung mörderischer Satellitenstaaten? Es ist sehr erhellend, die zeitgenössische Literatur über unsere Charakterfehler daraufhin durchzusehen, wie häufig oder genau die Verweise auf die Türkei, Kolumbien, Ost-Timor oder vergleichbare Beispiele sind. Es gibt viel Lob für die neue »herrschende Ideologie« der aufgeklärten Staaten, die sich auf das Prinzip beruft, demzufolge »alle Staaten die Verantwortung für den Schutz ihrer Bürger haben; wenn die politische Führung dazu nicht willens oder fähig ist, setzt sie ihr Land der Möglichkeit einer militärischen Intervention aus, die vom UN-Sicherheitsrat oder anderenfalls (wie im Kosovo) von einzelnen Ländern in ›gewissensrelevanten Situationen‹ autorisiert wird«.[19] Verbrechen, die vergleichbar sind mit dem, was Milosevic an Übeltaten im Kosovo vor der NATO-Bombardierung vorgeworfen wurde, waren keinesfalls »gewissensrelevant«, wenn die Verantwortung dafür in Washington lag oder wenn sie *innerhalb* und nicht bloß *in der Nähe* der NATO-Grenzen begangen wurden.

Im Fall der Türkei blieben »gewissensrelevante Situationen« in den Vereinigten Staaten praktisch ohne Resonanz, bis die türkische Regierung Anfang 2003 Washingtons Forderungen unerfüllt ließ und statt dessen der Meinung der eigenen Bevölkerung folgte, die zu 95 Prozent einen Angriff der USA von der türkisch-irakischen Grenze aus ablehnte. Auf einmal las man in den US-amerikanischen Zeitungen von »gräßlichen Geschehnissen«, bei denen türkische Kurden »gefoltert und getötet wurden oder ›verschwanden‹ und mehr als 3000 ihrer Dörfer verwüstet wurden«. Vielfach wurden Berichte von Menschenrechtsorganisationen zitiert, die man schon vor Jahren hätte lesen können, als die mit Hilfe der USA begangenen Verbrechen noch zu unterbinden gewesen wären. Allerdings blieb die Rolle, die die

Vereinigten Staaten beim Vorgehen gegen die Kurden spielten, weiterhin unerwähnt, und nur, wer sich weit vorwagte, sprach (wie Aryeh Neier) davon, daß wir die Menschenrechtsverletzungen »geduldet« hätten.[20]

Die massive Unterstützung solcher und ähnlicher Verbrechen ist keine »Duldung« und kein »Wegschauen«. Die Leiden der Kurden hätten angeprangert werden müssen, als Washington die Mittel für ihre Verfolgung bereitstellte, statt daß man im Nachhinein von »schockierenden« Untaten spricht, ohne die eigentlich Verantwortlichen zu benennen. Solche Methoden, die bei uns gang und gäbe sind, würde man offiziellen Feinden übel ankreiden. Daß sie im mächtigsten Staat der Welt so einfach akzeptiert werden, wirft ein düsteres Licht auf die Zukunft.

Eine andere augenblicklich in Mode befindliche Auffassung von der Mission der aufgeklärten Staaten geht davon aus, daß »die Notwendigkeit einer Kolonisierung heute so groß ist wie sonst nur im 19. Jahrhundert«, um dem Rest der Welt jene Prinzipien von Ordnung, Freiheit und Gerechtigkeit zu vermitteln, denen die »postmodernen« Gesellschaften verpflichtet sind. So jedenfalls äußerte sich Robert Cooper, Tony Blairs wichtigster außenpolitischer Berater.[21] Er führte jedoch nicht näher aus, worin die »Notwendigkeit einer Kolonisierung« im 19. Jahrhundert bestand und welche Folgen sie hatte, als diese Verpflichtung von Großbritannien, Frankreich, Belgien und anderen Fahnenträgern der westlichen Zivilisation übernommen wurde, doch könnte ein unverstellter Blick auf die wirkliche Welt Coopers Einschätzung, daß diese Notwendigkeit heute so zwingend ist wie zu jenen Tagen, an die er nostalgisch zurückdenkt, durchaus bekräftigen. Wir können, anders gesagt, eine ganze Menge über die heutigen aufgeklärten Staaten erfahren, wenn wir uns ansehen, wie die Vorläufer zu ihrer Zeit die Ereignisse interpretierten, und was im historischen Rückblick daraus gemacht wird.

Wir sollten jedoch nicht übersehen, welche Veränderungen die Weltordnung seit dem Ende des Zweiten Weltkriegs durchgemacht hat. Eine dieser Veränderungen bezeichnet Robert Jervis als einen »Wandel von spektakulärem Ausmaß und die vielleicht erstaunlichste Diskontinuität, die in der Geschichte der internationalen Politik jemals ihren Ausdruck gefunden hat«. Er meint damit, daß die europäischen Staaten jetzt miteinander in Frieden leben – und Demokratien führen keinen Krieg gegeneinander.[22] Auf diese »Diskontinuität« spielt Cooper an, wenn er, wie viele andere, die Geburt eines »postmodernen Weltsystems« begrüßt, in dem Gesetz, Gerechtigkeit und Zivilität [*civility*] herrschen. Allerdings muß der Westen »zu den rauheren Methoden einer früheren Epoche zurückkehren – zu Gewalt, präemptivem Angriff, Täuschung, zu allem, was notwendig ist, wenn es um die Auseinandersetzung mit jenen geht, die immer noch in der Welt des 19. Jahrhunderts leben, in der jeder Staat für sich selbst kämpfte«. Der Westen muß zu den »Gesetzen des Dschungels« zurückkehren, »wenn er im Dschungel operiert« – so, wie er es auch in der schändlichen Vergangenheit getan hat.

Wie man unartige Kinder vor Ansteckung bewahrt

Die aufgeklärten Staaten des späten 19. Jahrhunderts waren nicht die ersten, die sich rühmten, Barbaren von ihrem traurigen Schicksal erlöst zu haben – durch Gewalt, Zerstörung und Ausplünderung. Sie konnten sich auf eine reiche Tradition distinguierter politischer Führungspersönlichkeiten berufen, die sich angesichts der wachsenden »Flut bösartiger Lehren und schädlicher Beispiele« besorgt fragten, »was denn aus unseren religiösen und politischen Institutionen, der moralischen Kraft unserer Regierungen und jenem konservativen System, das uns bislang vor der völligen Auflösung bewahrt hat, werden soll, wenn die Invasion heimtückischer und verderblicher Prinzipien« nicht unterbunden oder besiegt wird. Damit meinten Metternich und der russische Zar die »zersetzenden Doktrinen des Republikanismus und der Selbstherrschaft des Volks, die von den Aposteln des Aufruhrs« in der Neuen Welt verbreitet würden. Konservative Planungsstrategen des 20. Jahrhunderts nannten diese Gefahr einen verfaulten Apfel, der das ganze Faß verdirbt oder einen Dominostein, der in seinem Fall alle anderen mitreißt. Die Ansteckungskraft solcher Lehren, hieß es damals (wie heute) »überquert die Meere und taucht oftmals mit allen für sie typischen Symptomen der Zerstörung an Orten auf, wo es scheinbar keinen direkten Kontakt, keine Beziehung der Nähe gibt, die für die Ausbreitung sorgen könnte«. Erschwerend kam hinzu, daß die Apostel des Aufruhrs gerade die Absicht verkündet hatten, ihren Herrschaftsbereich durch die Umsetzung der Monroe-Doktrin zu erweitern – »eine spezifisch amerikanische und unverzeihliche Art der Arroganz«, wie Bismarck später meinte.[23]

Das hätte er sicherlich auch über den US-Außenminister Robert Lansing gesagt, der seinem Präsidenten, dem Idealisten Woodrow Wilson, einige Jahre später die Bedeutung der Monroe-Doktrin genauer erläuterte. Wilson fand Lansings Argumentation »zwingend«, meinte aber, es sei »politisch nicht opportun«, die Öffentlichkeit davon in Kenntnis zu setzen. Wilson bemerkte:

> »Indem die Vereinigten Staaten die Monroe-Doktrin befürworten, vertreten sie ihre eigenen Interessen. Die Integrität anderer amerikanischer Nationen ist dazu ein Mittel, kein Zweck an sich. Das mag reiner Egoismus sein, aber der Autor der Doktrin hatte, als er sie formulierte, kein höheres oder großzügigeres Motiv vor Augen.«[24]

Zwar konnte die Doktrin zu Wilsons Zeit aufgrund der Ausgeglichenheit der Weltmächte noch nicht vollständig in die Tat umgesetzt werden, aber Wilson sicherte den USA zunächst einmal die Vorherrschaft in der Karibik, wobei sein gewaltsames Vorgehen die Region bis heute als Hypothek belastet. Danach gelang es ihm, die Briten aus dem ölreichen Venezuela zu vertreiben, wobei er den brutalen und korrupten Diktator Juan Vicente Gómez förderte, der das Land US-amerikanischen Konzernen öffnete. Wilson verfolgte seine Politik der »offenen Tür« auf bewährte Weise: Er übte Druck auf Venezuela aus, britischen Gesellschaften die Konzession zu verweigern, während er zugleich im Nahen Osten, wo Großbritannien und Frankreich am Drücker waren, US-amerikanische Rechte einforderte und sicherte. 1928 war Venezuela zum führenden Ölexporteur der Welt geworden, wobei US-Gesellschaften das Land fest im Griff hatten. Daran hat sich bis heute wenig geändert: Der Reichtum des Landes fließt im wesentlichen ausländischen Investoren und der venezolanischen Oberschicht zu, während die Mehrheit der Bevölkerung in Armut lebt.

Zu Wilsons Zeit war die Reichweite der amerikanischen Macht noch begrenzt, doch hatte schon sein Amtsvorgänger, William Howard Taft, weitblickend bemerkt: »Der Tag ist nicht mehr fern, da die gesamte Hemisphäre faktisch uns gehören wird, wo sie doch schon aufgrund der Überlegenheit unserer Rasse moralisch unser ist.« Das mögen die Lateinamerikaner, fügte Wilson hinzu, vielleicht nicht verstehen, was indes daran liegt, daß sie »unartige Kinder sind, die alle Privilegien und Rechte von Erwachsenen genießen« und daher »eine starke, autoritäre Hand« benötigen. Natürlich darf man auch sanftere Methoden nicht vergessen: Es kann durchaus von Nutzen sein, »ihnen ein bißchen auf die Schulter zu klopfen und sie im Glauben zu wiegen, daß man sie schätzt«. Diesen guten Rat erhielt Präsident Eisenhower von seinem Außenminister John Foster Dulles.[25]

Unartige Kinder gibt es überall. Für Wilson waren die Filipinos »Kinder, die gehorchen müssen, als stünden sie unter Vormundschaft« – zumindest diejenigen, die seinen altruistischen Befreiungsfeldzug überlebt hatten. Sein Außenministerium wiederum hielt die Italiener für Kinder, »die mehr als fast jede andere Nation Führung und Beistand brauchen«. Insofern war es nur angemessen, daß Wilsons Nachfolger die »schöne junge Revolution« der Mussolini-Faschisten enthusiastisch begrüßten, weil diese mit der Demokratie aufräumten und den Italienern gaben, wonach sie hungerten: eine »starke Führung ... und eine Regierung, die sich auf dramatische Inszenierungen verstand«. Diese Einstellung wurde nach dem Krieg wiederbelebt, als die USA 1948 die italienische Demokratie vor den Linksparteien bewahren wollten, indem sie Lebensmittellieferungen für die hungernde Bevölkerung stornierten und die faschistische Polizei wieder einsetzten. Damals erklärte der im US-Außenministerium für Italien zuständige Staatssekretär, die Politik müsse so ausgerichtet sein, »daß selbst der dämlichste Itaker [*wop*] weiß, wo's langgeht«.

Franklin Delano Roosevelt zufolge waren die Haitianer »kaum mehr als primitive Wilde«, und er behauptete, die Verfassung Haitis während der von Wilson angeordneten militärischen Besatzung umgeschrieben zu haben – so daß US-Konzerne sich das Land und die Rohstoffe aneignen konnten, nachdem das widerspenstige Parlament von den Marines verjagt worden war. Als Eisenhower 1959 versuchte, die neu etablierte Regierung Castro auf Kuba zu stürzen, beklagte sich CIA-Chef Allen Dulles darüber, »daß es auf Kuba keine handlungsfähige Opposition gibt«, was auch daran liege, daß »in diesen primitiven Ländern, wo dauernd die Sonne scheint, die Bedürfnisse der Leute viel geringer sind als in den fortgeschrittenen Gesellschaften«, so daß sie gar nicht wissen, wie sehr sie eigentlich leiden.[26]

Disziplin muß aber herrschen, das haben die USA immer wieder bekräftigt. Ein weiteres typisches Beispiel dafür stammt aus dem Jahr 1953, als die konservative, demokratisch gewählte Regierung des Iran darauf beharrte, die Kontrolle über die Rohstoffe in den eigenen Händen zu belassen. Daraufhin lancierten Washington und London einen Militärputsch, der ein gehorsames Regime an die Macht brachte, das den Iran 25 Jahre lang mit Terror regierte. Dieser Putsch hatte, wie die *New York Times* damals erklärte, eine weitreichende Bedeutung: »Unterentwickelte Länder mit reichen Rohstoffvorkommen haben jetzt eine Lehrstunde darüber erhalten, welche Kosten für sie anfallen, wenn sie der Raserei eines fanatischen Nationalismus verfallen ... Die Erfahrungen, die der Iran machen mußte, könnten dazu beitragen, daß vernünftigere und weitsichtigere Politiker anderenorts, denen die Prinzipien anständigen Verhaltens geläufig sind, gestärkt werden.«[27]

Eine vergleichbare Lektion war den Lateinamerikanern bereits 1945 auf der Konferenz von Chapultepec (Mexiko) erteilt worden, als die USA die Monroe-Doktrin im Wilsonschen Sinne erweitern und damit die Fundamente für die Nachkriegsordnung legen konnten. Zu der Zeit befanden sich die lateinamerikanischen Staaten unter dem Einfluß der »Philosophie des Neuen Nationalismus« – ein vom US-Außenministerium geprägter Begriff –, »die eine Politik der breiteren Verteilung des Reichtums und der Anhebung des Lebensstandards der Massen befürwortet«. Washington befürchtete, daß der »ökonomische Nationalismus zum gemeinsamen Nenner der neuen Industrialisierungsbestrebungen« werden könnte – wie er es im übrigen für England, die USA und jedes andere Land, das sich erfolgreich industrialisieren konnte, gewesen ist. »Die Lateinamerikaner sind davon überzeugt, daß der erste Nutznießer der Ressourcenentwicklung eines Landes die eigene Bevölkerung sein sollte.« Das war natürlich unannehmbar: Der »erste Nutznießer« sind immer die US-Investoren, während Lateinamerika seinen Dienstleistungsfunktionen nachkommt. Folglich erzwangen die USA eine »Wirtschaftscharta für die Amerikas«, mit deren Hilfe der ökonomische Nationalismus »in allen seinen Formen« beseitigt werden sollte.[28] Eine Ausnahme mußte es natürlich geben, nämlich die US-amerikanische Wirtschaft selbst, deren Nationalismus sich noch mehr als in der Vergangenheit auf einen dynamischen Staatssektor verlassen konnte.

Man sollte sich daran erinnern, daß selbst auf dem Höhepunkt des Kalten Kriegs etwas vernünftigere Geister begriffen, daß die eigentliche Bedrohung, die vom Kommunismus ausging, die wirtschaftliche Umgestaltung der kommunistischen Länder war, die deren »Bereitschaft und Fähigkeit, die Industriewirtschaften des Westens zu ergänzen«, erheblich beeinträchtigte. Diese Version der »Philosophie des Neuen Nationalismus« datiert aus dem Jahr 1917.[29]

Diese Besorgnisse erklären auch, warum das »von der amerikanischen Politik in der Zeit zwischen den Weltkriegen entwikkelte und betätigte analytische Rahmenkonzept für die Beziehungen zu rechtsgerichteten Diktaturen« des europäischen Faschismus auch nach dem Zweiten Weltkrieg in Kraft blieb, wie der Historiker David Schmitz bemerkt.[30] Es ging immer darum, die »Bedrohung durch den Kommunismus« einzudämmen, die nicht als militärische, sondern, wie eben beschrieben, als ökonomische Gefahr aufgefaßt wurde. Die »analytische Rahmenkonzeption« sollte nicht in Vergessenheit geraten, weil sie bis zum heutigen Tag mit großer Hartnäckigkeit immer wieder auftaucht und uns daher eine ganze Menge über die Welt lehren kann, die in bedeutendem Ausmaß von den mächtigsten Staaten und deren »Werkzeugen und Tyrannen«, den privaten Institutionen, geprägt worden ist. Die Formulierung »Werkzeuge und Tyrannen« geht im übrigen auf James Madison zurück, der das Schicksal des demokratischen Experiments, dessen führender Initiator er war, später mit einigem Mißtrauen bedachte.

Der Aufstieg des Faschismus zwischen den Weltkriegen rief zwar Besorgnis hervor, wurde im großen und ganzen jedoch von den britischen und amerikanischen Regierungen, der Geschäftswelt und vielen Eliten mit Wohlwollen betrachtet, weil die faschistische Version eines extremen Nationalismus dem Westen weitreichende wirtschaftliche Einflußnahme gestattete, die gefürchteten Arbeiterorganisationen und linken Parteien zerschlug und der exzessiven Demokratie, in der sie gedeihen konnten, ein Ende bereitete. Mussolini jedenfalls wurde überschwenglich begrüßt und genoß in fast allen politischen Lagern der USA bis zum Ausbruch des Zweiten Weltkriegs als »jener bewunderungswürdige italienische Gentleman« (so Präsident Roosevelt 1933) hohes Ansehen. Unterstützung bekam auch Hitler-Deutschland. Man sollte sich übrigens daran erinnern, daß das furchtbarste Regime in der Geschichte der Menschheit in einem Land die Macht übernahm, das in den Wissenschaften und Künsten einen Gipfelpunkt der westlichen Zivilisation repräsentierte und als Modelldemokratie gegolten hatte, bevor der internationale Konflikt Formen annahm, die diese Konzeption zur Erfolglosigkeit verurteilten. Dennoch erhielt das nationalsozialistische Deutschland – fast wie Saddam Hussein ein halbes Jahrhundert später – substantielle Unterstützung durch die USA und Großbritannien, bis Hitler einen Krieg begann, der die Interessen der angloamerikanischen Mächte nachhaltig beeinträchtigte.[31]

Die USA unterstützten den Faschismus von Anfang an. In seinem Lob für die faschistische Machtübernahme in Italien, die das parlamentarische System beseitigte und alle oppositionellen Kräfte gewaltsam unterdrückte, formulierte US-Botschafter Henry Fletcher die Leitlinien der US-amerikanischen Außenpolitik in ihrer Beziehung zu den rechtsgerichteten Diktaturen. Italien habe, so schrieb er an seinen Außenminister, vor einer entscheidenden Wahl gestanden: entweder »Mussolini und der Faschismus« oder »Giolitti und der Sozialismus«. Giolitti war ein führender Politiker des italienischen Liberalismus. Ein Jahrzehnt später, 1937, betrachtete das US-Außenministerium den europäischen Faschismus weiterhin als gemäßigte Kraft, die »erfolgreich sein muß, damit sich die Massen, verstärkt durch die desillusionierten Mittelschichten, nicht erneut der Linken zuwenden«. Im selben Jahr war der amerikanische Botschafter in Italien, William Philips, »von Mussolinis Versuchen, die Lebensbedingungen der Massen zu verbessern, stark beeindruckt« und hielt die Ansicht der Faschisten, daß »sie, insofern die Wohlfahrt des Volks ihr erstrangiges Ziel ist, eine wirkliche Demokratie repräsentieren«, keinesfalls für abwegig. Er hielt Mussolinis Errungenschaften für »eine Quelle ständigen Erstaunens« und pries die »großen menschlichen Qualitäten« des Duce. Das US-Außenministerium wollte da nicht zurückstehen, lobte Mussolinis großartige Erfolge in Äthiopien und hielt dem Faschismus zugute, daß er »Chaos in Ordnung, Freizügigkeit in

Disziplin und Bankrott in Solvenz« verwandelt habe. Noch 1939 hielt Roosevelt den italienischen Faschismus »für ein weltgeschichtliches Ereignis, auch wenn er noch im Experimentalstadium steckt«.

Ein Jahr zuvor hatten Roosevelt und Sumner Welles das Münchner Abkommen begrüßt, mit dem sich das Deutsche Reich große Teile der Tschechoslowakei einverleibte. Welles erblickte darin, wie gesagt, »die Möglichkeit, daß die Nationen der Welt eine neue, auf Gesetz und Gerechtigkeit beruhende Ordnung errichten«, wobei der Nationalsozialismus als gemäßigte Kraft eine führende Rolle spielen würde. Im April 1941 schrieb George Kennan von seinem Konsulatsposten in Berlin, daß die deutschen Führer nicht das Bedürfnis hätten, »andere Völker unter der deutschen Herrschaft leiden zu sehen«, sondern »sehr darauf bedacht sind, daß die neuen Untertanen sich bei ihnen wohlfühlen« und zu diesem Zweck »bedeutende Kompromisse« eingehen.

Auch die Geschäftswelt enthusiasmierte sich über den europäischen Faschismus. In Italien boomten die Investitionen; »die Itaker entitakern sich selbst«, erklärte das Magazin *Fortune* 1934. Das gleiche galt auch für Hitler-Deutschland, wo ein stabiles Geschäftsklima herrschte, nachdem die Bedrohung durch »die Massen« beseitigt worden war. Bis zum Kriegsausbruch 1939, schreibt Scott Newton, habe es zwischen Großbritannien und Deutschland hervorragende Verbindungen gegeben, die zum einen in langjährigen Beziehungen zwischen den industriellen, kommerziellen und finanziellen Sektoren bestanden hätten und zum anderen auf einer »Politik der Selbsterhaltung« gründeten, die das britische Establishment angesichts wachsenden Drucks aus der Bevölkerung betrieb.[32]

Selbst nach dem Kriegseintritt der USA blieb die Haltung ambivalent. Bereits 1943 hatten Großbritannien und die USA damit begonnen, den antifaschistischen Widerstand zu schwächen und so etwas wie die traditionelle Ordnung zu restaurieren, wobei sie des öfteren schlimmsten Kriegsverbrechern wichtige

Aufgaben übertrugen.[33] In seiner Sichtung der Dokumente weist Schmitz darauf hin, daß »die ideologische Basis und die Grundprinzipien der amerikanischen Politik« bis zum Ende des 20. Jahrhunderts »bemerkenswert konsistent« geblieben seien; der Kalte Krieg habe »neue Herangehensweisen und Taktiken erfordert«, ansonsten jedoch die in der Zwischenkriegszeit gesetzten Prioritäten unverändert gelassen.[34]

Die von Schmitz detailliert geschilderte »analytische Rahmenkonzeption« ist auch heute noch gültig und hat bei ihrer praktischen Umsetzung immer wieder Leid und Zerstörung verursacht. Durchweg sahen sich die amerikanischen Politstrategen dem »quälenden Problem« ausgesetzt, wie sie ein formelles Engagement für Demokratie und Freiheit mit der Tatsache in Einklang bringen konnten, »daß die USA oftmals schreckliche Dinge tun müssen, um das zu bekommen, was sie haben wollen«, bemerkt Alan Tonelson. Was die USA immer haben wollten, war »eine Wirtschaftspolitik, die amerikanische Firmen in die Lage versetzt, so ungehindert und häufig so monopolistisch wie möglich zu operieren«, mit dem Ziel, »eine integrierte, von den Vereinigten Staaten beherrschte, kapitalistische Weltwirtschaft zu entwickeln«.[35]

Noch bedrohlicher als die »Philosophie des Neuen Nationalismus« selbst war die Vorstellung, sie könne zum »Virus« werden, der, nicht durch Eroberung, sondern durch Beispielhaftigkeit, um sich greift und andere Länder befällt. Schon Außenminister Lansing warnte Präsident Wilson, daß die bolschewistische Krankheit sich ausbreiten könnte, was »angesichts der sozialen Unruhen überall auf der Welt eine wirkliche Gefahr darstellt«. Wilson wiederum befürchtete, daß »die amerikanischen Neger[soldaten], die aus dem Ausland zurückkehren«, sich ein Beispiel an den Arbeiter- und Soldatenräten nehmen würden, die nach dem Ersten Weltkrieg in Deutschland gebildet wurden und eine Form der Demokratie darstellten, die weder der Westen, noch Lenin und Trotzki dulden konnten. Ähnlich beunruhigt zeigte sich die Regierung von Lloyd George in

Großbritannien, weil »Feindseligkeit gegenüber dem Kapitalismus« in der englischen Arbeiterschaft weit verbreitet war und man sehr aufmerksam die sozialistischen Experimente in Rußland verfolgt hatte, bis die bolschewistische Machtübernahme sie durch konterrevolutionäre Gewalt beendete, was die Ängste der westlichen Führungsschichten keineswegs verringerte.

In den Vereinigten Staaten wurden soziale Unruhen zunächst durch Wilsons »Kommunistenhatz« (die sogenannte *Red Scare*) unterdrückt, doch war sich die Geschäftswelt weiterhin der »neu entdeckten politischen Macht der Massen« und den damit verbundenen »Risiken für die Industriellen« bewußt. Man müsse, so hieß es, fortwährend die öffentliche Meinung formen, »wenn eine Katastrophe vermieden werden soll«.[36] Mißtrauisch betrachtete man bis in die sechziger Jahre hinein auch die wirtschaftliche Entwicklung in der Sowjetunion und ihren möglichen Demonstrationseffekt. Danach jedoch begann die Sowjetökonomie zu stagnieren, was großenteils mit dem eskalierenden Wettrüsten zusammenhing, das Chruschtschow verzweifelt zu verhindern versucht hatte.

Der Kalte Krieg, der im wesentlichen schon 1917 begann, war in seinen wichtigen Aspekten ein globaler »Nord-Süd-Konflikt«. Bis zum Ersten Weltkrieg war Rußland Europas »Dritte Welt« gewesen, die Rohstoffe, Märkte und Investitionsmöglichkeiten bot, ohne selbst davon zu profitieren. Andererseits stellte es durch seinen Umfang und seine militärische Macht einen Sonderfall und einen weltpolitisch bedeutsamen Faktor dar, dessen Gewicht mit der führenden Rolle, die die Sowjetunion im Krieg gegen das nationalsozialistische Deutschland gespielt hatte, noch zunahm. Militärisch stieg Sowjetrußland nach dem Zweiten Weltkrieg zur Supermacht auf, die Bedrohung sah der Westen jedoch weiterhin im unabhängigen Nationalismus und dem möglichen Virus-Effekt.

Von daher läßt sich die »logische Unlogik« erklären, die das US-Kriegsministerium 1945 bemerkte, als es Pläne vorbereitete, denen zufolge die Vereinigten Staaten den größten Teil der

Welt kontrollieren und die Sowjetunion militärisch einkreisen sollten, ohne dem Gegner vergleichbare Rechte einzuräumen. Die »Unlogik« verschwindet, sobald wir bedenken, daß die UdSSR »mit dem Gedanken gespielt« haben könnte, sich mit »der überall auf der Welt wachsenden Bewegung« zu verbünden, »in der der einfache Mann von der Straße zu höheren und weiteren Horizonten strebt«.[37] Insofern waren die Pläne logisch und notwendig, auch wenn sie auf den ersten Blick unlogisch erscheinen mochten.

Führende Historiker stimmen mit dieser Interpretation im wesentlichen überein. John Lewis Gaddis sieht den Ursprung des sowjetisch-amerikanischen Konflikts in der bolschewistischen Machtergreifung von 1917 und erklärt die gleich darauf begonnene westliche Invasion zum gerechtfertigten Akt der Selbstverteidigung. Sie sei »die Reaktion auf eine tiefgreifende und möglicherweise weitreichende Einmischung der neuen sowjetischen Regierung in die inneren Angelegenheiten nicht nur des Westens sondern praktisch aller Länder der Welt« gewesen, weil die »Revolution ... das Überleben der kapitalistischen Ordnung selbst in Frage stellte«.[38] Die Invasion war also durch den Wandel der sozialen Ordnung in Rußland und die Möglichkeit, daß die sowjetische Entwicklung auf andere Länder übergreifen könnte, gerechtfertigt.

Angriff ist daher Verteidigung; eine weitere »logische Unlogik«, deren scheinbarer Widerspruch sich auflöst, sobald wir das ideologische Gerüst der US-amerikanischen Politik durchschauen. Dann können wir auch die Dauerhaftigkeit der außenpolitischen Grundstrukturen der USA und anderer Westmächte verstehen: Der Westen hat sich vor dem Kalten Krieg, währenddessen und danach immer nur selbst verteidigt. Die »defensive« Invasion Rußlands 1918 ist nur ein weiterer Vorläufer der imperialen Doktrin des Präventivkriegs, die im September 2002 von radikalen Nationalisten verkündet wurde.

Kehren wir zu der »erstaunlichen Diskontinuität in der Geschichte der internationalen Politik« (Robert Jervis) am Ende des Zweiten Weltkriegs zurück. Erstmals wurden die USA zum globalen Akteur, der seine europäischen Rivalen ausschalten und seine unvergleichliche militärische und wirtschaftliche Macht einsetzen konnte, um mit Können und Umsicht das Weltsystem zu organisieren. Jervis dachte allerdings eher an den »demokratischen Frieden«. Jahrhundertelang hatten sich die Europäer gegenseitig zerfleischt, ohne dabei zu vergessen, die Welt zu erobern. 1945 gelangten sie zu der Einsicht, daß das Spiel aus ist; der nächste Krieg würde der letzte sein. Die Westmächte können immer noch gewaltsam gegen die Schwachen und Wehrlosen vorgehen, aber nicht mehr gegeneinander. Diese Einsicht lag auch, ungeachtet aller Risiken, dem Konflikt der Supermächte im Kalten Krieg zugrunde.

Die Standardinterpretation der von Jervis beschriebenen Diskontinuität lautet etwas anders: Der »demokratische Frieden« beruhte »auf einer geglückten Kombination liberaler Normen und Institutionen wie etwa der repräsentativen Demokratie und der Marktwirtschaft«.[39] Diese Faktoren haben sicherlich eine Rolle gespielt, doch kann ihr Beitrag zu der »erstaunlichen Diskontinuität« nur dann angemessen eingeschätzt werden, wenn man erkennt, daß die westliche Zivilisation aufgrund der rationalen Umsetzung ihrer tradierten politischen Praktiken an den Rand der Selbstauslöschung geraten war. Jetzt endlich herrscht in Europa Frieden, so wie auch Nordamerika nach Jahrhunderten der Gewalt in Frieden lebt. Zuvor aber wurde die einheimische Bevölkerung fast vollständig ausgerottet, halb Mexiko erobert, die Grenze zwischen Kanada und den USA gezogen und ein blutiger Bürgerkrieg geführt, nach dessen Beendigung der Begriff »United States« vom Plural zum Singular geworden war. Im globalen Maßstab jedoch haben sich die Praktiken, Institutionen und vorherrschenden Kulturen kaum verändert – ein unheilvolles Zeichen, das man nicht übersehen sollte.

IV. Gefährliche Zeiten

Die Angst vor den gegenwärtigen Bedrohungen ist so weitverbreitet wie realistisch. Im Februar 2002 wurde die Zeitanzeige der berühmten »Doomsday Clock« des *Bulletin of the Atomic Scientists* um zwei Minuten näher an Mitternacht herangerückt, noch bevor die Regierung Bush ihre Nationale Sicherheitsstrategie und den »Nuclear Posture Review« [Grundsatzerklärung zum Problem der Kernwaffen] verkündete, was die Menschen weltweit erschauern ließ. Wieder andere Bedrohungen hatte der Strategieexperte Michael Krepon im Sinn, als er die letzten Tage des Jahrs 2002 als »gefährlichste Zeit seit der kubanischen Raketenkrise von 1962« bezeichnete. Eine hochrangige Projektgruppe kam zu dem Ergebnis, daß »wir bei der Vorbereitung des Angriffs auf einen rücksichtslosen Gegner [gemeint ist der Irak], der durchaus über Massenvernichtungswaffen verfügen kann, eine Zeit besonders gravierender Gefahren vor uns haben«. Solche Gefahren können, worauf vielfach hingewiesen wurde, langfristig als Folge einer allzu bedenkenlosen Anwendung von Gewalt noch gravierender werden.[1]

Die Gründe für die Ängste verdienen eine aufmerksame Untersuchung, doch kann die Konzentration auf einen zu engen Zeitrahmen in die Irre führen. Wir kommen zu einer realistischeren Einschätzung der gegenwärtigen Befürchtungen, wenn wir fragen, warum die kubanische Raketenkrise eine so »gefährliche Zeit« gewesen ist. Die Antwort darauf ist von unmittelbarer Bedeutung für die Gefahren, die vor uns liegen.

»Nur ein Wort vom Atomkrieg entfernt«

Die Raketenkrise »war der gefährlichste Augenblick in der Menschheitsgeschichte« meinte Arthur Schlesinger im Oktober 2002 auf einer Konferenz in Havanna anläßlich des 40. Jahrestags der Ereignisse. Unter den Teilnehmern waren einige, die das damalige Geschehen aus nächster Nähe verfolgt hatten. Zweifellos wußten diejenigen, in deren Händen die Entscheidung lag, daß das Schicksal der Welt von ihnen abhing. Dennoch dürften manche Einzelheiten, die auf der Konferenz zur Sprache kamen, neu und erschreckend gewesen sein, wie z. B. die Tatsache, daß man im Oktober 1962 »nur ein einziges Wort« vom Atomkrieg entfernt war. »Ein Mann namens Archipow rettete die Welt«, sagte Thomas Blanton vom National Security Archive in Washington, ein Mitorganisator der Veranstaltung. Er meinte damit Wassili Archipow, einen sowjetischen U-Boot-Offizier, der am 27. Oktober, auf dem Höhepunkt der Krise, als die russischen U-Boote von US-Zerstörern unter Beschuß genommen worden waren, den Befehl zum Abschuß atomar ausgerüsteter Torpedos nicht ausführen ließ. Sehr wahrscheinlich wäre ein Gegenschlag die Folge gewesen, der zum Krieg geführt hätte.[2]

Wer damals an den Entscheidungen beteiligt war, wußte ebenso gut wie 40 Jahre später die Konferenzteilnehmer, daß schon Präsident Eisenhower geäußert hatte, ein großer Krieg werde »die nördliche Hemisphäre zerstören«.[3]

Bei der Veranstaltung wurden immer wieder »Parallelen zwischen Kennedys Umgang mit der Krise und Präsident Bushs Erwägungen zum Irak gezogen, wobei viele Teilnehmer Bush vorwarfen, aus der Geschichte nichts gelernt zu haben«, berichtete die Presse.[4] Schlesinger war nicht der einzige, der darauf verwies, daß Kennedy »als Alternative zum militärischen Handeln die gegen Kuba verhängte Seeblockade wählte, während Bush ausschließlich auf die militärische Aktion setzt«; aber auch er dürfte erstaunt gewesen sein, als er erfuhr, wie knapp die Welt der Zerstörung entging, obwohl ein Waffengang vermieden werden konnte.

In seinem maßgebenden Bericht über die Krise stellt Raymond Garthoff fest, daß es »in den Vereinigten Staaten nahezu einmütige Zustimmung zu Kennedys Vorgehensweise gab«. Das dürfte stimmen, auch wenn gefragt werden muß, ob die Zustimmung gerechtfertigt war.

Die Konfrontation spitzte sich auf zwei entscheidende Fragen zu: 1. Würde Kennedy versprechen, auf eine Invasion Kubas zu verzichten? 2. Würde er öffentlich erklären, daß die USA ihre an der türkisch-sowjetischen Grenze stationierten Jupiterraketen abzuziehen bereit sind? Beide Fragen beantwortete Kennedy letztlich mit nein. Er zog die Raketen, die ohnehin durch U-Boot-gestützte Polaris-Flugkörper ersetzt werden sollten, später stillschweigend ab und legte sich hinsichtlich Kubas auf keine formelle Verpflichtung fest, sondern betrieb weiterhin »eine aktive Politik, die auf den Sturz des Castro-Regimes zielte und zu der auch verdeckte Operationen gegen Kuba gehörten«, bemerkt Garthoff.

In einer höchst provozierenden Geste wurden die Jupiter-Raketen, gerade als die Krise sich zuspitzte, mit »zeremoniellem Tamtam« am 22. Oktober dem türkischen Kommando übergeben. Dieses Ereignis wurde »sicherlich in Moskau bemerkt, aber *nicht* in Washington«, kommentiert Garthoff.[5] Dort hielt man es wahrscheinlich für ein weiteres Beispiel »logischer Unlogik«.

Da die Geschichte von den Mächtigen gestaltet wird, erlebte die Raketenkrise ihren dramatischsten Moment, als UN-Botschafter Adlai Stevenson am 25. Oktober vor dem Sicherheitsrat die sowjetischen Täuschungsmanöver entlarvte, indem er die von US-Spionageflugzeugen aufgenommene Fotografie einer Raketenbasis auf Kuba enthüllte. Der Begriff »Stevenson-

Moment« ist seitdem in das historische Gedächtnis eingegangen: als Feier dieses Siegs über einen heimtückischen Feind, der uns vernichten wollte.

Wir wollen uns, als geistige Übung, einmal vorstellen, wie der »Stevenson-Moment« von einem außerirdischen Beobachter wahrgenommen würde. Nehmen wir an, dieser Beobachter wäre ein Marsianer und als solcher frei von irdischen Doktrinen und Ideologien. Der Marsianer würde sicherlich bemerken, daß es in der Geschichte keinen »Chruschtschow-Moment« gibt, d. h. keinen dramatischen Augenblick, da Nikita Chruschtschow oder sein UN-Botschafter Fotografien der Jupiter-Raketen, die 1961/62 in der Türkei stationiert worden waren, oder Bilder der provozierenden Übergabe der Raketen an das türkische Militär enthüllt. Wenn der Marsianer über diesen Unterschied nachdenkt, könnte er sich daran erinnern, daß die Jupiter-Raketen nur ein geringfügiges Element der insgesamt viel größeren Bedrohung für die Sowjetunion waren und daß diese in den vorangegangenen fünfzig Jahren wiederholt Invasionen von teilweise zerstörerischen Ausmaßen erfahren mußte: Zweimal von Deutschland, dessen prosperierender westlicher Teil jetzt einem feindlichen Militärbündnis unter Führung der Weltmacht Nr. Eins angehörte, und einmal, 1918, von Großbritannien, den Vereinigten Staaten und ihren Verbündeten. Und der Marsianer könnte bemerken, daß die Sowjets nicht damit drohten, in die Türkei einzumarschieren oder sie mit terroristischen Kampagnen oder ökonomischer Kriegführung oder einem geringfügigeren Pendant jener Verbrechen zu bedrohen, mit denen Kennedy damals gegen Kuba vorging.

Trotz alledem gibt es in der Geschichte nur den »Stevenson-Moment«. Der Marsianer würde sicherlich begreifen, daß sich darin die Asymmetrie der globalen Machtverhältnisse ausdrückt, und er würde sich wohl auch an ein Prinzip erinnern, das so etwas ist wie eine Universalie der intellektuellen Kultur: *Wir* sind »gut« (wer immer *wir* auch sein mögen), und *sie* sind »böse«, wenn sie uns im Wege stehen. Im Rahmen einer etablierten Doktrin ist diese Asymmetrie also unbedingt sinnvoll.

Die Konturen der Asymmetrie werden noch schärfer, wenn wir die gelegentlichen Verschleierungsversuche bedenken: Das Verbrechen der Sowjets auf Kuba war Heimlichkeit, während die USA die Sowjetunion ganz offen mit Angriffswaffen umstellten. Der Weltherrscher hat es nicht nötig, seine Absichten zu verbergen; vielmehr zieht er es vor, sie zur Schau zu stellen, um »die Glaubwürdigkeit aufrechtzuerhalten«. Die Unterordnung des ideologischen Systems unter die Macht garantiert, daß praktisch jede Aktion – internationaler Terrorismus (wie gegen Kuba), offene Aggression (wie zur gleichen Zeit gegen Südvietnam), Beteiligung an Massakern, um die einzige politische Partei mit Massenbasis zu vernichten (wie in Südvietnam und Indonesien) und vieles andere mehr – entweder dem Vergessen überantwortet oder in einen Akt legitimer Selbstverteidigung oder fehlgeleiteten Wohlwollens uminterpretiert wird.[6]

Wie wichtig es ist, eine angemessen gestaltete »Geschichte« zu besitzen, zeigte sich erneut im Februar 2003, als Colin Powell die Mitglieder des UN-Sicherheitsrats davon in Kenntnis setzte, daß die USA auch ohne Autorisierung durch die Vereinten Nationen in den Krieg ziehen würden. Die Kommentatoren fragten sich gespannt, ob Powell einen »Stevenson-Moment« zustandebringen würde.

Manche bejahten die Frage. William Safire, Kolumnist der *New York Times*, berichtete triumphierend über die Fotos, die Powell zur Sitzung mitgebracht hatte: Ein Satellitenbild, das LKWs zeigte, die neben einem Bunker angeblich mit chemischen Waffen beladen werden, dann ein weiteres Bild, auf dem die Lastwagen fehlen – mithin ein klarer Beweis dafür, daß der Irak die Inspektoren getäuscht hatte, indem er die illegalen Waffen entfernte, bevor sie entdeckt werden konnten, und daß das Inspektorenteam mit verschlagenen Irakern durchsetzt war, was wiederum die amerikanische Auffassung bestätigte, der zufolge das Team unzuverlässig war und darum nicht jene Geheimdienstinformationen erhalten durfte, über die die USA angeblich verfügten. Später wurde, mit Powells stillschweigendem Einverständnis, zugegeben, daß die Fotografien aus verschiedenen Gründen – die zwischen den beiden Aufnahmen verflossene Zeit, die ungewisse Funktion des Bunkers – gar nichts bewiesen. Es war einer von vielen angeblichen Beweisen, aus denen später ein wahrer Sturzbach wurde. Immerhin wies Adam Clymer darauf hin, daß der erste »Stevenson-Moment« sich von Powells Dramaturgie erheblich unterschied: Bei Stevenson ging es »um die reale Furcht vor sowjetischen Raketen, vor der unmittelbaren atomaren Konfrontation«. Die Jupiter-Raketen an der russisch-türkischen Grenze haben offenbar nirgendwo irgendwelche Ängste ausgelöst.[7]

Stevensons Sohn, Adlai Stevenson III, hielt die Unterschiede für noch gravierender. Sein Vater habe dem UN-Sicherheitsrat Beweise dafür geliefert, daß »eine atomare Supermacht Raketen auf Kuba installierte und somit drohte, das ›Gleichgewicht des Schreckens‹ zu stören« – oder, aus der Perspektive des Marsianers, drohte, das Gleichgewicht ein bißchen weniger zugunsten der USA zu verändern. »Der ›Moment‹«, führte Stevenson III weiter aus, »hatte einen objektiven Zweck: die Sowjetunion einzudämmen und den Frieden zu bewahren.«[8] Der Marsianer dagegen würde eher betonen, daß der »Stevenson-Moment« zu einer partiellen Eindämmung Washingtons führte, weil die mögliche Invasion Kubas abgewendet werden konnte, auch wenn die USA ihre terroristischen Aktionen und die ökonomische Kriegführung gegen die Insel fortsetzten und das Wettrüsten eskalierten – was vor dem Hintergrund der damaligen Beziehungen zwischen den Supermächten an Bedeutung gewinnt. Wir kommen darauf zurück.

Kennedy hatte keine Zweifel daran, daß die sowjetischen Raketen auf Kuba eine Bedrohung darstellten. Bei einem Treffen mit seinen Beratern (dem Kuba-Krisenstab, auch ExComm [für Executive Committee]) meinte er: »Das ist ja so, als wenn wir plötzlich anfingen, eine große Anzahl von Mittelstreckenraketen in der Türkei zu stationieren ... Das wäre doch verdammt gefährlich!« Woraufhin sein Sicherheitsberater, McGeorge Bundy, erwiderte: »Aber das haben wir doch *getan*, Mr. President.« Überrascht sagte Kennedy: »Das war doch vor fünf Jahren!« Tatsächlich war es vor einem Jahr, während seiner Amtszeit, geschehen. Später war er besorgt darüber, daß seine Entscheidung, lieber einen Krieg zu riskieren, als öffentlich einem gemeinsamen Abzug der Raketen aus Kuba und der Türkei zuzustimmen, angesichts der (geheimgehaltenen) Tatsachen bei der amerikanischen Bevölkerung nicht gut ankommen würde, weil die meisten Menschen das für einen »äußerst fairen Handel« halten würden.[9]

Wie immer man die Aktionen von Chruschtschow und Kennedy beurteilen mag, sollte Einigkeit darüber bestehen, daß Chruschtschows Entscheidung, auf Kuba Raketen zu stationieren, angesichts der möglichen Folgen verbrecherischer Wahnsinn gewesen ist. Noch wahnhafter wäre es indes, diejenigen zu verurteilen, die vor den Gefahren warnten und Chruschtschows Vorgehensweise scharf kritisierten. Trivialerweise werden Entscheidungen anhand der Reichweite ihrer möglichen Folgen beurteilt, was wir sehr gut begreifen, wenn es um die Aktionen offizieller Feinde geht, weniger gut dagegen, wenn wir an unser eigenes Handeln denken. Hilfsorganisationen, Spezialisten und andere, die berechtigterweise vor den Risiken in Afghanistan und dem Irak gewarnt hatten, wurden lächerlich gemacht, als (glücklicherweise) die schlimmsten Befürchtungen sich nicht bestätigten. Bei einem derartigen moralischen Schwachsinnsniveau müßte man jeden Oktober in den Straßen tanzen, Loblieder auf den Kreml singen und alle verspotten, die damals vor den Gefahren der Raketenstationierung auf Kuba gewarnt haben.

Vertreter der Regierung Kennedy behaupten, der Präsident habe niemals eine Invasion Kubas angeordnet. Jedoch informierte der damalige Verteidigungsminister Robert McNamara seine Kabinettskollegen am 22. Oktober 1962 darüber, daß »der Präsident uns schon vor Monaten befohlen hat, eine Invasion vorzubereiten ... Und wir haben bereits detaillierte Pläne ausgearbeitet«, denen zufolge mit einem Angriff innerhalb einer Woche begonnen werden konnte. Auf der Konferenz in Havanna bekräftigte McNamara seine These, daß »Kuba gerechtfertigterweise einen Angriff befürchten mußte. ›Hätte ich damals in der Haut der Kubaner oder der Sowjets gesteckt, hätte ich das auch vermutet‹, bemerkte er.«[10]

Die Raketenkrise und ihr Hintergrund bieten unbezweifelbar »Lehrstoff für die heutigen Krisen«, wie die Konferenzteilnehmer betonten. Mag es sich damals auch um den »gefährlichsten Augenblick in der Menschheitsgeschichte« gehandelt haben, so gibt es doch noch mehr Fälle, in denen mit der Katastrophe geflirtet wurde, und dazu gehören vor allem die unvorhersehbaren Folgen von Gewaltanwendung, weshalb vernünftige Menschen darin auch nur das allerletzte Mittel sehen, dessen Einsatz sehr gut begründet werden muß.

Ein weiteres Thema der Konferenz in Havanna waren die angespannten Beziehungen zwischen Europa und den Vereinigten Staaten. Die Raketenkrise liefert einige Gründe dafür, warum die Europäer der politischen Führung der USA – die damals nicht aus rechten Nationalisten, sondern aus liberalen Anhängern des Mulitlateralismus bestand – durchaus hätten überdrüssig werden könnten. Europas Schicksal hing am seidenen Faden, als Kennedy und seine Berater den von Chruschtschow vorgeschlagenen »fairen Handel« verwarfen, zugleich aber die europäischen Verbündeten über ihre Absichten im Dunkeln ließen. Kennedys Krisenstab »lehnte es summarisch ab, mit den Bündnispartnern Entscheidungen zu erörtern, die zur atomaren Verwüstung von Westeuropa und Nordamerika hätten führen können«, schreibt Frank Costigliola in einer der wenigen Untersuchungen des Themas.

Kennedy teilte seinem Außenminister in einem Privatgespräch mit, daß die Verbündeten »mitziehen oder zurückbleiben müssen ... Wir können kein Veto einer anderen Macht akzeptieren.« Genauso äußerten sich vierzig Jahre später Bush und

Powell. Der US-Oberkommandierende der NATO setzte die Luftwaffe in Alarmbereitschaft, ohne die europäischen Partnerstaaten zu konsultieren. Kennedys engster Verbündeter, der britische Premierminister Harold Macmillan, teilte seinen Kollegen mit, daß die Aktionen des US-Präsidenten »zu einem Krieg eskalierten«, er aber nichts tun könne, um die Entwicklung aufzuhalten, weil seine Informationen lediglich vom britischen Geheimdienst stammten. Washingtons Einschätzung der »besonderen Beziehung« zwischen den USA und Großbritannien wurde von einem hochrangigen Kennedy-Berater anläßlich einer internen Diskussion auf dem Höhepunkt der Krise in folgende Worte gefaßt: Großbritannien wird »als unser Leutnant agieren (der elegante Ausdruck dafür ist Partner)«.

McGeorge Bundy schlug vor, einiges zu unternehmen, um den Europäern das Gefühl zu vermitteln, »daß sie mit von der Partie sind«, aber nur, um sie ruhigzustellen. Bundys Assistent Robert Komer pflichtete seinem Chef bei: Die Europäer seien zu der »rationalen und logischen« Herangehensweise, die in Amerika bevorzugt werde, nicht fähig. Wenn die europäischen Politiker herausfänden, was gespielt wird, fügte Bundy hinzu, würden sie wahrscheinlich »Lärm schlagen … und behaupten, daß sie mit den sowjetischen Raketen leben könnten, warum also nicht auch wir«. *Lärm schlagen* bedeutet »mißtönendes, unintelligentes Geschrei erheben«, bemerkt Costigliola dazu.[11]

Vielleicht sind viele Europäer nicht allzu begeistert über die Bedeutung, die ihrem Überleben beigemessen wurde, selbst wenn respektable US-Kommentatoren deren zögernde Haltung für ein Zeichen von »paranoidem Anti-Amerikanismus«, »Ignoranz und Habgier« und andere »kulturelle Unzulänglichkeiten« halten.

Während der Konferenz in Havanna dominierten der internationale Terrorismus und Washingtons angeblich neue Doktrin eines »Regimewechsels« die Schlagzeilen. Aber neu ist an diesen Sachen gar nichts: Die kubanische Raketenkrise erwuchs direkt aus einer Terrorkampagne, die auf einen gewaltsamen

Regimewechsel zielte. »Die Ursprünge der Krise vom Oktober 1962«, bemerkt der Historiker Thomas Paterson, »liegen wesentlich in der konzertierten US-Kampagne zur Zerschlagung der kubanischen Revolution« durch Gewalt und ökonomische Kriegführung.[12] Wir verstehen die gegenwärtigen Ereignisse besser, wenn wir die Entwicklung der Krise und die damaligen Leitlinien der US-Politik in Augenschein nehmen.

Internationaler Terrorismus und Regimewechsel: Das Beispiel Kuba

Im Januar 1959 wurde die Diktatur Batistas von Castros Guerrillatruppen gestürzt. Im März zog der Nationale Sicherheitsrat Methoden in Erwägung, die einen Regimewechsel bewirken sollten. Im Mai bewaffnete die CIA die ersten Guerrillas innerhalb Kubas. »Im Winter 1959/60 häuften sich Angriffsflüge exilkubanischer Piloten mit Bomben und Brandbomben, wobei diese Aktionen von der CIA geleitet wurden.«[13] Wir müssen nicht darüber rätseln, was die USA oder ihre Satelliten in einem solchen Fall tun würden. Kuba jedenfalls reagierte nicht mit gewaltsamen Vergeltungsaktionen in den Vereinigten Staaten, sondern befolgte die vom internationalen Recht vorgeschriebene Prozedur und bat im Juli 1960 die UNO um Hilfe. Dem UN-Sicherheitsrat wurden Berichte über etwa zwanzig Bombenangriffe samt den Namen der Piloten, Flugzeugkennzeichen, Blindgängern und anderen Details vorgelegt, Schäden und Opfer beziffert und eine Lösung des Konflikts über diplomatische Kanäle verlangt. Der US-Botschafter Henry Cabot Lodge reagierte darauf mit der »Versicherung, daß die Vereinigten Staaten keine aggressiven Absichten gegen Kuba hegen«. Doch bereits im März hatte seine Regierung insgeheim die Entscheidung getroffen, Castro zu stürzen, und die Vorbereitungen für die Invasion in der Schweinebucht waren schon sehr weit gediehen.[14]

In Washington fürchtete man eine mögliche Gegenwehr der Kubaner. Deshalb drängte CIA-Chef Allen Dulles Großbritannien, Kuba keine Waffen zu liefern, weil das, so berichtete der britische Botschafter nach London, »die Kubaner dazu bringen könnte, sich Waffen aus der Sowjetunion oder dem Ostblock zu besorgen«, was »gewaltige Auswirkungen haben würde«. Denn dann ließe sich, so Dulles, Kuba als Bedrohung für die Sicherheit der Hemisphäre darstellen. Dieses Drehbuch hatte bereits in Guatemala Erfolg gehabt, wo es Washington gelungen war, das erste Experiment mit der Demokratie, ein zehnjähriges Zwischenspiel voller Hoffnung und Fortschritt, zu zerschlagen, weil die USA weder den enormen Rückhalt der guatemaltekischen Regierung in der Bevölkerung, noch den »Demonstrationseffekt« der sozialen und ökonomischen Maßnahmen zugunsten der Massen besonders schätzten.[15] Routinemäßig wurde die Karte der sowjetischen Bedrohung ausgespielt, die sich als Trumpf erwies, als Guatemala Ostblockländer um Waffenlieferungen ersuchte, nachdem die USA mit einem Angriff gedroht und andere Beschaffungsquellen verstopft hatten. Die Regierung wurde gestürzt, und es folgte ein halbes Jahrhundert des Schreckens, das noch schlimmer war als die Diktatur vor dem demokratischen Experiment.

Für Kuba war ein ähnliches Szenario geplant. Arthur Schlesinger warnte Präsident Kennedy vor dem »unvermeidlichen politischen und diplomatischen Flurschaden«, den eine mit Söldnern durchgeführte Invasion anrichten würde und schlug vor, Castro durch Tricks zu einer Aktion zu veranlassen, die dann für die Invasion den Vorwand bilden könnte: »Vorstellbar wäre z. B. eine Geheimoperation in Haiti, die Castro dazu veranlaßt, ein paar bemannte Boote zu einer haitianischen Bucht zu schicken. Das könnte als Versuch dargestellt werden, die haitianische Regierung zu stürzen. Dann wäre die US-Invasion moralischer Kritik und einer Anti-USA-Kampagne von vornherein der Boden entzogen.«[16] Schlesinger bezieht sich auf das Regime des Diktators »Papa Doc« Duvalier, der von Washington (mit einigen Vorbehalten) gestützt wurde, so daß Kubas Versuch, den Haitianern dabei zu helfen, ihn loszuwerden, als Verbrechen gewertet werden könnte.

Eisenhowers Plan vom März 1960 forderte den Sturz Castros zugunsten eines Regimes, das »den wahren Interessen des kubanischen Volkes ergebener und für die USA akzeptabler ist«. Erwogen wurden eine »Militäroperation auf der Insel« und die »Entwicklung angemessener paramilitärischer Streitkräfte außerhalb von Kuba«. Wegen der vorhersehbaren Reaktionen in Lateinamerika, und um innenpolitische Auseinandersetzungen zu vermeiden, sollte der Regimewechsel »so ausgeführt werden, daß nicht der geringste Eindruck einer US-amerikanischen Intervention« entstehen konnte.

Die Invasion in der Schweinebucht fand dann fast ein Jahr später statt, im April 1961, als Kennedy sein Amt bereits angetreten hatte. Sie wurde in einer Atmosphäre der »Hysterie« über Kuba, die im Weißen Haus herrschte, beschlossen, erklärte Robert McNamara später vor dem Church-Komitee des Senats. Nach dem Scheitern der Invasion war die Stimmung bei der Kabinettssitzung, wie Chester Bowles [Staatssekretär im Außenministerium] notierte, »nahezu brutal«: »Hektisch wurde nach einem Aktionsplan gerufen.« Auch bei einem Treffen des Nationalen Sicherheitsrats zwei Tage später ging es »sehr emotional« zu; vor allem aber war Bowles über den »nicht geringen Mangel an moralischer Integrität« erstaunt. Diese Stimmung schlug sich auch in Kennedys öffentlichen Erklärungen nieder: »Die zufriedenen, nachgiebigen, sanften Gesellschaften landen auf dem Abfallhaufen der Geschichte. Nur die starken ... können überleben«, teilte er dem Land mit und schlug damit ein Thema an, das später die Reaganisten sich für ihre eigenen Terrorkriege zunutze machten.[17] Kennedy wußte, daß die Verbündeten »uns [was Kuba angeht] für leicht schwachsinnig halten«, eine Einschätzung, die auch heute noch gültig ist.[18]

Kennedy verhängte gegen die Insel, die in den sechzig Jahren nach ihrer »Befreiung« von spanischer Herrschaft praktisch zu einer US-amerikanischen Kolonie geworden war, ein kaum erträgliches Embargo.[19] Außerdem ordnete er die Intensivierung der Terrorkampagne an. Er bat seinen Bruder, Robert Kennedy, »die hochrangige Geheimdienstgruppe zu leiten, der die Beaufsichtigung der ›Operation Mongoose‹ oblag. Sie wurde Ende 1961 gestartet und umfaßte paramilitärische Aktionen, ökonomische Kriegführung und Sabotage und verfolgte das Ziel … Fidel Castro zu stürzen.«[20] Diese Kampagne war »alles andere als lächerlich«, schreibt Jorge Domínguez in einer Rezension über kürzlich freigegebene Materialien zu Operationen unter Kennedy, wobei, wie Piero Gleijeses hinzufügt, diese Materialien »stark gesäubert« wurden und »nur die Spitze des Eisbergs« darstellen.[21]

Die »Operation Mongoose« war »von Ende 1961 bis zum Beginn der Raketenkrise das Herzstück der amerikanischen Kuba-Politik«, berichtet Mark White; die Brüder Kennedy hatten »ihre ganze Hoffnung darauf gesetzt«. Robert Kennedy setzte die CIA davon in Kenntnis, daß die Regierung dem Kuba-Problem »allererste Priorität einräumt – alles andere ist zweitrangig – was an Zeit, Anstrengungen und Arbeitskräften eingesetzt werden kann, soll eingesetzt werden«. Der Leiter der Operation, Edward Lansdale, entwarf einen Zeitplan, dem zufolge es im Oktober 1962 zu »offener Revolte und dem Sturz des kommunistischen Regimes« kommen sollte. Der »endgültige Erfolg« der terroristischen und subversiven Aktionen »wird eine entschiedene militärische Intervention der Vereinigten Staaten erforderlich machen«. Im Oktober 1962 aber brach die Raketenkrise aus.[22]

Im Februar 1962 stimmten die Joint Chiefs of Staff einem Plan zu, der extremer war als Schlesingers Vorschläge: Man solle »mit verdeckten Aktionen … Castro oder einen hitzköpfigen Untergebenen zu einer feindseligen Handlung gegen die Vereinigten Staaten motivieren oder provozieren; zu einer Handlung, die ihrerseits den USA die Rechtfertigung an die Hand geben würde, nicht nur zurückzuschlagen, sondern Castro schnell, wuchtig und entschlossen zu beseitigen.«[23] Im März übermittelten die Stabschefs auf Anfrage des Kuba-Projekts im Verteidigungsministerium Robert McNamara ein Memorandum, das »Vorwände skizzierte, die ihrer Meinung nach eine militärische Intervention rechtfertigen würden«. Der Plan würde in die Tat umgesetzt, falls »eine glaubwürdige interne Revolte innerhalb der nächsten neun bis zehn Monate nicht zu erreichen ist«, aber noch bevor Kuba Beziehungen zur Sowjetunion herstellen könne, die »die Sowjets direkt involvieren würden«.

Wenn man auf Terrormethoden zurückgreift, sollte man das eigene Risiko möglichst gering halten.

Der März-Plan sah die Konstruktion »scheinbar beziehungsloser Ereignisse« vor, um »das eigene Endziel zu verbergen und den Eindruck zu erwecken, Kuba sei für eine Reihe unbesonnener Handlungen verantwortlich, die sich gegen die USA und andere Länder richteten«, wodurch die Vereinigten Staaten »augenscheinlich in die Lage kämen, sich gegen Übergriffe verteidigen zu müssen, während Kuba international in den Ruf geriete, den Frieden in der westlichen Hemisphäre zu bedrohen«. Zu den vorgeschlagenen Maßnahmen gehörten die Sprengung eines US-Schiffs in der Bucht von Guantanamo, um einen Vorfall à la »Erinnert euch an die *Maine*« zu schaffen;[24] die Veröffentlichung von Opferlisten in US-Zeitungen, um für »eine Welle nationaler Empörung zu sorgen«; die Darstellung kubanischer Untersuchungen als »zwingenden Beweis dafür, daß das Schiff angegriffen und eine kubanische Terrorkampagne in Florida und sogar in Washington angezettelt werden sollte«; die Verwendung von im Ostblock gebräuchlichen Brandmitteln, um in Nachbarländern Zuckerrohrfelder niederzubrennen; der Abschuß einer Flugdrohne, die dann als mit ferienreisenden Studenten besetztes Charterflugzeug ausgegeben werden sollte und andere, ähnlich einfallsreiche Projekte. Keines wurde in die Tat umgesetzt, doch sind es weitere Beispiele für die »hektische« und »brutale« Stimmung jener Tage.[25]

Am 23. August brachte Kennedy das National Security Memorandum Nr. 181 in Umlauf, »eine Direktive zur Anstachelung einer inneren Revolte, der eine US-Militärintervention folgen würde«. Dazu gehörten »umfangreiche Militärplanungen, Manöver und Bewegungen von Streitkräften und Ausrüstungen«. Das alles war Kuba und der Sowjetunion zweifellos bekannt.[26] Ebenfalls im August wurden die terroristischen Aktionen verstärkt. Dazu gehörten Angriffe mit kanonenbestückten Schnellbooten auf ein kubanisches Strandhotel, »einen bekannten Versammlungsort sowjetischer Militärtechniker; wobei eine Reihe von Russen und Kubanern getötet wurden«; ferner Angriffe auf britische und kubanische Frachtschiffe; die Kontaminierung von Zuckerladungen und weitere Verbrechen und Sabotageakte, die zumeist von kubanischen Exilorganisationen ausgeführt wurden, denen es erlaubt war, in Florida ungehindert zu operieren.[27] Einige Wochen später ereignete sich »der gefährlichste Moment in der Menschheitsgeschichte«.

Noch während der Raketenkrise wurden die terroristischen Operationen fortgesetzt und erst am 30. Oktober, sieben Tage nach dem Übereinkommen zwischen Kennedy und Chruschtschow, formell eingestellt. Doch bereits am 8. November »sprengte ein aus den USA kommendes exilkubanisches Sabotageteam eine Industrieanlage in die Luft«, wobei, Angaben der kubanischen Regierung zufolge, 400 Arbeiter ums Leben kamen. »Die Sowjets«, schreibt Raymond Garthoff, »konnten in dem Angriff nur den Versuch der Amerikaner sehen, in der für sie noch verbleibenden wichtigsten Frage, nämlich der Garantie, Kuba nicht anzugreifen, einen Rückzieher zu machen«. Diese und andere Aktionen zeigten, »daß die Risiken und Gefahren für beide Seiten hoch waren und leicht in die Katastrophe hätten führen können«.[28]

Nach dem Ende der Krise erneuerte Kennedy die Kampagne gegen Kuba. Zehn Tage vor seiner Ermordung billigte er einen CIA-Plan, der von Söldnertruppen auszuführende »Zerstörungsoperationen« vorsah, die sich »gegen eine große Ölraffinerie und Lagergebäude, ein Umspannwerk, Zuckerraffinerien,

Eisenbahnbrücken, Hafenanlagen sowie Docks und Schiffe« richten sollten. Noch am Tag des Attentats auf Kennedy wurde der Versuch unternommen, Castro zu töten. Die Kampagne wurde 1965 eingestellt, doch bestand »eine von Nixons ersten Amtshandlungen« darin, »die CIA anzuweisen, die verdeckten Operationen gegen Kuba zu intensivieren«.[29]

Von besonderem Interesse ist die Einstellung der US-Strategen. In seiner Rezension der kürzlich veröffentlichten Dokumente über die Terroraktionen während der Ära Kennedy bemerkt Dominguez, daß »auf diesen fast tausend Seiten an Dokumenten nur einmal ein Regierungsbeamter so etwas wie einen schwachen moralischen Einwand gegen den US-gesponserten Terrorismus vorbringt«: Ein Mitglied des NSC-Stabs gab zu bedenken, daß die Sowjets auf den Terror reagieren und »planlos vorgetragene Angriffe, die Unschuldige töten ... in befreundeten Ländern Kritik hervorrufen könnten«. Diese Einstellungen spiegeln sich auch in den internen Diskussionen: So wies Robert Kennedy darauf hin, daß eine umfassende Invasion Kubas »eine Menge Leute töten und uns einen Haufen Scherereien einbringen« würde.[30]

Die anti-kubanischen Aktivitäten wurden unter Nixon fortgesetzt und erreichten ihren Höhepunkt Mitte der siebziger Jahre mit Angriffen auf Fischerboote, Botschaften und kubanische Auslandsbüros sowie dem Bombenattentat auf ein kubanisches Verkehrsflugzeug, bei dem alle 73 Insassen starben. Diese und auch weitere Operationen wurden von amerikanischem Territorium aus durchgeführt, mittlerweile jedoch vom FBI als verbrecherische Handlungen betrachtet.

Unterdessen wurde Castro von US-Zeitungen vorgeworfen, daß er »trotz der von Washington 1962 versprochenen Sicherheit vor Angriffen Kuba weiterhin als bewaffnetes Lager« aufrechterhalte.[31] Versprechen müssen eben reichen, egal, wie die Wirklichkeit aussieht. Und wie sehr diesen Versprechen zu trauen ist, zeigt die erwähnte Beteuerung von Henry Cabot Lodge vom Juli 1960.

Am 30. Jahrestag der Raketenkrise protestierte Kuba gegen einen MG-Angriff auf ein spanisch-kubanisches Touristenhotel, für den eine Gruppe aus Miami die Verantwortung übernahm. Auch Bombenattentate, die 1997 einen italienischen Touristen töteten, wurden von Miami aus geplant. Die Täter waren salvadorianische Kriminelle, die unter der Leitung von Luis Posada Carriles operierten und von Miami aus finanziert wurden. Posada, einer der berüchtigsten internationalen Terroristen, war aus einem venezolanischen Gefängnis geflohen, in dem er wegen des Angriffs auf das kubanische Verkehrsflugzeug eine Haftstrafe verbüßte. Zur Flucht verholfen hatte ihm Jorge Mas Canosa, ein Geschäftsmann aus Miami, Vorsitzender der (von Steuern befreiten) Cuban-American-National Foundation (CANF). Posada entkam nach El Salvador, wo er auf dem Luftwaffenstützpunkt Ilopango unter der Leitung von Oliver North daran beteiligt war, terroristische Angriffe gegen Nicaragua zu organisieren.

Posada hat seine Aktivitäten und ihre Finanzierung durch Exilgruppen und die CANF detailliert beschrieben, ohne befürchten zu müssen, vom FBI vernommen zu werden. Er ist ein Veteran der Schweinebucht-Invasion, dessen anschließende Operationen in den sechziger Jahren von der CIA geleitet wurden. Später war er, wiederum durch Vermittlung der CIA, für den venezolanischen Geheimdienst tätig und konnte Orlando Bosch dorthin holen, um mit ihm weitere Angriffe auf Kuba zu organisieren. Bosch, ein Kollege Posadas aus dessen Tagen bei der CIA, war in den USA wegen des Bombenangriffs auf einen Frachter mit Ziel Kuba verurteilt worden. Ein ehemaliger Angehöriger der CIA, der mit den näheren Umständen des Attentats auf die kubanische Linienmaschine vertraut war, bezeichnete Bosch und Posada als die einzig Verdächtigen; für Bosch war die Sprengung übrigens »eine legitime Kriegshandlung«. Das FBI bezichtigte Bosch noch weiterer dreißig terroristischer Verbrechen; dennoch wurde er von George Bush sr. bald nach dessen Amtsantritt begnadigt, nachdem Jeb Bush [der Gouverneur von

Florida] und kubanisch-amerikanische Gruppen intensive Lobbyarbeit betrieben hatten. Bush setzte sich damit über das Justizministerium hinweg, das erklärt hatte, es sei »dem öffentlichen Ansehen abträglich, wenn die Vereinigten Staaten Bosch einen sicheren Aufenthalt gewähren, weil die Sicherheit dieser Nation von ihrer Fähigkeit abhängt, andere Nationen auf glaubwürdige Weise dazu zu bewegen, Terroristen Schutz und Unterstützung zu versagen«.[32]

Kubanische Angebote geheimdienstlicher Kooperation zur Verhinderung terroristischer Angriffe wurden von Washington zurückgewiesen, führten bisweilen jedoch zu Aktionen seitens der USA. »1998 besuchten hochrangige FBI-Mitglieder ihre kubanischen Kollegen, die ihnen Dossiers über ein von Miami aus betriebenes terroristisches Netzwerk übergaben; die Informationen stammten z. T. von Kubanern, die Exilgruppen infiltriert hatten.« Drei Monate später verhaftete das FBI einige dieser Kubaner, von denen fünf zu langen Gefängnisstrafen verurteilt wurden.[33]

Die angeblich von Kuba ausgehende Bedrohung verlor als Vorwand nach dem Zusammenbruch der Sowjetunion die letzten Reste an Glaubwürdigkeit, doch erst 1998 gaben US-Geheimdienste offiziell bekannt, daß die Insel keine Gefahr mehr für die nationale Sicherheit der USA darstelle. Die Regierung Clinton beharrte jedoch darauf, daß die militärische Bedrohung zwar »zu vernachlässigen«, aber nicht völlig eliminiert sei. Immerhin hatte die Einschätzung der Geheimdienste eine Gefahr ausgeräumt, auf die schon der mexikanische Botschafter 1961 hinwies, als er Kennedys Versuch, eine gemeinsame Aktion gegen Kuba auf die Beine zu stellen, mit den Worten zurückwies: »Wenn wir öffentlich erklären, daß Kuba eine Gefahr für unsere Sicherheit darstellt, lachen vierzig Millionen Mexikaner sich tot.«[34]

Fairerweise muß man einräumen, daß die Raketen auf Kuba tatsächlich eine Bedrohung waren. In privaten Gesprächen äußerten Robert und John F. Kennedy die Besorgnis, daß die Installierung der russischen Flugkörper die USA an der Invasion Venezuelas hindern könnten. »Die Schweinebucht hatte ihr Gutes«, resümierte der Präsident.[35]

Die Regierung von Bush sen. beantwortete den Wegfall des Bedrohungsvorwands mit einer Verschärfung des Embargos – eine Reaktion auf Clinton, der während des Wahlkampfs von 1992 den Amtsinhaber bei diesem Thema rechts überholt hatte. 1996 wurde die ökonomische Kriegführung noch einmal verschärft, was selbst bei den engsten Verbündeten der USA zu erheblicher Verstimmung führte. Auch in der amerikanischen Öffentlichkeit wurde es scharf kritisiert, weil es US-Exporteure und Investoren beeinträchtige, die, der Standardversion zufolge, die einzigen Opfer des Embargos sind; die Kubaner selbst bleiben davon offensichtlich unberührt. Untersuchungen von US-Spezialisten erzählen eine andere Geschichte. So kam eine detaillierte Studie der American Association for World Health zu dem Schluß, daß sich das Embargo negativ auf die Gesundheit der Bevölkerung auswirke und lediglich Kubas bemerkenswertes Gesundheitssystem bislang eine »humanitäre Katastrophe« verhindert habe. In den USA interessierte man sich für diese Zusammenhänge allerdings nicht.[36]

Das Embargo hat sogar die Lieferung von Nahrungs- und Arzneimitteln blockiert. Als die Regierung Clinton 1999 derartige Sanktionen für alle Länder auf der offiziellen Liste »terroristischer Staaten« aufhob, blieb nur Kuba davon ausgenommen. Aber auch andere Länder werden, wenn es nottut, bestraft. Als im August 1980 ein Hurrikan die Westindischen Inseln verwüstete, verweigerte Präsident Carter jegliche Hilfe, sofern nicht Grenada ausgespart bliebe. Damit sollte die reformerisch orientierte Regierung von Maurice Bishop für einige nicht näher bezeichnete Initiativen abgestraft werden. Als die betroffenen Staaten sich weigerten, dem Ausschluß zuzustimmen, weil sie die von Grenada ausgehende Gefahr nicht erkannten, strich Carter die gesamten Hilfsmaßnahmen. Als Nicaragua im Oktober 1988 von einem Wirbelsturm heimgesucht wurde, der schwere ökologische Schäden und eine Hungersnot verursachte, erkannte man in Washington, daß sich daraus Kapital für den Terrorkrieg gegen das Land schlagen ließe und verweigerte sogar der Region an der Atlantikküste, die enge Beziehungen zu den USA besaß und den Sandinisten keineswegs wohlgesonnen war, jede Hilfe. Ebenso verfuhr man, als im September 1992 eine Flutwelle über die nicaraguanischen Fischerdörfer hereinbrach. Hunderte von Toten und Vermißten waren die Folge. In diesem Fall zeigte man sich in Washington zwar spendabel und rückte 25 000 Dollar heraus, im Kleingedruckten aber war zu lesen, daß diese imposante Summe von bereits eingeplanten Zahlungen abgezweigt worden war. Überdies wurde dem Kongreß versichert, daß die vorläufige Aussetzung der Entwicklungshilfe in Höhe von über 100 Millionen Dollar davon nicht betroffen sei. Das wiederum war eine Strafaktion gegen die nicaraguanische Regierung, die zwar USA-freundlich war, es aber an der nötigen Unterwürfigkeit hatte fehlen lassen.[37]

Der Handelskrieg der Vereinigten Staaten gegen Kuba ist von fast jedem internationalen Forum von Bedeutung verurteilt worden. Selbst die Rechtskommission der normalerweise willfährigen Organisation Amerikanischer Staaten (OAS) hat ihn für illegal erklärt. Die Europäische Union fordete die Welthandelsorganisation (WTO) dazu auf, das Embargo zu verurteilen. Die Regierung Clinton reagierte darauf mit der Bemerkung, daß »Europa ›drei Jahrzehnte amerikanischer Kuba-Politik, die bis zur Ära Kennedy zurückreicht‹ und auf die Erzwingung eines Regierungswechsels in Kuba zielt, in Frage stellen würde«.[38] Außerdem wurde erklärt, daß die WTO nicht die Kompetenz habe, über Fragen der nationalen Sicherheit der USA und deren Gesetzgebung zu entscheiden. Damit war das Problem zu einer rein akademischen Angelegenheit geworden.

Erfolgreicher Widerstand

Die Gründe für die terroristischen Angriffe auf Kuba und das illegale Handelsembargo lassen sich aus Regierungsdokumenten erschließen. Es dürfte kaum überraschen, daß sie in ein bekanntes Muster passen, das schon dem Vorgehen gegen Guatemala in den fünfziger Jahren zugrundelag.

Allein die Zeitplanung macht deutlich, daß die Angst vor einer sowjetischen Bedrohung kein ausschlaggebender Faktor gewesen sein kann. Noch bevor es tiefergehende Beziehungen zwischen Kuba und der UdSSR gab, lagen die Pläne für einen gewaltsamen Regimewechsel nicht nur fix und fertig in der Schublade, sondern wurden bereits in die Tat umgesetzt, und nachdem die Sowjets sich zurückgezogen hatten, wurden die Strafaktionen erneut verschärft. Zwar gab es tatsächlich eine sowjetische Bedrohung, die jedoch eher Folge als Ursache des US-Terrorismus gegen Kuba war.

Im Juli 1961 wies die CIA darauf hin, daß »der ausgedehnte Einfluß des ›Castroismus‹ keine Folge der kubanischen Macht ist ... Castros Schatten ist so groß, weil die sozialen und wirtschaftlichen Verhältnisse in ganz Lateinamerika der Opposition zu den herrschenden Kräften und der Agitation für radikale Veränderungen Nahrung geben.« Beispielgebend für diese Veränderungen war Castros Kuba. Zuvor bereits hatte Arthur Schlesinger Präsident Kennedy den Bericht der Lateinamerika-Mission übergeben, in dem vor der Anfälligkeit der Lateinamerikaner für »Castros Idee, die Sache in die eigene Hand zu nehmen«, gewarnt wurde. Der Bericht deutete auch Verbindungen zum Kreml an: Die Sowjetunion »lauert im Hintergrund, winkt mit großzügigen Entwicklungshilfeanleihen und präsentiert sich selbst als Modell für eine Modernisierung, die innerhalb einer Generation zu erreichen ist«. Die Gefahren von »Castros Idee«, führte Schlesinger später aus, seien dort besonders gravierend, wo »die Verteilung von Landbesitz und anderer Formen des nationalen Reichtums vor allem die wohlhabenden

Klassen begünstigt«, während »die Armen und Unterprivilegierten, dem Beispiel der kubanischen Revolution folgend, jetzt einen angemessenen Lebensstandard einfordern«. Kennedy befürchtete, daß russische Entwicklungshilfe Kuba zu einem »Ausstellungsstück« für gelingende Entwicklung machen und den Sowjets damit in ganz Lateinamerika Vorteile verschaffen könnte.

Anfang 1964 ließ sich der Planungsstab des Außenministeriums über diese Befürchtungen näher aus: »Die größte Gefahr, die Castro für uns darstellt ... liegt im Einfluß, den allein die Existenz seines Regimes auf die linken Bewegungen in vielen lateinamerikanischen Ländern ausübt ... Es ist einfach so, daß Castro den erfolgreichen Widerstand gegen die USA und die Negation unserer gesamten, seit fast eineinhalb Jahrhunderten bestehenden Politik in dieser Hemisphäre repräsentiert.«[39] Thomas Paterson faßt das in die einfachen Worte: »Kuba hat, als Symbol und Realität, die US-amerikanische Hegemonie in Lateinamerika in Frage gestellt.«[40] Terrorismus und Wirtschaftskrieg mit dem Ziel des Regimewechsels sind nicht aufgrund dessen gerechtfertigt, was Kuba tut, sondern allein durch seine »Existenz« und seinen »erfolgreichen Widerstand« gegen den eigentlichen Herren der Hemisphäre. Ein solcher Widerstand könnte durchaus noch gewaltsamere Aktionen rechtfertigen, wie etwa in Serbien, was nach der Bombardierung auch stillschweigend eingeräumt wurde, oder wie im Irak, was ebenfalls deutlich wurde, nachdem die Vorwände in sich zusammengefallen waren.

Die USA haben seit jeher Wutanfälle bekommen, wenn ihnen Widerstand entgegengesetzt wurde. Vor zweihundert Jahren regte sich Thomas Jefferson über die Franzosen auf, die, hartnäckig und widerständig, darauf beharrten, New Orleans zu behalten, das Jefferson auch gern gehabt hätte. Jefferson betonte, daß der französische »Charakter für ewig mit unserem sich reiben wird, der zwar nach Frieden und Reichtum strebt, aber auch hochgesinnt ist«. Frankreichs Widerstand mache es erforderlich, »daß wir uns der britischen Flotte und Nation anvertrauen«, riet Jefferson und revidierte damit seine früheren positiven Ansichten über Frankreichs entscheidenden Beitrag zur Befreiung der Kolonien von britischer Herrschaft.[41] Dank Haitis Befreiungskampf, der von niemandem unterstützt, sondern von fast allen abgelehnt wurde, war Frankreichs Widerstand bald gebrochen, aber die Leitlinien der US-Politik zur Bestimmung von Freund und Feind bleiben in Kraft.

Leitlinien US-amerikanischer Politik

Die in der Raketenkrise sichtbar gewordenen politischen Leitlinien erklären, warum das internationale Recht für die USA ebenso bedeutungslos ist wie das nationale. 1961 wies Justizminister Robert Kennedy ein Rechtsansinnen zurück, das die Schweinebucht-Invasion für eine Verletzung der US-amerikanischen Neutralitätsgesetze hielt. Die von den USA geleiteten Streitkräfte seien, so entschied er, »Patrioten« gewesen und infolgedessen könnten ihre Aktivitäten auch keine »Verletzung unserer Neutralitätsgesetze« sein, die ohnehin »nicht für diejenige Lage entworfen wurden, in der sich die Welt heute befindet«.[42]

Wer glaubt, daß die Welt am 11. September 2001 schlagartig so gefährlich geworden wäre, daß es »neuer Paradigmen« zur Zerschlagung des internationalen Rechts und seiner Institutionen bedurft hätte, während das Weiße Haus sich die Macht anmaßte, das nationale Recht zu mißachten, befindet sich im Irrtum.

Die Erfolge des internationalen Terrorismus finden in der bereinigten Geschichtsschreibung keinen Platz, werden aber von den Urhebern mit Stolz verkündet. So berichtet die berüchtigte School of the Americas, die lateinamerikanische Offiziere ausbildet, mit geschwellter Brust, es gehöre zu ihren »Hauptthemen«, daß die US-Armee geholfen habe, »die Befreiungstheologie zu besiegen«.[43] Das war die Ketzerei, derer sich die katholische Kirche in Lateinamerika schuldig machte, als sie der »vorrangigen Option für die Armen« das Wort redete. Diesen Verstoß gegen die guten Sitten mußte sie teuer bezahlen. Geradezu symbolisch wurden die düsteren Jahre der Regentschaft von Reagan und Bush sen. mit der Ermordung eines konservativen salvadorianischen Erzbischofs [Oscar Romero] eingeläutet, der zur »Stimme für die Stummen« geworden war. Am Attentat waren, kaum verhüllt, die von den USA ausgebildeten salvadorianischen Sicherheitskräfte beteiligt. Die Epoche endete mit dem Mord an sechs jesuitischen Intellektuellen, ihrer Haushälterin und deren Tochter. Urheber waren die Angehörigen eines von Washington bewaffneten und ausgebildeten Elitebataillons, das bereits einige Greueltaten auf dem Kerbholz hatte.

Wie sehr man sich in der westlichen Kultur für diese Ereignisse interessierte, erhellt durch die Tatsache, daß die Werke dieser Priester nicht gelesen wurden und ihre Namen nicht bekannt sind. So wurden sie doppelt umgebracht: ermordet erst und dann vergessen, als hätte man den Leichen noch einen Tritt ins Gesicht mitgegeben. Unmittelbar nach der Ermordung der Jesuiten besuchte Vaclav Havel Washington, um vor beiden Häusern des Kongresses eine Ansprache zu halten, bei der er langen Beifall für sein Lob auf die »Verteidiger der Freiheit« bekam – die, wie seine Hörerschaft wußte, die Mörder der jesuitischen Intellektuellen bewaffnet und ausgebildet hatten. Seine Rede brachte Havel die Zustimmung führender liberaler Kommentatoren ein, die darin ein weiteres Zeichen für den Eintritt in »ein romantisches Zeitalter« (Anthony Lewis) sahen und ehrfürchtig dieser »Stimme des Gewissens« lauschten, die »so zwingend von der Verantwortung sprach, die große und kleine Mächte einander schuldig sind« (*Washington Post*). Das ist natürlich nicht die Verantwortung, die Washington den Menschen in Mittelamerika oder zumindest denen, die den mörderischen Angriff der achtziger Jahre überlebten, schuldig ist.[44]

Im Fall von Kuba führte der »erfolgreiche Widerstand« zu

Reaktionen, die die Welt an den Rand des Abgrunds brachten. Aber das ist nicht die Norm. Üblicherweise wird der Widerstand durch die eine oder andere Art der Gewaltanwendung gebrochen, ohne daß die Urheber ein Risiko eingingen. Eine seit Anfang der sechziger Jahre verfolgte Strategie bestand in der Etablierung von neofaschistischen Staaten »nationaler Sicherheit«, deren Ziel es war, »die mögliche Bedrohung der Struktur sozialökonomischer Privilegien durch die Beseitigung der politischen Beteiligung der numerischen Mehrheit«, d. h. der »breiten Schichten« zu eliminieren.[45]

Diese Strategie setzte auf dem gesamten Kontinent ein Räderwerk von Repression und Terror in Gang, das während der reaganistischen Phase auch Mittelamerika erreichte. Es begann mit dem Militärputsch in Brasilien, der noch vor der Ermordung Kennedys geplant worden war und kurz danach ausgeführt wurde. Washington kooperierte mit dem brasilianischen Militär in Anerkennung seiner »grundlegend demokratischen und pro-US-amerikanischen Orientierung«, erklärte Kennedys Botschafter Lincoln Gordon. Während die Folterknechte und Mordbrenner sich an die Arbeit machten, feierte Gordon »den größten Sieg, den die Freiheit in der Mitte des 20. Jahrhundert errungen hat«. Die »demokratische Rebellion«, kabelte er nach Washington, würde dazu beitragen, die »Exzesse« der gestürzten, gemäßigt linken Regierung »zurückzustutzen«, und die nunmehr an der Macht befindlichen »demokratischen Kräfte« würden »ein stark verbessertes Klima für private Investitionen« schaffen.[46]

Gordons Auffassung wurde von weiteren führenden Köpfen der Regierungen Kennedy und Johnson bekräftigt. Zu Beginn der achtziger Jahre jedoch waren die Generäle, wie auch in Chile, froh, das Ruder des schwer angeschlagenen Staatsschiffs in die Hände von Zivilisten zu geben. Trotz der enormen Ressourcen, über die der »Koloß des Südens« verfügte, rangierte das Land »im Hinblick auf die soziale Wohlfahrt« (Unterernährung, Kindersterblichkeit usw.) »nicht höher als die weniger entwickelten Länder Afrikas oder Asiens«, während ausländische Investoren und die einheimischen Oberschichten den Rahm abschöpften.[47]

Diese politischen Handlungsmuster blieben nicht auf den Geltungsbereich der Monroe-Doktrin beschränkt. Nehmen wir nur eins von vielen Beispielen aus anderen Teilen der Welt: Während Washington die »demokratische Rebellion« in Brasilien förderte und Kubas Bemühungen, »die Sache in die eigenen Hände zu nehmen«, torpedierte, wurde der Elder Statesman Ellsworth Bunker nach Indonesien geschickt, dessen politischer Zustand den US-Strategen Sorgen bereitete. Bunker setzte Washington davon in Kenntnis, daß es »das erklärte Ziel der Indonesier ist, ›auf eigenen Füßen zu stehen‹ und ihre Wirtschaft frei von ausländischen, insbesondere westlichen, Einflüssen zu entwickeln«. Im September 1965 wies ein Bericht der nationalen Geheimdienste darauf hin, daß im Falle eines Erfolgs der Kommunistischen Partei Indonesiens bei ihren Bestrebungen, »die indonesische Nation zu einen und zu beflügeln ... das Land zu einem eindrucksvollen Beispiel für die unterentwickelte Welt und damit zu einem Vertrauensbeweis für den Kommunismus würde, während das Prestige des Westens einen Rückschlag erlitte«. Dieser bedrohlichen Entwicklung wurde einige Wochen später durch ein Massaker Einhalt geboten, das die CIA mit den Verbrechen von Stalin, Hitler und Mao Tse-tung verglich. Im Westen begrüßte man es mit einhelliger Begeisterung. Seit den fünfziger Jahren war die Angst vor dem Streben nach Unabhängigkeit und exzessiver Demokratie – verstanden als Möglichkeit sozial orientierter Parteien, sich an Wahlen zu beteiligen – einer der treibenden Faktoren für Washingtons Ausübung von Subversion und Gewalt gewesen, und dies nicht nur in Lateinamerika.[48]

1975 beging Kuba noch schwerwiegendere Verbrechen, als es in Afrika tätig wurde, um dort, wie Washington behauptete, dem russischen Kreuzzug zur Eroberung der Weltherrschaft zu dienen. »Wenn der sowjetische Neokolonialismus in Angola Erfolg hat«, donnerte UN-Botschafter Patrick Moynihan, »wird die Welt hinterher anders aussehen. Europas Ölrouten werden ebenso sowjetischer Kontrolle unterliegen wie der strategische Südatlantikbereich, wobei Brasilien das nächste Ziel auf der Liste des Kreml ist.« Wiederum ein vertrautes Szenario, bei dem nur die Figuren ab und zu wechseln.

Noch ein anderer kubanischer Akt erfolgreichen Widerstands erregte in Washington Zorn. Als eine von den USA gestützte südafrikanische Invasion das gerade unabhängig gewordene Angola zu erobern drohte, schickte Kuba aus eigener Initiative Truppen dorthin und schlug die Invasoren zurück. Die weiße südafrikanische Presse sprach von einem »Schlag für den Stolz Südafrikas«, während eine große von schwarzen Südafrikanern herausgegebene Zeitung meinte: »Schwarzafrika hat durch den kubanischen Erfolg in Angola Oberwasser bekommen ... und kostet jetzt den berauschenden Wein der Möglichkeit, den Traum von der ›totalen Befreiung‹ zu verwirklichen.«[49]

Die Verteidigung Angolas war einer der bedeutsamsten kubanischen Beiträge zur Befreiung des afrikanischen Kontinents. Wie bemerkenswert diese Beiträge waren, hat erst Gleijeses' grundlegendes Werk deutlich gemacht, das »die Geschichte eines kleinen Landes erzählt, dessen Vision es war, der Unterdrükkung durch eine Großmacht Widerstand zu leisten und, dank außerordentlicher individueller Heldentaten und Selbstaufopferung, einen Kontinent zu verändern«.[50]

Gleijeses bemerkt, daß Henry Kissinger alles versuchte, um jene Bewegung zu zerschlagen, die ein Moment der Hoffnung für Angolas Zukunft darstellte«, nämlich die MPLA [Volksfront für die Befreiung Angolas], die zwar »erhebliche Verantwortung für die Misere des Landes in späteren Jahren trägt«, wobei jedoch »die unnachgiebige Feindseligkeit der Vereinigten Staaten Angola in eine ungesunde Abhängigkeit vom Ostblock gedrängt und Südafrika in den achtziger Jahren dazu ermutigt hat, verheerende militärische Überfälle zu unternehmen«.[51]

Die vielen Terrorkampagnen und wirtschaftlichen Zwangsmaßnahmen, mit denen »erfolgreicher Widerstand« und »linke Exzesse« bekämpft werden sollten, die von der »Philosophie des Neuen Nationalismus« und vielleicht gar von der Befreiungstheologie beeinflußt waren, werden, wie auch die bitteren Folgen dieser Kämpfe, in der offiziellen Doktrin für unbedeutend oder gar legitim gehalten. Demzufolge lassen sie sich in der umfangreichen Literatur und öffentlichen Diskussion über internationalen Terrorismus und Washingtons angeblich neue Lehre vom »Regimewechsel« auch kaum finden. Schlimmstenfalls werden sie mit einigen abschwächenden Euphemismen abgetan. Einer gelegentlichen Nebenbemerkung entnehmen wir, daß außer der »Destabilisierungskampagne, die als Operation Mongoose bekannt wurde« in Kuba nichts passiert ist. Und zum Glück ist »mit dem Zusammenbruch der Sowjetunion der linke Terrorismus so gut wie ausgetrocknet. Nordkorea und Kuba sorgen nicht mehr so eifrig wie einst für Unordnung.«[52] Kuba steht in akademischen Werken über den Terrorismus mit an vorderster Stelle, üblicherweise jedoch als Tatverdächtiger und nicht als Opfer.[53] Der Terrorkrieg von Reagan und Bush gegen Nicaragua und andere Länder existiert nicht oder ist höchstens der Unaufmerksamkeit oder einer anderen verständlichen Abweichung von jener Mission zuzuschreiben, mit der die Vorsehung die Führer der »idealistischen neuen Welt« in ihrem Kampf gegen die Unmenschlichkeit bedacht hat. Immer gilt das Prinzip: Verbrechen begehen die anderen, wir dagegen höchstens Irrtümer oder Flüchtigkeitsfehler.

Es ist von äußerster Bedeutung für die Zukunft einer weltbeherrschenden Macht, daß die Spuren noch ihrer schlimmsten Verbrechen leicht verwischt werden können. Die Kriege in Indochina sind dafür ein bemerkenswertes Beispiel. Nach jahrelanger brutaler Zerstörung war die Mehrheit der US-Bevölkerung aus prinzipiellen Gründen gegen den Vietnamkrieg, während die Eliten zumeist Kostenfragen und strategische Fehler in den Mittelpunkt stellten. Eingeräumt wird, daß es bei unseren insgesamt lobenswerten Bemühungen einige Aussetzer gab, wie z. B. My Lai. »Wenn die Amerikaner mit Trauer und gar Beschämung auf den Vietnamkrieg zurückblicken, denken sie an Schrecken wie das Massaker von My Lai«, schreibt Jean Bethke Elshtain. Es ist das einzige Beispiel aus Vietnam, das sie in ihrer wütenden Anprangerung der Verbrechen anderer Staaten erwähnt. My Lai eignet sich gut, weil das Gemetzel relativ ungebildeten GIs, die unter schrecklichen Bedingungen überleben wollten, in die Schuhe geschoben werden konnte. My Lai aber war nur eine Fußnote in der Operation Wheeler Wallawa, einer von vielen Massenmord-Aktionen nach der Tet-Offensive, die von ehrbaren Leuten wie du und ich geplant wurden, so daß wir angesichts dieser Verbrechen keine »Beschämung« oder gar »Trauer« empfinden müssen.[54]

Kuba wurde 1982 der offiziellen Liste terroristischer Staaten hinzugefügt. Es ersetzte den Irak, der gestrichen worden war, damit Saddam Hussein US-amerikanische Hilfslieferungen empfangen konnte.

Internationaler Terrorismus und Regimewechsel: Das Beispiel Nicaragua

Ebenso erhellend wie das Beispiel Kuba ist der Blick auf eine andere internationale Terrorkampagne, die »erfolgreichen Widerstand« brechen wollte: der Krieg gegen Nicaragua. Dieser Fall ist besonders lehrreich aufgrund des Umfangs der auf einen Regimewechsel zielenden Aktivitäten, der Rolle, die die jetzige politische Führung der USA dabei spielte sowie der Art und Weise ihrer Darstellung in der intellektuellen Kultur damals und heute. Weiterhin ist der Fall von Bedeutung, weil er im Licht der Beurteilung durch höchste internationale Autoritäten so unumstritten ist – jedenfalls bei denen, die den Menschenrechten und der internationalen Gesetzgebung ein Minimum an Beachtung schenken. Für wie wichtig diese Kategorie gehalten wird, läßt sich an der Häufigkeit erkennen, mit der diese elementaren Dinge in respektablen westlichen Kreisen diskutiert oder auch nur erwähnt werden, insbesondere, seitdem der »Krieg gegen den Terror« nach den Ereignissen vom 11. September aufs neue erklärt wurde. Schon allein daraus lassen sich einige Folgerungen für die Zukunft ziehen, die indes nicht allzu optimistisch ausfallen.

Dem Angriff auf Nicaragua wurde von der Regierung Reagan, als sie gleich nach ihrem Amtsantritt 1981 den »Krieg gegen den Terror« – in erster Linie »staatlich geförderter Terror« – auf die Tagesordnung setzte, höchste Priorität eingeräumt. Nicaragua war ein ungewöhnlich gefährlicher Verbreiter dieser Pest, weil er sich in unmittelbarer Nähe der USA befand: »Ein Krebs, direkt auf unserer Landmasse«, der ganz offen die Ziele verfechte, die Hitler in *Mein Kampf* beschrieben habe, wie Außenminister George Shultz vor dem Kongreß erklärte.[55]

Nicaragua sei von der Sowjetunion bewaffnet und zu einem »privilegierten Zufluchtsort für Terroristen und subversive Elemente gemacht worden, der gerade einmal zwei Tagesreisen von Harlingen, Texas, entfernt ist«, warnte der Präsident – »ein Dolch, der auf das Herz von Texas zielt«, um die Worte eines berühmten Vorgängers abzuwandeln. Dieses zweite Kuba würde »zur Startrampe für eine umfassende Revolution werden, zunächst in Lateinamerika«, und wer weiß, wo dann? »Nicaraguanische Kommunisten haben angedroht, ihre Revolution in die Vereinigten Staaten zu tragen.« Bald schon sehen wir »sowjetische Militärstützpunkte auf Amerikas Türschwelle«, eine »strategische Katastrophe«. Trotz dieser immensen Unwägbarkeiten erklärte der Präsident vor Reportern tapfer: »Ich weigere mich, aufzugeben. Ich erinnere mich an einen Mann namens Winston Churchill, der sagte: ›Niemals aufgeben. Niemals, niemals, niemals.‹ Also werden wir es auch nicht tun.«[56]

Reagan rief den nationalen Notstand aus, weil »die Politik und die Aktionen der Regierung von Nicaragua eine ungewöhnliche und außerordentliche Bedrohung für die nationale Sicherheit und Außenpolitik der Vereinigten Staaten darstellen«.

In seiner Erklärung für die Bombardierung Libyens 1986 verkündete Reagan, daß der verrückte Hund Ghaddafi Waffen und Berater nach Nicaragua schicke, »um seinen Krieg in die Vereinigten Staaten hineinzutragen«, was zu seinem Plan gehöre, »Amerika aus der Welt zu vertreiben«. Besonders unheildrohend war Nicaraguas »Revolution ohne Grenzen«, die regelmäßig als Warnsignal herhalten mußte, obwohl Reagans Interpretation längst als Fälschung entlarvt worden war. Die Quelle war eine Rede des sandinistischen Führers Tomás Borge, in der er erklärt hatte, daß Nicagua darauf hoffe, sich erfolgreich zu entwickeln und zum Modell für andere Länder zu werden, die indes ihren eigenen Weg gehen müßten. Die Rede wurde von Reagans »Amt für öffentliche Diplomatie« in einen Plan zur Welteroberung umgemünzt, was die Medien treu und brav nachbeteten.[57]

Noch interessanter als das Herumgekasper einer politischen Führung, die neue Rekorde für absurde Lügen aufstellen möchte, ist der tatsächliche Inhalt des Dokuments, den das US-Außenministerium manipulierte. Möglicherweise haben Borges Worte bei Reagans Strategen wirklich tiefe Verunsicherung ausgelöst, wußten sie doch, daß die wahre Bedrohung in erfolgreicher Entwicklung besteht, die »andere anstecken« und die Gefahr, die dreißig Jahre zuvor von Guatemalas Experiment mit Demokratie und sozialen Reformen ausging, erneuern kann. Das gilt auch für Kubas »erfolgreichen Widerstand« und reicht bis in die Zeit zurück, als die amerikanische Revolution Metternich und den Zaren erschrecken ließ. Die von Nicaragua ausgehende Bedrohung mußte zu Propagandazwecken in Aggression und Terror umgelogen werden.

Dieser Aufgabe nahm sich Außenminister Shultz an. »Terrorismus«, sagte er, »ist ein Krieg gegen die normalen Bürger.« Als diese Worte fielen, warfen US-Flugzeuge Bomben auf Libyen ab, die Dutzende von normalen Bürgern töteten. Das Bombardement war der erste terroristische Angriff in der Geschichte, der zur besten Sendezeit – dem Beginn der Abendnachrichten – von den großen TV-Netzwerken live übertragen werden konnte, was angesichts der logistischen Probleme ein kleines technisches Meisterstück war. Shultz warnte insbesondere vor dem nicaraguanischen Krebs, den man »herausschneiden« müsse, und zwar mit wirksamen Mitteln: »Verhandlungen sind ein Euphemismus für die Kapitulation, solange nicht der Schatten der Macht auf den runden Tisch fällt«, verkündete Shultz und verurteilte all jene, die »utopische, legalistische Mittel vorschlagen, wie Vermittlung von außen, die Vereinten Nationen und den Weltgerichtshof, während sie den Machtfaktor in der Gleichung ignorieren«.[58]

Washington blockierte die Anwendung solcher utopischen Mittel, indem es zunächst die Versuche der mittelamerikanischen Präsidenten Anfang der achtziger Jahre, über Verhandlungen zu einem Frieden in der Region zu kommen, torpedierte. Dann ging es daran, den »Krebs« mit Gewalt herauszuschneiden, was angesichts der realen Machtverhältnisse auch nicht allzu schwierig war. Der führende akademische Nicaragua-Spezialist, der Historiker Thomas Walker, weist darauf hin, daß Washingtons Terrorkrieg schon nach wenigen Jahren die beträchtlichen wirtschaftlichen und sozialen Erfolge der Sandinisten ins Gegenteil verkehrt und die höchst anfällige Ökonomie in die Katastrophe getrieben hatte. Als das Ziel der US-Regierung, der Regimewechsel, erreicht war, besaß Nicaragua »den wenig beneidenswerten Status des ärmsten Landes in der westlichen Hemisphäre«. Zu den Komponenten des Triumphs gehörte, fährt Walker fort, eine Todesrate, der, bezogen auf die Bevölkerung, in den USA 2,25 Millionen Tote entsprechen würden. Der Historiker Thomas Carothers, unter Reagan im Außenministerium beschäftigt, merkt an, daß Nicaragua »pro Kopf der Bevölkerung mehr Opfer zu beklagen hatte als der amerikanische Bürgerkrieg und alle Kriege des 20. Jahrhunderts *insgesamt* forderten«.[59]

Die Zerstörung Nicaraguas war keine unwichtige Aufgabe. Die Fortschritte, die das Land nach dem Sturz der Somoza-

Dikatur in den frühen achtziger Jahren machte, wurden von der Weltbank und anderen internationalen Institutionen als »bemerkenswert« und »solide Grundlage für eine langfristige sozioökonomische Entwicklung« (Inter-American Development Bank) gelobt. Auf dem Gesundheitssektor gelang »einer der augenfälligsten Erfolge im Kampf gegen die Kindersterblichkeit in Entwicklungsländern überhaupt« (UNICEF, 1986). Der wahre Krebs, den die Reaganisten fürchteten, war also wirklich bedrohlich: Nicaraguas »bemerkenswerte« Wandlung könnte Metastasen für eine »Revolution ohne Grenzen« im Sinne der propagandistisch verfälschten Rede ausbilden. Es war daher aus der Sicht Washingtons nur logisch, den »Virus« zu bekämpfen, ehe er »andere befiel«, die ihrerseits mit Terror und Unterdrükkung »geimpft« werden mußten.[60]

Wie Kuba, reagierte auch Nicaragua auf den terroristischen Angriff nicht mit Bombardierungen US-amerikanischer Ziele oder Attentatsversuchen auf die politische Führung in Washington, also mit Maßnahmen, die, wenn die USA sie ergreifen, den höchsten moralischen Normen entsprechen. Vielmehr wandte sich das Land an den Weltgerichtshof, wo es von Abram Chayes, einem berühmten Rechtsprofessor der Harvard-Universität, vertreten wurde. In der Erwartung, daß die USA sich einem Urteil des Gerichts beugen würden, hatte das Team um Chayes die Beschuldigungen auf unbezweifelbare, weil von den Vereinigten Staaten eingeräumte, terroristische Aktionen wie etwa die Verminung nicaraguanischer Häfen beschränkt.[61]

1986 entschied der Weltgerichtshof zugunsten von Nicaragua. Behauptungen der US-Regierung wurden zurückgewiesen und Washington wegen »ungesetzlicher Anwendung von Gewalt« verurteilt, was übersetzt soviel heißt wie »internationaler Terrorismus«. Das Urteil ging weit über Nicaraguas Anschuldigungen hinaus. In der Bekräftigung früherer Entscheidungen bezeichnete der Gerichtshof jede Form von Intervention als »verboten«, die mit dem souveränen Recht auf »die Wahl eines politischen, ökonomischen, sozialen und kulturellen Systems und die Formulierung politischer Richtlinien« in Konflikt gerät: Eine Intervention ist »unrechtmäßig, wenn sie im Hinblick auf eine derartige Wahl Zwangsmethoden anwendet«. Außerdem definierte der Gerichtshof explizit, was unter »humanitärer Hilfe« zu verstehen ist und bezeichnete die US-Unterstützung der Contras als rein militärische und daher illegale Maßnahme. Zudem verletze der Wirtschaftskrieg geltende Verträge, sei also gleichfalls ungesetzlich.[62]

Die Entscheidung hatte keine größeren Auswirkungen. Der Weltgerichtshof wurde von der *New York Times* als »feindseliges Forum« bezeichnet. Rechtsexperten, die für ihre Verteidigung der Weltordnung bekannt sind, verwarfen das Urteil, weil »Amerika die Freiheit braucht, Freiheit zu verteidigen«, z. B. durch die Verwüstung Nicaraguas und der meisten anderen Staaten Mittelamerikas. Andere warfen dem Gerichtshof seine »engen Verbindungen zur Sowjetunion« vor (Robert Leiken in der *Washington Post*); eine Behauptung, die zu widerlegen sich nicht lohnt. Auch die weitere Hilfe für die Contras wurde, in Verletzung des Urteils, als »humanitär« ausgegeben. Der US-Kongreß bewilligte sofort zusätzliche 100 Millionen Dollar, um die »ungesetzliche Anwendung von Gewalt« zu eskalieren, und Washington torpedierte weiterhin »utopische, legalistische Mittel«, bis es sein Ziel endlich erreicht hatte.

Außerdem hatte der Weltgerichtshof die USA aufgefordert, Schadenersatz zu leisten, den Nicaragua unter internationaler Aufsicht zu beziffern suchte. Schätzungen lagen im Bereich von 17 bis 18 Milliarden Dollar. Diese Forderungen wurden natürlich von Washington als lächerlich verworfen; allerdings setzte man sicherheitshalber die nach dem Sturz der Sandinisten gewählte Regierung Nicaraguas unter Druck, auf die vom Weltgerichtshof bestätigten Reparationsansprüche zu verzichten.

Interessanterweise beläuft sich der Betrag, den der Irak an Personen und Firmen als Entschädigung für seinen Einmarsch in Kuweit leistete, ebenfalls auf 17 Milliarden Dollar. Bei dieser Invasion kamen ungefähr so viel Menschen ums Leben wie bei der Besetzung Panamas durch die USA ein paar Monate zuvor (einige hundert oder tausend, je nach Schätzung). Das ist ein Bruchteil der Opfer, die Nicaragua zu beklagen hatte und entspricht etwa fünf Prozent der von Israel im Libanonkrieg 1982 getöteten Personen. Aber in diesen Fällen gibt es natürlich keinen Schadenersatz.

Ein weiteres Vergleichsmodell für das Kompensationsproblem ist Vietnam. Hier gibt es zwischen den Haltungen der »Tauben« und der »Falken« die üblichen Unterschiede. Seitens der Tauben versicherte Präsident Carter den Amerikanern, daß man Vietnam nichts schuldig sei und keine Verantwortung habe, beim Wiederaufbau zu helfen, weil »die Zerstörung gegenseitig« war. Andere hielten diese Auffassung für zu sanftmütig. Präsident Bush sen. gab sich, weder Taube noch Falke, gemäßigt und verkündete: »Es war ein bitterer Konflikt, aber Hanoi weiß heute, daß wir nur Antworten suchen, ohne an Schadenersatz für die Vergangenheit zu denken.« Die von den Vietnamesen an uns begangenen Verbrechen werden wir nie vergessen, aber »wir können damit beginnen, das letzte Kapitel des Vietnamkriegs zu schreiben«, wenn man sich dort mit hinreichendem Eifer dem Problem der vermißten US-Soldaten widmet. Das ist der einzige moralische Gesichtspunkt, den die USA für erwähnenswert halten, nachdem ihre Invasion Millionen Tote gefordert und drei Länder in Trümmer gelegt hat. Auf der Titelseite der *New York Times* konnte man übrigens nicht nur die Worte des Präsidenten lesen, sondern auch einen Bericht über Japans erneutes Versäumnis, die Schuld für seine »Aggressionen im Zweiten Weltkrieg« endlich und »unzweideutig« zu akzeptieren.[63]

Da in Vietnam die Invasoren die Opfer waren, sind es die Vietnamesen, die Reparationen zahlen müssen. Sie wurden daher gezwungen, die Riesenschulden zu begleichen, die das US-Marionettenregime in Saigon angehäuft hatte. Clinton jedoch zeigte sich großmütig und schlug einen Plan vor, dem zufolge Vietnam ein Teil seiner Schulden für Bildungszwecke erlassen wird.[64]

Dieser Plan hatte ein Vorbild. Nach einer Rebellion gegen ausländische Mächte, dem sogenannten Boxeraufstand, wurde China gezwungen, Schadenersatz zu leisten, den es 1908 teilweise zurückerhielt. Und es gibt noch frühere Vorläufer. Als Haiti sich 1804 von der französischen Herrschaft befreite, war die zivilisierte Welt schockiert, weil sie befürchtete, daß der Virus der »ersten *freien* Nation *freier* Menschen« sich ausbreiten könnte.[65] Aus offensichtlichen Gründen waren die USA dadurch besonders gefährdet, weshalb sie auch bei der Isolierung des verbrecherischen Staats die Führung übernahmen und die Zügel erst 1862 lockerten, als Zielorte für befreite Sklaven gesucht wurden (im selben Jahr wurde Liberia anerkannt). Haiti mußte natürlich für das Vergehen, sich befreit zu haben, bestraft werden und wurde 1825 zu umfangreichen Reparationszahlungen an Frankreich gezwungen, die den Franzosen die Vorherrschaft sicherten und sich auf die wirtschaftlichen Verhältnisse in der ehemals reichsten französischen Kolonie verheerend auswirkten.[66]

1779 machte sich George Washington an die Eroberung der fortgeschrittenen Kultur der Irokesen. Es sei sein Ziel, »sie aus dem Land zu entfernen«, schrieb er am vierten Juli [dem späteren »Unabhängigkeitstag«] an Lafayette, und die amerikanischen Grenzen westlich bis zum Mississippi auszuweiten; der Eroberung Kanadas standen britische Truppen im Weg. Washington, der den Eingeborenen als »Städtezerstörer« bekannt war, schloß seine Mission erfolgreich ab, und den Irokesen wurde mitgeteilt, daß sie den hinterhältigen Widerstand gegen ihre Befreier mit Kompensationen begleichen müßten. George Clinton, damals Gouverneur von New York, sagte den besiegten Stämmen: »In Anbetracht unserer Verluste, der von uns angehäuften Schulden und unserer früheren Freundschaft ist es vernünftig, wenn ihr uns einen Teil eurer Länder abtretet, damit wir die Verluste ausgleichen und die Schulden bezahlen können.« Da die Irokesen keine Wahl hatten, folgten sie den Anweisungen, nur um entdecken zu müssen, daß der Staat New York sogleich daranging, gegen die formellen Verträge und die Konföderationsartikel zu verstoßen, indem er sich das meiste Land durch Drohungen, Täuschungen und Betrug aneignete. Ein junger amerikanischer Soldat schrieb später an seine Familie: »Ich fühlte mich wirklich schuldig, als ich die Fackel in Hütten warf, in denen zufriedene Menschen gewohnt hatten, bevor wir überall Verwüstung verbreiteten.« Aber vielleicht geschah es mit guter Absicht: »Unser Auftrag hier ist augenscheinlich, für Zerstörung zu sorgen, aber könnte sich nicht herausstellen, daß wir Plünderer, ohne es zu wissen, die Samen des Empires aussäen?«[67]

Nachdem die USA die Aufforderungen des Weltgerichtshofs unbeachtet gelassen hatten, brachte Nicaragua seine Angelegenheit vor den UN-Sicherheitsrat, der das Urteil bestätigte und in einer Resolution alle Staaten dazu aufrief, das internationale Recht zu beachten. Die USA legten ihr Veto ein.

Daraufhin wandte sich Nicaragua an die Generalversammlung, die eine gleichlautende Resolution verabschiedete, bei der lediglich die Vereinigten Staaten, Israel und El Salvador mit Nein stimmten. Eine weitere Resolution im darauffolgenden Jahr wurde nur noch von den USA und Israel abgelehnt. In den amerikanischen Medien wurde darüber kaum berichtet, und mittlerweile ist die Angelegenheit aus der Geschichtsschreibung verschwunden.

Washingtons Reaktion auf die Vorgänge bestand in der Eskalierung des Terrorkriegs. Zugleich wurden die Contras angewiesen, »weiche Ziele« zu attackieren und Angriffe auf die nicaraguanische Armee zu vermeiden.[68] Der Sprecher des Außenministeriums Charles Redman bestätigte und rechtfertigte die neue Vorgehensweise in einer Stellungnahme, die »George Orwells Wahrheitsministerium Ehre machen würde«, bemerkte die Menschenrechtsorganisation Americas Watch und fügte hinzu, daß Redmans Konzeption eines »legitimen Angriffsziels« Terrorattacken auf israelische Siedlungen rechtfertigen würde – oder auf zivile Einrichtungen in den USA.

Michael Kinsley, Herausgeber der Zeitschrift *New Republic*, warf den Menschenrechtsorganisationen vor, in der Frage der Angriffe auf »weiche Ziele« zu emotional zu reagieren. Wir sollten statt dessen eine »sinnvolle Politik« betreiben, die »den Test einer Kosten-Nutzen-Analyse« bestehen kann, riet Kinsley. Diese Analyse setzt »das Ausmaß von Blut und Elend« in Beziehung zur »Wahrscheinlichkeit, daß schließlich demokratische Verhältnisse daraus entstehen« – »demokratische Verhältnisse« im Sinne der US-Eliten, die natürlich das Recht haben, die Analyse durchzuführen und das Projekt, wenn es den Test bestanden hat, weiter zu verfolgen.[69]

Nicaragua bestand den Test. 1990 gaben die Nicaraguaner klein bei und wählten, »wie vielen unparteiischen Beobachtern klar war, mit einer ›Pistole an der Schläfe‹« (Walker) die von den USA unterstützte Präsidentschaftskandidatin [Violeta Chamorro]. Die US-Eliten feierten den Triumph, und Kommentatoren aus allen politischen Lagern des Mainstream lobten lauthals den Erfolg der Methoden, mit deren Hilfe »die Wirtschaft ruiniert und ein langer und tödlicher Söldnerkrieg betrieben wurde, bis die erschöpften Einheimischen von sich aus die ungeliebte Regierung aus dem Amt jagten«. Die Kosten für uns waren »minimal«, während in Nicaragua »die Zerstörung von Brücken, Kraftwerken und Farmen« die US-Kandidatin mit einem »Siegerbonus« ausstattete: Sie kann der »Verarmung der Bevölkerung von Nicaragua« Einhalt gebieten (*Time*). Schlagzeilen in der *New York Times* verkündeten, daß wir »in Freude vereint« und auf diesen »Sieg für das US-amerikanische Fairplay« stolz sind.

Die offizielle US-Politik des Angriffs auf weiche Ziele verließ sich auf die Kontrolle des Luftraums über Nicaragua und die erstklassige Kommunikationsausrüstung, mit der man die Contras, die von US-Stützpunkten in Honduras aus operierten, versorgt hatte. Zudem benutzte Reagan die Technik, die Allen Dulles bereits für Guatemala erfolgreich angewendet und für Kuba empfohlen hatte: Verbündete wurden unter Druck gesetzt, keine Waffen an Nicaragua zu liefern, so daß die Sandinisten die Sowjetunion um Hilfe bitten müßten, woraufhin man sie als verlängerten Arm der vom Kreml gesteuerten Verschwörung gegen die USA denunzieren könnte. Da die nicaraguanische Regierung diesen Köder jedoch unbeachtet ließ, mußte die reaganistische Propaganda düstere Geschichten über sowjetische MiGs erfinden, die startbereit auf nicarguanischen Luftwaffenstützpunkten lauerten. Nun ist es zwar nicht überraschend, daß Großmachtsysteme zu Lügen und Täuschungen neigen, aber noch instruktiver sind die Reaktionen auf diese Lügen. Die Falken forderten die Bombardierung Nicaraguas, während die Tauben vorsichtiger waren und die Glaubwürdigkeit der Behauptungen prüfen wollten. Sollten diese sich als richtig erweisen, waren sie natürlich auch für Bombenangriffe, weil die Flugzeuge »gegen die Vereinigten Staaten eingesetzt« werden könnten, meinte Senator Paul Tsongas. Sollte es den Nicaraguanern tatsächlich gelingen, einige MiGs des Baujahrs 1950 zur Sicherung ihres Luftraums zu ergattern, wäre die Sicherheit der USA bedroht. Im Gegensatz dazu war Nicaraguas Sicherheit nicht bedroht, als die Contras, geleitet von US-Aufklärungsflugzeugen, die den Luftraum des Landes kontrollierten, schutzlose zivile Ziele angriffen. Ein weiteres Beispiel für »logische Unlogik«.

Daß Nicaragua das Recht haben könnte, seinen Luftraum vor Terrorangriffen der USA zu schützen, ist natürlich völlig unvorstellbar, denn schließlich gilt das Prinzip, daß US-Aktionen per definitionem defensiv sind und folglich jede Reaktion darauf als Aggression gelten muß, so wie die Südvietnamesen gegen die amerikanischen Verteidiger der Freiheit »innere Aggression« ausübten.

Mit einer Demokratie à la Washington und der angemessen restaurierten Wirtschaftspraxis sackte Nicaragua politisch und sozialökonomisch weiter ab, während man sich in den USA nicht mehr für das Land interessierte. Zehn Jahre später hatte die Hälfte der wirtschaftlich aktiven Bevölkerung – »oftmals die

Kühnsten, Fähigsten und Entschlossensten« – das Land verlassen, entweder auf legalem Weg oder als illegale Migrationsarbeiter. Ihre Überweisungen, schätzungsweise an die 800 Millionen Dollar pro Jahr, »halten einen unkontrollierbaren sozialen Aufruhr im Zaum«, berichtete das Forschungsjournal der Jesuitischen Universität. Es führte weiter aus, daß »Nicaraguas Bruttosozialprodukt in den nächsten fünfzig Jahren pro anno um fünf Prozent wachsen müßte, um das Produktivitätsniveau von 1978 wieder zu erreichen, also bevor unsere historische Unterentwicklung durch den von Washington finanzierten Krieg«, die auf ihn folgende »Globalisierung« und die »massive Korruption«, die in den seit 1990 gewählten Regierungen grassiert, »ins Äußerste gesteigert wurde«. Diese Ausgabe der Zeitschrift erschien gerade zu dem Zeitpunkt, als die USA den ersten internationalen Terrorangriff auf ihr eigenes Territorium hinnehmen mußten.[70]

Ein weiteres typisches Beispiel für die vorherrschende Haltung zum Terrorismus ist die Warnung, die Vertreter der Regierung im November 2001 äußerten: Nicaragua würde bestraft, wenn bei den Wahlen im darauffolgenden Jahr die Sandinisten siegen sollten, die »an den Werten der Weltgemeinschaft nicht teilhaben«, denn Washington »kann nicht vergessen, daß Nicaragua [in den achtziger Jahren] zum Zufluchtsort für gewalttätige politische Extremisten wurde«. Das ist nicht ganz falsch: Managua wurde zum Zufluchtsort für sozialdemokratische Politiker, für Dichter und Schriftsteller, prominente Kirchenführer, Menschenrechtsaktivisten und andere, die vor den Todesschwadronen und Sicherheitskräften der von Washington geförderten Terrorstaaten fliehen mußten; ähnlich war Paris in den dreißiger Jahren ein Zufluchtsort vor dem Faschismus. Das US-Außenministerium warnte die nicaraguanischen Wähler vor den sandinistischen Führern, die »diese Abscheulichkeiten begangen hatten«: »Warum sollten wir angesichts ihrer Vergangenheit ihren Beteuerungen Glauben schenken, daß sie sich verändert hätten? ... Wir vertrauen darauf, daß das nicaraguanische

Volk über das Wesen und die Geschichte der Kandidaten nachdenkt und eine kluge Wahl trifft.«[71]

Die Nicaraguaner hätten solcher Warnungen wohl nicht bedurft. Ein Blick auf ihre Geschichte reichte aus, um zu zeigen, was ihnen blühen würde, wenn sie, wie 1984, noch einmal die falsche Regierung wählen würden. Dann nämlich würde Nicaragua erneut als Staat eingestuft, der den Terrorismus unterstützt und dafür die üblichen schweren Strafen erhält.[72]

Die nicaraguanische Zeitung *Envío* zitiert Washingtons zynische Warnungen und bemerkt dazu: »Man kann darauf wetten, daß diejenigen, die zu den Waffen griffen, als der [US-amerikanische] Staatsterrorismus tötete, folterte, Menschen verschwinden ließ und alle politischen Räume abdichtete, jetzt als Terroristen eingestuft werden.« Die »unvorstellbare und einzigartige Tragödie vom 11. September muß ... in dem betroffenen Land sicher wie das Ende der Welt empfunden worden sein«, heißt es in *Envío* weiter. Aber »Nicaragua erlebt das Ende der Welt fast jeden Tag, nachdem die USA dieses Land und seine Menschen wiederholt mit Zerstörung überzogen haben«. Die Anschläge vom 11. September waren vielleicht ein »Armageddon«, aber die Nicaraguaner wissen sehr wohl, daß ihr Land während der US-Attacken »sein eigenes qualvoll sich hinziehendes Armageddon erlebte und nun an den schrecklichen Folgen fast zugrunde geht«.[73]

Bei den Siegern hat dies, wie üblich, keine Spuren hinterlassen. Nicaragua und El Salvador gelten als »relative Erfolge – und Erfolge genau dieser Art fehlen uns im Nahen Osten«, was durch den neuen Kreuzzug für »Demokratisierung« behoben werden soll.[74] Es dürfte schwerfallen, im Mainstream überhaupt einen Kommentar zu finden, der darauf verwiese, daß die Vergangenheit vieler heutiger US-Regierungsvertreter etwas mit der Neuauflage des »Kriegs gegen den Terror« zu tun haben könnte. Zu den führenden Köpfen dieses Kriegs gehört z. B. John Negroponte, der unter Reagan Botschafter in Honduras, dem Hauptstützpunkt für die Angriffe der Contras gegen Nicaragua, war und jetzt als UN-Botschafter die diplomatische Seite des Antiterrorkriegs betreut. Die militärische Komponente liegt in den Händen von Donald Rumsfeld, in den achtziger Jahren Sondergesandter Reagans im Nahen Osten, als dort der Terror wütete. Außerdem sorgte Rumsfeld für die Vertiefung der Beziehungen zu Saddam Hussein. Für die Koordinierung der Mittelamerika-Politik war Elliott Abrams zuständig, der sich in der Iran-Contra-Affäre zu einigen Vergehen bekannt hatte, 1992 von dem noch amtierenden Präsidenten Bush sr. begnadigt und dann von Bush jr. zum »Leiter des Büros des Nationalen Sicherheitsrats für nahöstliche und nordafrikanische Angelegenheiten« gekürt wurde, um in dieser Eigenschaft die »israelisch-arabischen Beziehungen und die Friedensbemühungen der USA in dieser unruhigen Region zu überwachen«.[75] Abrams zur Seite gestellt wurde Otto Reich, der damals angeklagt war, in den USA eine illegale, verdeckte Propagandakampagne gegen Nicaragua geleitet zu haben. Unter Bush jr. wurde er zum Staatssekretär auf Zeit für lateinamerikanische Angelegenheiten und danach zum Sondergesandten für die Angelegenheiten der westlichen Hemisphäre ernannt. An seine Stelle als Staatssekretär trat Roger Noriega, der »unter der Regierung Reagan im Außenministerium tätig und dort an einer rabiat antikommunistischen Ausrichtung der Lateinamerika-Politik beteiligt war«.[76]

Außenminister Colin Powell, der zu den gemäßigten Vertretern der Regierung Bush gerechnet wird, fungierte während des letzten Stadiums von Reagans verheerender Mittelamerika- und Südafrika-Politik als Sicherheitsberater. Sein Vorgänger, John Poindexter, stand wegen der Iran-Contra-Verbrechen unter Anklage und wurde 1990 in fünf Punkten für schuldig befunden (das Urteil wurde später, im wesentlichen aufgrund von Verfahrensfehlern, aufgehoben). Bush jr. machte ihn zum Leiter eines vom Pentagon betriebenen Überwachungsprogramms (Total Information Awareness), anhand dessen, wie die Bürgerrechtsorganisation ACLU (American Civil Liberties Union) bemerkt, »jeder Amerikaner – vom Farmer in Nebraska bis zum Banker in der Wall Street – unter den anklagenden Cyber-Blick eines allmächtigen nationalen Sicherheitsapparats gerät«.[77]

Immerhin hatten die Nicaraguaner zumindest in der Anfangsphase des »Kriegs gegen den Terror« noch Glück, denn sie verfügten über eine Armee, die sie gegen Übergriffe verteidigen konnte. In den Nachbarstaaten waren die Sicherheitskräfte selbst Terroristen. El Salvador wurde Mitte der achtziger Jahre, als die Greueltaten ihren Höhepunkt erreichten, zu einem der führenden Empfänger US-amerikanischer Militärhilfe. Und als der Kongreß Hilfsleistungen für Guatemala von der Beachtung der Menschenrechte abhängig machte, griffen die Reaganisten auf ihr internationales Terrornetzwerk zurück, um argentinische Neofaschisten, Israel, Taiwan und andere im »Antiterrorkampf« erfahrene Größen die in Guatemala anstehenden Aufgaben ausführen zu lassen, mit den entsprechend schweren Folgen für die Zivilbevölkerung.

Envío bemerkt, daß im Dezember 1989 »die Regierung von George Bush sr. die Invasion von Panama anordnete; eine militärische Operation, bei der städtische Wohnviertel bombardiert und Tausende Panamesen getötet wurden, weil man eines einzigen Mannes habhaft werden wollte, nämlich Manuel Noriega. War das etwa kein Staatsterrorismus?«[78] Eine berechtigte Frage, obwohl solche Aktionen mit sehr viel stärkeren Ausdrücken belegt werden, wenn sie von Staaten ausgeführt werden, die nicht die Macht besitzen, die Geschichte zu kontrollieren.

In Panama ist die Angelegenheit keineswegs vergessen, und als die Panamesen die Attentate vom 11. September verurteilten, erinnerten sie sich auch an den Tod tausender Menschen, die Opfer der Operation »Just Cause« – »gerechte Sache« – wurden, bei der es darum ging, einen ungehorsamen Gauner zu kidnappen, der dann in Florida zu lebenslanger Haft verurteilt wurde. Die meisten der ihm zur Last gelegten Verbrechen hatte er begangen, als er auf der Gehaltsliste der CIA stand. Ein Journalist bemerkte: »Wie sehr gleichen doch die Opfer des 11. September den Jungen und Mädchen ... den Müttern und Großvätern und Großmütterchen, die ebenfalls unschuldig waren ... als der Terror ›Gerechte Sache‹ und der Terrorist Befreier genannt wurde.«[79]

Vielleicht erklären solche Reaktionen die bemerkenswert geringe internationale Unterstützung für die Bombardierung Afghanistans. In Lateinamerika jedenfalls, wo man die längsten Erfahrungen mit US-amerikanischer Gewalt hat, regte sich kaum eine Hand zum Beifall. Hier weiß man besser als anderswo, wie Carlos Salinas, ein leitendes Mitglied von Amnesty International einmal formulierte, »daß die US-Regierung zu den größten Sponsoren des Terrorismus gehört«.[80]

Es ist leicht, in solchen und ähnlichen Äußerungen »paranoiden Anti-Amerikanismus« zu sehen, aber es ist vielleicht nicht besonders klug.

V. Die Irak-Connection

Nach acht Jahren Clinton haben die reaktionäreren Kräfte der Regierungen Reagan und Bush sr. in der umstrittenen Präsidentschaftswahl des Jahrs 2000 die Macht zurückerobert. Sie erkannten, daß die Anschläge vom 11. September ihnen die Möglichkeit verschafften, langfristige Ziele mit noch größerer Intensität zu verfolgen. Dabei halten sie sich eng an das Drehbuch, das schon während der ersten Amtszeit ihre Handlungen bestimmte.

Das Drehbuch I: Außenpolitik

Für George Bush jr. haben PR-Spezialisten und Redenschreiber das Bild eines einfachen Mannes entworfen, der einen direkten Draht zum Allmächtigen hat und sich auf seine »innersten Instinkte« verläßt, wenn er mit fester Hand »die Welt von Übeltätern befreien will« und dabei seinen »Visionen« und »Träumen« folgt. Das ist eine Karikatur alter Epen und Kindermärchen nebst einer Beimischung von Cowboy-Mythologie. Das PR-Konstrukt namens Ronald Reagan war ganz ähnlich konzipiert und die Rhetorik ebenso überhitzt wie heute: Alle Staaten müssen zusammenstehen, um die »Geißel des Terrorismus« (Reagan) zu bekämpfen, vor allem die des staatlich geförderten internationalen Terrorismus, einer »Pest, die von verkommenen Gegnern der Zivilisation verbreitet wird« und »eine Rückkehr zur Barbarei im Zeitalter der Moderne« darstellt (George Shultz).[1]

Schon damals hätten sich wichtige Fragen stellen lassen: Was kennzeichnet den Terrorismus? Wie unterscheidet er sich von bewaffneter Aggression oder politischem Widerstand? Die Antworten von maßgeblicher Seite wären höchst aufschlußreich gewesen, aber die Fragen erreichten die Diskussionsforen der Öffentlichkeit gar nicht erst. Statt dessen bequemte man sich zu folgender Definition: Terrorismus ist, was unsere politische Führung dazu erklärt, Punkt. Diese Praxis setzt sich mit der Neueröffnung des Kriegs fort.[2]

In den achtziger Jahren lagen die Hauptbrennpunkte des »Kriegs gegen den Terror« in Mittelamerika sowie in der Nahost- und Mittelmeerregion. In Mittelamerika wurde daraus, wie erwähnt, ein barbarischer Terrorkrieg, der in den USA als großer Erfolg gefeiert und dann vergessen wurde. Auch im Nahen Osten waren die Vereinigten Staaten und ihre lokalen Verbündeten für Verbrechen verantwortlich, die das, was ihren offiziellen Feinden zur Last gelegt wurde, bei weitem übertrafen. Diese Tatsachen sind deshalb bemerkenswert, weil die Vergeltungsschläge dieser Feinde propagandistisch dermaßen hochgespielt wurden, daß sie Mitte der achtziger Jahre zum Lieblingsthema der Medien werden konnten.

In anderen Weltregionen sah es nicht besser aus. Während der Amtszeit der Reagan-Regierung hatte Washingtons Verbündeter Südafrika in den ehemaligen portugiesischen Kolonien Angola und Mosambik, die 1975 unabhängig geworden waren, für 1,5 Millionen Tote gesorgt und Schäden in Höhe von 60 Milliarden Dollar angerichtet. Allein 1988 sollen, einer UNICEF-Untersuchung zufolge, in diesen beiden Ländern 850 000 bzw. 150 000 Säuglinge und Kleinkinder dem »Massenterrorismus« zum Opfer gefallen sein, der auch die wirtschaftlichen Erfolge der ersten Unabhängigkeitsjahre zunichte machte.

In Südafrika selbst verteidigte die weiße Oberschicht die Zivilisation gegen Nelson Mandelas »Afrikanischen Nationalkongreß« (ANC), den das Pentagon 1988 zu den »berüchtigteren terroristischen Gruppen« zählte. Die Reaganisten umgingen die gegen Südafrika verhängten Sanktionen, verstärkten den Handel und verschafften dem Apartheid-Regime wertvolle diplomatische Unterstützung.[3]

Eine damalige Unternehmung unserer Reaganisten ist hinlänglich bekannt geworden: Zu Beginn der achtziger Jahre gelang es der CIA und anderen Geheimdiensten, radikale Islamisten zu rekrutieren und sie zu einer militärisch-terroristischen Streitmacht zu formen. Carters Sicherheitsberater Zbigniew Brzezinski wollte mit Geheimoperationen »die Russen in die afghanische Falle locken«, d. h. sie dazu bringen, Afghanistan zu besetzen, was auch gelang. Washingtons Reaktion darauf beruhte jedoch auf einer vollständigen Uminterpretation der sowjetischen Entscheidung zum Einmarsch, die, wie der kenntnisreiche Experte Raymond Garthoff schreibt, zögernd und vor allem mit defensiver Zielrichtung vorgenommen wurde, »wie aus Dokumenten russischer Archive klar hervorgeht«. Die Regierung Reagan, die ein Jahr später das Amt übernahm, »verfolgte nur das Ziel, die Russen ausbluten zu lassen und vor den Augen der Welt an den Pranger zu stellen«. Das Ergebnis war ein Krieg, der Afghanistan verwüstete. Nach dem Abzug der Sowjets übernahmen Reagans »Dschihad-Anhänger« die Macht, und es folgten zwei Jahrzehnte Terror und Bürgerkrieg. In den achtziger Jahren hätte es noch schlimmer kommen können, als das wiederholte »Eindringen afghanischer Guerrillakämpfer und Saboteure auf sowjetisches Territorium beinahe einen sowjetisch-pakistanischen, wenn nicht gar sowjetisch-amerikanischen Krieg provoziert hätte«.[4]

Nach dem Abzug der Russen suchten sich die von den USA und ihren Verbündeten hochgepäppelten Terrororganisationen (darunter al-Qaida und ähnliche »Dschihad-Anhänger«) andere Interessengebiete. Im März 1993 heizten sie mit einer »noch nie dagewesenen Terroroffensive in Indien« den indisch-pakistanischen Konflikt an und brachten in den folgenden Jahren die Region wiederholt an den Rand eines Atomkriegs. Im Februar 1993 wäre es einer al-Qaida nahestehenden Gruppe unter Verwendung einer »in CIA-Handbüchern beschriebenen Methode« beinahe gelungen, das World Trade Center in die Luft zu sprengen. Die Pläne dazu stammten von Gefolgsleuten von Scheich Omar Abdel Rahman, der bei seiner Einreise in die USA protegiert und im Land selbst von der CIA geschützt worden war.[5]

Nicht ganz unbekannt ist auch die langjährige Unterstützung Saddam Husseins, die häufig der obsessiven Feindschaft Washingtons gegenüber dem Iran zugeschrieben wird. Aber auch nachdem der Iran im Krieg gegen den Irak kapituliert hatte, wurde diese Politik bruchlos fortgesetzt, denn es sei, so erklärte das Außenministerium Anfang 1990, »unsere Pflicht, US-Exporteuren zu helfen«. Hinzugefügt wurde das übliche Gewäsch über die Verbesserung der Menschenrechte, der regionalen Stabilität und der Friedensaussichten. Im Oktober 1989, ein Jahr nach Saddam Husseins Gasangriffen auf die Kurden, verbreitete Präsident Bush sr. eine Direktive zur nationalen Sicherheit, in der es hieß: »Normale Beziehungen zwischen den Vereinigten Staaten und dem Irak dienen unseren längerfristigen Interessen und fördern die Stabilität in der Golfregion wie auch im Nahen Osten.« Er nahm die Invasion Panamas zum Anlaß, um kurze Zeit später die gesperrten Anleihen für den Irak wieder freizugeben.

Außerdem lieferten die USA subventionierte Lebensmittelvorräte, die das irakische Regime nach der Vernichtung der kurdischen Landwirtschaftsproduktion dringend benötigte, ferner fortgeschrittene Technologien sowie biologische Stoffe, die zur Herstellung von Massenvernichtungswaffen verwendet werden konnten. Wie herzlich die Beziehungen waren, zeigte sich, als im April 1990 eine Delegation von Senatoren unter Leitung des zukünftigen republikanischen Präsidentschaftskandidaten Bob

Dole den Irak besuchte. Sie überbrachten Hussein Grüße von Präsident Bush und versicherten dem Diktator, daß nicht die amerikanische Regierung Probleme mit ihm hätte, sondern »die arrogante und verwöhnte Presse«. Senator Alan Simpson riet Hussein, »sie einzuladen, damit sie sich umsehen« und ihre Vorurteile berichtigen könne. Dole versicherte, daß ein allzu kritischer Kommentator des Senders Voice of America versetzt worden sei.[6]

Saddam war nicht das einzige Monster, das damals die Zuneigung der US-Regierung besaß. Da waren u. a. noch Ferdinand Marcos, »Baby Doc« Duvalier und Nicolae Ceausescu: Alle genossen US-amerikanischen Rückhalt, bis sie von der eigenen Bevölkerung gestürzt wurden. Ein weiterer Favorit war Indonesiens Präsident Suharto, der es in Sachen Barbarei mit Saddam Hussein aufnehmen konnte. Das erste Staatsoberhaupt, das von Bush sr. mit einer Einladung ins Weiße Haus beehrt wurde, war Mobutu Sese-Seko von Zaire, ebenfalls ein Killer, Folterer und Plünderer. Beliebt waren ferner die südkoreanischen Diktatoren, deren Militärherrschaft 1987 durch demokratische Bewegungen beendet wurde. Selbst kleinere Gauner konnten sich einer herzlichen Begrüßung sicher sein, solange sie ihre Funktion erfüllten. Außenminister Shultz war von Manuel Noriega so angetan, um ihm zu einer mittels Betrug und Gewalt gewonnenen Wahl zu gratulieren und den Gangster für die »Initiierung des demokratischen Prozesses« zu loben. Als Noriega später seine Nützlichkeit verlor, wanderte er in die Kategorie der »Bösen« über, obwohl, wie bei Saddam Hussein, seine schlimmsten Verbrechen schon hinter ihm lagen. Was dann in der Operation »Gerechte Sache« mit ihm und den Panamesen geschah, wurde bereits erörtert.[7]

Einige dieser Herrscher konnten es mit Saddam in puncto Terror gegen die eigene Bevölkerung durchaus aufnehmen, wofür Ceausescu ein instruktives Beispiel ist. Unter seiner Herrschaft lebten die Menschen in Angst und Schrecken vor dem berüchtigten Geheimdienst Securitate, der für seine brutalen

Foltermethoden bekannt war. Im Dezember 1989 wurde Ceausescu durch eine unvorhersehbare Revolte der Bevölkerung gestürzt, und eine Woche später beschrieb die *Washington Post*, wie er mit »Menschenrechtsverletzungen in schreckenerregender Zahl« das »wirtschaftliche, intellektuelle und künstlerische Leben von Rumänien zerstörte«.

Präsident Bush jr. sprach die Wahrheit, als er »mit einem Auftritt à la Kennedy« auf dem Platz der Befreiung in Bukarest die Nation pries, »die vor zwölf Jahren ihren eigenen, eisenharten Herrscher ... beseitigte«. Es war ein dramatischer Augenblick: »Kalter Regen prasselte auf seinen schwarzen Mantel, als Bush, unbedeckten Haupts, sagte: ›Sie kennen den Unterschied zwischen Gut und Böse, weil Sie dem Bösen ins Antlitz gesehen haben. Das Volk von Rumänien weiß, daß aggressive Diktatoren nicht besänftigt oder ignoriert werden können. Man muß sie immer bekämpfen.‹«[8]

Der Präsident und seine Bewunderer erwähnten natürlich nicht, auf welche Weise sein Vater und seine eigenen Kollegen dieses Gebot befolgt hatten. Die Antwort lautet, wie gewohnt: indem sie den Diktator unterstützten. Wir »sehen dem Bösen ins Antlitz«, indem wir ihm, sofern es etwas zu gewinnen gibt, willig die Hand reichen. Der eben zitierte Artikel aus der *Washington Post* bemerkte mit Recht: »Es ist schön, daß Präsident Bush [sr.] Rumäniens hastig zusammengestelltem Rat für die nationale Rettung die Aufnahme diplomatischer Beziehungen angeboten hat, aber das kann den Westen nicht von der Verantwortung freisprechen, die Herrschaft dieses Tyrannen in den letzten Jahren gestützt zu haben.« Allerdings scheint die Einsicht der *Washington Post* mittlerweile ebenso vergessen worden zu sein wie andere Einsichten in den tatsächlichen Zusammenhang der Dinge.

1983, als Bush sr. noch Vizepräsident war, gab er seiner Bewunderung für die von Ceausescu erzielten politischen und wirtschaftlichen Fortschritte und dessen »Respekt vor den Menschenrechten« Ausdruck. Zwei Jahre später trat Reagans

Botschafter in Rumänien zurück, weil Washington meinte, er kümmere sich dort zuviel um die Menschenrechte. Kurz darauf reihte George Shultz Ceausescu unter die »guten Kommunisten« ein und belohnte ihn mit einem Besuch und wirtschaftlichen Vergünstigungen.

Sobald dieser »gute Kommunist« beseitigt worden war, verkündete Washington, Rumänien sei von einer »schrecklichen Last« befreit worden. Zugleich befreite es Saddam von der Sperre für Anleihen, um »US-Exporte zu erhöhen und uns eine bessere Ausgangsposition für Verhandlungen mit dem Irak über die Frage der Menschenrechte zu sichern«, erklärte das Außenministerium mit unbewegter Miene.[9]

Wie immer ist unsere politische Führung in der Lage, sich den Ruhm, die von ihr bis zuletzt gestützten Tyrannen gestürzt zu haben, an die eigenen Fahnen zu heften. Saddam Hussein sei, verkündete Donald Rumsfeld stolz, »in das Pantheon gescheiterter brutaler Diktatoren überführt worden«; überführt von den USA wie vor ihm Ceausescu. Am selben Tag erklärte Paul Wolfowitz, daß seine Liebe zur Demokratie »während der entscheidenden Jahre in der Regierung Reagan« geformt worden sei, »als er des Außenministers rechte Hand für Asien war«. Damals pries und förderte er Suharto und Marcos, deren Sturz, so behauptet er nun, zeige, daß die Wende zur Demokratie »den Anstoß durch die Vereinigten Staaten« benötige[10] – die Marcos bis zum bitteren Ende die Stange hielten, als sich der Oppositionsbewegung sogar die Geschäftswelt und das Militär angeschlossen hatten. Die anderen Beispiele sind ähnlich überzeugend.

Während die Bilder der Freunde, die zu Schurken wurden, allmählich verblassen, nehmen neue Favoriten ihre Stelle ein, darunter die zentralasiatischen Diktatoren – Islam Karimow in Usbekistan, Saparmurat Nijasow in Turkmenistan und andere –, die noch brutaler und repressiver wurden, als Washington sie im neuen »Krieg gegen den Terror« zu Bündnispartnern machte und dabei zugleich die eigene Position in einer Region von beträchtlichen materiellen Ressourcen und strategischer Bedeutung verstärkte. Und in einer anderen Ecke der Welt, wo das heißbegehrte Erdöl zu finden ist, nämlich in Äquatorialguinea, regiert Teodoro Obiang, ebenfalls ein blutiger Tyrann, der daher von Bush im September 2002 mit staatsmännischen Ehren empfangen wurde, um kurz darauf mit einer Zustimmung von 97 Prozent für weitere sieben Jahre gewählt zu werden.

Begeistert begrüßt wurde auch Algerien, das bereits von Clintons Außenministerium für seine Erfolge im Kampf gegen den Terror belobigt worden war, d. h. für seine umfangreichen staatsterroristischen Aktivitäten. Bush ging noch weiter und bot der algerischen Regierung militärische und andere Hilfe an. Washington »kann von Algerien viel über Methoden zur Terrorismusbekämpfung lernen«, lernen wir von William Burns, der als Staatssekretär im Außenministerium für den Nahen Osten zuständig ist. »Mr. Burns hat recht«, kommentiert Robert Fisk, »Amerika kann viel von den Algeriern lernen«, u. a. die barbarischen Foltermethoden, die Fisk und einige andere Journalisten seit Jahren anprangern und die jetzt von algerischen Überläufern in London und Paris bestätigt wurden. »Seit das Militär vor elf Jahren die ersten demokratischen Wahlen, die im Land abgehalten wurden, annullierte, weil eine islamistische Partei gewann, sind bis zu 200 000 Algerier abgeschlachtet worden«, schreibt Lisa Marlowe. »Wenn Algerien das Modell für den amerikanischen Kampf gegen den islamischen Fundamentalismus werden sollte, dann sei der Himmel uns gnädig.«[11]

Alles bisher Gesagte zeigt, wie konsistent die Außenpolitik der jetzigen Machtinhaber ist. Das gilt gleichermaßen für die Innenpolitik.

Das Drehbuch II: Innenpolitik

Die relativ schlechte Wirtschaftsdynamik der siebziger Jahre verbesserte sich auch im darauffolgenden Jahrzehnt nicht. Das ökonomische Wachstum kam nicht mehr, wie noch in den Nachkriegsdekaden, der Gesamtbevölkerung zugute, sondern füllte lediglich die Taschen der ohnehin schon Wohlhabenden. Während der Regierungszeit von Reagan und Bush sr. stagnierten die Reallöhne oder sanken ebenso wie die Vergünstigungen; die Arbeitszeit verlängerte sich und die Arbeitgeber mußten sehr viel weniger Rücksicht auf die Gewerkschaften nehmen. Diese Politik war natürlich nicht populär. Als die Regierung Bush am Ende ihrer Amtszeit angekommen war, zählte Reagan neben Nixon zu den unbeliebtesten noch lebenden Ex-Präsidenten.[12]

Unter solchen Bedingungen ist es nicht einfach, die politische Macht aufrechtzuerhalten. Bislang ist dafür nur eine wirksame Methode bekannt: Furcht einflößen. Diese Taktik machten sich Reagan und Bush sr. zu eigen, als sie einen Teufel nach dem anderen heraufbeschworen, um der Bevölkerung mit der Furcht zugleich Gehorsam einzuimpfen.

Die Amerikaner waren nämlich während des ersten »Kriegs gegen den Terror« schrecklichen Gefahren ausgesetzt. Im November 1981 trieben sich libysche Killer in den Straßen von Washington herum, um den Präsidenten zu ermorden, der mutig den Schurken Ghaddafi in die Knie gezwungen hatte. Die US-Regierung erkannte sehr früh, daß Libyen ein geeigneter, weil wehrloser Punchingball sein könnte und provozierte Konfrontationen, bei denen viele Libyer getötet wurden. Man hoffte auf eine libysche Reaktion, die Gelegenheit bieten würde, die Furcht noch zu vertiefen.

Noch bevor die Amerikaner erleichtert aufseufzen konnten, weil es dem Präsidenten gelungen war, den libyschen Killern zu entkommen, befand sich Ghaddafi schon wieder auf dem Vormarsch. Diesmal durchquerte er 600 Meilen Wüste, um den Sudan zu besetzen, während die US-Luftwaffe und ihre Verbündeten hilflos zuschauen mußten. Ghaddafi hatte auch einen Plan zum Sturz der sudanesischen Regierung ausgeheckt, der so raffiniert war, daß die Geheimdienste Ägyptens und des Sudans davon auch nicht den Hauch eines Winds bekommen hatten, was allerdings nur den wenigen US-Reportern auffiel, die sich die Mühe machten, der Sache nachzugehen. Immerhin konnte Außenminister Shultz den erfundenen Plan nutzen, um zu verkünden, Ghaddafi sei »jetzt wieder da, wo er hingehört«, weil Reagan »schnell und entschlossen gehandelt« und die »Stärke eines Cowboys« gezeigt habe; eine Eigenschaft, von der manche Intellektuellen (in diesem Fall Paul Johnson) sich bezaubern ließen. Nachdem die Episode ihren Zweck erfüllt hatte, wurde sie schnell dem Vergessen anheimgegeben.[13]

Kaum waren die ersten libyschen Bedrohungswellen abgeklungen, dräute eine noch viel größere Gefahr am Horizont herauf: Grenada verfügte über einen Luftwaffenstützpunkt, den die Russen für Bombenangriffe nutzen konnten. Zum Glück gelang unserem Führer in letzter Sekunde die Rettung. Nachdem Washington Angebote zu einer friedlichen Regelung anhand von US-Bedingungen abgelehnt hatte, wurden Eliteeinheiten mit insgesamt 6000 Mann nach Grenada geschickt, denen es gelang, den Widerstand von ein paar Dutzend leichtbewaffneten kubanischen Bauarbeitern zu brechen, woraufhin der mutige Cowboy im Weißen Haus verkünden konnte, daß wir jetzt »groß dastehen«.[14]

Aber die Gefahren waren noch keineswegs gebannt. Nunmehr nämlich dürsteten die Nicaraguaner, nur zwei Tagesreisen von Harlingen, Texas, entfernt, nach der Weltherrschaft. Glücklicherweise erinnerte sich unser oberster Kriegsherr an Churchills Widerstand gegen die Faschisten, verweigerte die Kapitulation und konnte die bedrohlichen Horden abwehren, obwohl sie, wie erwähnt, von Ghaddafi in seinem Feldzug gegen die Existenz der Vereinigten Staaten unterstützt wurden.[15]

Als das Weiße Haus 1986 die Unterstützung des Kongresses für weitere Angriffe auf Nicaragua benötigte, wurden die libysche Trumpfkarte erneut aus dem Ärmel gezogen. Nach US-Provokationen im Golf von Sidra wurden, pünktlich zur besten TV-Sendezeit, Tripolis und Bengasi bombardiert, wobei Dutzende von libyschen Zivilisten ums Leben kamen. Die für diese

Aktion vorgetragenen Gründe entbehrten jeglicher Glaubwürdigkeit: Offiziell hieß es, Artikel 51 der UN-Charta gebe uns das Recht, »zur Selbstverteidigung gegen zukünftige Angriffe« Gewalt anzuwenden. Das war möglicherweise die erste explizite Formulierung der Doktrin vom »Präventivkrieg« und zugleich das Ende aller Hoffnungen auf eine Welt, in der Recht und Ordnung herrschen. Der Rechtsexperte der *New York Times*, Anthony Lewis, lobte die Regierung Reagan für ihre Inanspruchnahme eines »rechtlichen Arguments, dem zufolge Gewalt gegen die Urheber wiederholter Gewaltaktionen als Akt der Selbstverteidigung gerechtfertigt ist«. Zum Glück sind andere Staaten nicht mächtig genug, sich die Reagan-Lewis-Doktrin zu eigen zu machen.[16]

So gingen die achtziger Jahre in Furcht und Schrecken vorüber. Die europäische Tourismus-Industrie verzeichnete einen zeitweiligen Rückgang, weil die Amerikaner Angst hatten, in London oder Paris oder anderen Städten von durchgedrehten Arabern angegriffen zu werden. Aber auch im eigenen Land lauerten Gefahren. Verbrechen gibt es in den USA wie in anderen Industrienationen, aber die *Angst* vor Verbrechen ist hierzulande viel größer. Das gilt ebenso für den Drogenkonsum, der in anderen Ländern ein Problem ist, bei uns jedoch die Existenz der USA selbst bedroht. Da fällt es politischen Führern leicht, sich der Medien zu bedienen, um entsprechende Emotionen hochzupeitschen. Wenn die innenpolitische Situation es erfordert, werden geeignete Kampagnen durchgeführt; ein berühmtes Beispiel ist die rassistische Eskapade, die sich Bush sr. im Präsidentschaftswahlkampf von 1988 leistete.[17]

Ähnlich instruktiv ist der »Drogenkrieg«, der im September 1989 erneut ganz oben auf der Tagesordnung stand. Obwohl die Tatsachen das Gegenteil besagten, behauptete die Regierung in aufsehenerregender Weise, daß hispanische Drogenhändler unsere Gesellschaft bedrohten. In Washington konnte man sich des Erfolgs dieser Taktik sicher sein, weil, wie der Journalist und Redakteur Hodding Carter, unter der Regierung Carter Staatssekretär im Außenministerium, bemerkt, »die Massenmedien in Amerika die unbezwingliche Neigung haben, vereint herumzuspringen und zu bellen, sobald das Weiße Haus – wer immer dort amtiert – mit den Fingern schnippt«.

Die Drogenkampagne war ein großer Erfolg, auch wenn der Konsum dadurch keineswegs zurückging. Aber die Angst vor Drogen gewann sofort die Gunst der Öffentlichkeit, und die Regierung konnte an die Arbeit gehen: Überflüssige Menschen wurden aus den Städten in die in aller Eile errichteten Gefängnisse gesteckt und der panamesische Großdrogenhändler Noriega in Florida vor Gericht gestellt. Zur gleichen Zeit drohte die Regierung Bush Thailand mit gravierenden Handelssanktionen, falls es den Import einer sehr viel tödlicheren, in den USA produzierten Substanz, nämlich Tabak, behindern würde.

Auch für die Invasion Panamas ließ sich ein schlagendes rechtliches Argument beibringen. UN-Botschafter Thomas Pickering teilte dem Sicherheitsrat mit, daß Artikel 51 der Charta »den Einsatz bewaffneter Streitkräfte vorsieht, damit unser Land sich, seine Interessen und sein Volk verteidigen ... und sein Territorium davor bewahren kann, daß dort Drogen eingeschmuggelt werden«. In Panama wurde der »Einsatz bewaffneter Streitkräfte« dafür benutzt, die weiße Elite von Bankiers und Geschäftsleuten wieder an die Macht zu bringen, von denen viele selbst im Verdacht standen, Drogenhandel und Geldwäsche zu betreiben. Sie wurden, wie US-Geheimdienste berichteten, ihrem Ruf auch sehr bald gerecht.[18]

Alle diese Rechtsargumente folgen einem Prinzip, das der ehrwürdige israelische Staatsmann Abba Eban folgendermaßen formulierte: Wenn man für eine beabsichtigte Aktion »die Rechtsgrundlage bestimmen will, geht man von der Aktion, die man durchführen will, solange zurück, bis man die Rechtsgrundlage gefunden hat«.[19]

Auch sonst sind die Kräfte, die im Jahr 2000 die politische Macht zurückeroberten, dem ihnen aus den achtziger Jahren vertrauten Drehbuch gefolgt. 1981 hatten sie eine enorme Steigerung des Militärhaushalts mit Steuersenkungen verbunden. Sie kalkulierten darauf, daß »die wachsende Hysterie über das damit verbundene Haushaltsdefizit als Druckmittel zur Kürzung von Sozialausgaben genutzt und der Regierung bei ihrem Ziel, die Errungenschaften des New Deal rückgängig zu machen, behilflich sein könnte«. Bush jr. bediente sich ebenfalls dieser Methode: Die von ihm durchgesetzten Steuersenkungen kamen überwiegend den Reichen zugute, während die Bundesausgaben »den größten Sprung nach oben seit zwanzig Jahren machten«. Das meiste kam dem Militärhaushalt und damit indirekt der High-Tech-Industrie zugute.[20]

Haushaltsdefizite erfordern »finanzielle Disziplin«, die ihren Ausdruck in der Kürzung von Sozialleistungen für die allgemeine Bevölkerung findet. Regierungsökonomen beziffern die Rechnungen, deren Zahlung die Regierung offen lassen muß, auf 44 Billiarden Dollar. Ihre Untersuchung sollte in den jährlichen Haushaltsbericht, der im Februar 2003 fällig war, Eingang finden, blieb aber außen vor, weil sie absehbar gemacht hätte, daß die Lücke nur mit immensen Steuererhöhungen geschlossen werden kann, während Bush eine weitere Senkung, ebenfalls im Interesse der Wohlhabenden, durchdrücken wollte. »Präsident Bush macht Überstunden, um die Finanzierungsfalle, in der wir sitzen, noch zu vergrößern«, bemerken die Wirtschaftswissenschaftler Laurence Kotlikoff und Jeffrey Sachs. Die Lükke wird, wie sie prognostizieren, »zu massiven Kürzungen in den sozialen Sicherheits- und Gesundheitssystemen [Medicare und Medicaid] führen«. Der Sprecher des Weißen Hauses, Ari Fleischer, bestätigte das geschätzte Defizit von 44 Billiarden und räumte implizit auch die Richtigkeit der Analyse ein: »Zweifellos werden Social Security und Medicare künftigen Generationen eine drückende Schuldenlast aufbürden, wenn die Politik nicht ernsthaft darangeht, diese Programme zu reformieren« – was natürlich nicht heißt, sie über progressive Besteuerung zu finanzieren. Das Problem wird durch die gravierende Finanzkrise vieler Staaten und Städte der USA noch verschärft.[21]

Der Ökonom Paul Krugman meint, die seriöse *Financial Times* würde nur »das Offensichtliche konstatieren«, wenn sie schreibt, daß die »extremeren Kräfte bei den Republikanern« offenbar ein Haushaltsdesaster anstreben würden, um Kürzungen von Sozialprogrammen »durch die Hintertür« vorantreiben zu können. Auch Krugman sieht in erster Linie die sozialen Sicherheits- und Gesundheitssysteme gefährdet, aber das könnte auch für das gesamte Spektrum der Programme gelten, die im letzten Jahrhundert entwickelt wurden, um die Bevölkerung vor dem Wüten mächtiger Privatinteressen zu schützen.[22]

Der geplante Anschlag auf die Sozialprogramme verfolgt Ziele, die über die bloße Konzentration von Macht und Reichtum weit hinausgehen. Soziale Sicherheitssysteme, öffentliche Schulen und andere Abweichungen vom »rechten Weg«, auf den die US-Militärmacht die Welt bringen will, beruhen, wie freimütig erklärt wird, auf bösartigen Lehren, zu denen auch der schädliche Glaube gehört, daß wir uns als Gemeinschaft darum kümmern müssen, ob die behinderte Witwe am anderen Ende der Stadt den Tag überstehen kann oder das Nachbarkind die Chance für eine anständige Zukunft haben sollte. Diese bösartigen Lehren leiten sich von dem Grundsatz her, daß Mitgefühl zum Wesen des Menschen gehört. Dieses von so gefährlichen Radikalen wie Adam Smith und David Hume vertretene Prinzip muß aus den Köpfen der Leute vertrieben werden. Die Privatisierung bietet ganz andere Vorteile. Wenn die arbeitenden Menschen zur Sicherung ihrer Pensionen, ihrer Gesundheit und anderer Überlebensnotwendigkeiten auf den Aktienmarkt angewiesen sind, werden sie eher bereit sein, gegen ihre eigenen Interessen, d. h. gegen Lohnerhöhungen, staatliche Sozialprogramme und andere Maßnahmen zu agieren, die den Gewinnen der Wohltäter, von denen sie auf fast feudalistische Weise abhängig sind, unzuträglich sein könnten.

Nachdem infolge der Ereignisse vom 11. September die Popularität des Präsidenten zunächst gestiegen war, machte sich einige Zeit danach, wie Umfragen zeigten, wachsende Unzufriedenheit mit der Sozial- und Wirtschaftspolitik der Regierung breit. Wenn die Kräfte um Bush die politische Macht erhalten wollten, waren sie praktisch gezwungen, das anzuwenden, was Anatol Lieven die »klassische moderne Strategie einer gefährdeten rechtsgerichteten Oligarchie« nennt. Sie besteht darin, »die Unzufriedenheit der Massen nationalistisch zu wenden«.[23] Schwerfallen dürfte den Bush-Leuten das nicht, denn diese Methode hat sich schon während ihrer ersten Amtszeit bezahlt gemacht.

Umrissen wurde diese Strategie von Chefberater Karl Rove: Die Republikaner müßten im November 2002 [zu den Kongreßwahlen] »mit dem Thema ›Nationale Sicherheit‹ durchs Land ziehen« weil die Wähler »der Republikanischen Partei« zutrauen, daß sie imstande sei, »Amerika zu beschützen«. Zudem müsse Bush 2004 mit dem Image eines kriegserfahrenen Führers in den Präsidentschaftswahlkampf ziehen. »Als im Sommer innenpolitische Themen die Auseinandersetzungen und die Berichterstattung beherrschten, verloren Bush und die Republikaner an Boden«, hob ein Experte von UPI hervor. Aber die irakische Bedrohung wurde gerade rechtzeitig, im September, aus dem Hut gezaubert. Weil die Regierung ihre innenpolitischen Schwächen erkannte, setzte sie darauf, »ihre Macht mit einer Politik des internationalen Abenteurertums, neuer radikal präemptiver Militärstrategien und dem Streben nach einer politisch genehmen und perfekt getimten Konfrontation mit dem Irak zu erhalten und zu vermehren«.[24]

Für die in der Mitte der Regierungsperiode fälligen Kongreßwahlen erwies sich die Taktik als erfolgreich. Obwohl die Wähler glaubten, daß »den Republikanern die großen Konzerne mehr am Herzen liegen als die Durchschnittsbürger«, vertrauten sie ihnen doch in Fragen nationaler Sicherheit.[25]

Im September wurde die Nationale Sicherheitsstrategie verkündet. Die sorgsam produzierte Furcht verschaffte einer Invasion des Irak genügend Rückhalt in der Bevölkerung und verschaffte auch im Kongreß der Regierung günstigere

Machtverhältnisse, so daß außenpolitisch die neue Norm des Angriffskriegs und innenpolitisch so einschneidende wie unpopuläre Maßnahmen durchgesetzt werden konnten. Das schon in den achtziger Jahren erfolgreiche Drehbuch konnte jetzt noch einmal verfilmt werden – mit größerem Eifer, geringeren äußeren Beschränkungen und einer gravierenden Gefährdung des Friedens.

Unbedeutende Risiken

Der Krieg gegen den Irak wurde geplant, begonnen und geführt, obwohl man in Washington wußte, daß dadurch die Verbreitung von Massenvernichtungswaffen und Terror gefördert werden könnten. Aber diese Risiken zählten nicht angesichts der Perspektive, die Kontrolle über den Irak zu gewinnen, die Norm des Präventivkriegs durchzusetzen und die innenpolitische Situation in den Griff zu bekommen.

Der Beweis dafür, wie wenig Bedeutung die Regierung Bush tatsächlichen Sicherheitsrisiken beimaß, wurde gleich nach der Verkündung der imperialen Strategie deutlich, als Washington öffentlich erklärte, »sich aus internationalen Bestrebungen zur Stärkung der Konvention über biologische Waffen zurückzuziehen« und die Verbündeten darauf hinwies, daß weitere Diskussionen um vier Jahre verschoben werden müßten.[26] Am 23. Oktober, zehn Tage nach der Konferenz von Havanna, brachte das UN-Abrüstungskomitee zwei Resolutionen zur Abstimmung. Die erste forderte strengere Maßnahmen, um die Militarisierung des Weltraums zu verhindern und somit »eine gravierende Gefahr für internationalen Frieden und Sicherheit abzuwenden«. Die zweite bekräftigte das Genfer Protokoll von 1925, in dem »der Einsatz giftiger Gase und bakteriologischer Methoden der Kriegführung verboten wird«. Beide Resolutionen erhielten nahezu einmütige Zustimmung, nur die USA und Israel enthielten sich. Eine US-amerikanische Enthaltung ist fast so schwerwiegend wie ein Veto, das zudem doppelt wirkt, weil es die Vorgänge aus der Berichterstattung und der Geschichtsschreibung verbannt. In den Mainstream-Medien wurden diese fehlgeschlagenen Versuche, ernsthafte Bedrohungen für das Überleben der Menschheit zu verhindern, mit keinem Wort erwähnt.

Die mageren Presseberichte über die erstaunlichen Enthüllungen auf der Konferenz von Havanna hatten zu hochaktuellen Themen wie »internationaler Terrorismus« und »erzwungener Regimewechsel« oder über die »Irak-Connection«, die den Teilnehmern sehr präsent waren, wenig zu bemerken. Die Teilnehmer hatten sicherlich den Brief von CIA-Chef George Tenet an den Vorsitzenden des Geheimdienstkomitees des Senats, Bob Graham, gelesen, in dem es hieß, daß Saddam mit nur sehr geringer Wahrscheinlichkeit von sich aus eine terroristische Operation mit konventionellen oder biologischen und chemischen Waffen starten würde, während im Fall eines US-Angriffs diese Wahrscheinlichkeit »ziemlich hoch« wäre. Das FBI berichtete von Besorgnissen, daß »ein Krieg gegen den Irak die innere Sicherheitslage verschärfen könnte«; ähnlich äußerte sich der Chef des [neu eingerichteten] Ministeriums für Heimatschutz (Department of Homeland Security). In- und ausländische Geheimdienste fügten diesen Bedenken noch hinzu, daß ein Angriff »anti-amerikanische und anti-westliche Gefühle globalisieren könnte und ... den islamischen Terrorismus eher anheizen als dämpfen würde«. Solche Befürchtungen hegten auch »europäische Sicherheitsbeamte und Vertreter der Polizei«.[27]

Richard Betts, ein Spezialist für Überraschungsangriffe und atomare Erpressung, meinte, daß im Fall einer Invasion »Saddam keinen Grund hat, seinen besten Abschiedsschuß im Revolver zu lassen – den möglichen Einsatz von Massenvernichtungswaffen in den USA selbst« – d. h., er würde bereits bestehende Netzwerke aktivieren. »Die Aussichten dafür mögen gering sein«, bemerkte Betts weiter, »vielleicht so gering« wie für das, was am 11. September passierte.[28] Wer um die Sicherheit der Menschen in den Vereinigten Staaten und anderen Zielländern besorgt ist, sollte die Aussichten jedenfalls nicht als vernachlässigbar einstufen.

Insgesamt waren sich Experten vieler Länder und Lager darin einig, daß ein Angriff der größten militärischen Macht gegen einen wehrlosen Gegner die Forderung nach Rache oder Abschreckung laut werden lassen könnte. Spezialisten für internationale Beziehungen wie Kenneth Waltz haben darauf hingewiesen, daß potentielle Zielstaaten des amerikanischen Abenteurertums »wissen, daß die Vereinigten Staaten nur durch Abschreckung [vor allem mittels Massenvernichtungswaffen] im Zaum gehalten werden können«. Auf diese Weise »fördert die US-Politik die vertikale Proliferation [die technische Weiterentwicklung] von Atomwaffen und ihre Verbreitung von cinem Land zum nächsten« sowie den Terrorismus: »Es kann nicht überraschen ... daß schwache Staaten und unzufriedene Bevölkerungen ... gegen die Vereinigten Staaten als Urheber oder Symbol ihrer Leiden zum Schlag ausholen«, und wenn keine Anstrengungen unternommen werden, ihrer bedrückenden Situation abzuhelfen, dürften sie mit den ihnen verfügbaren Mitteln, zu denen auch der Terror gehört, reagieren. Ähnliche Effekte befürchten US-Geheimdienste von der durch Washingtons Globalisierungsversion hervorgerufenen »sich verschärfenden ökonomischen Stagnation«.[29]

Diese Warnungen hörte man nicht zum ersten Mal. Seit einiger Zeit schon grassierte die Erkenntnis, daß die Industriemächte dabei waren, ihr Gewaltmonopol zu verlieren, wenn auch nicht ihre Vorrangstellung. Bereits vor dem 11. September hatten technische Untersuchungen zu dem Schluß geführt, daß »ein gut geplanter Schmuggel von Massenvernichtungswaffen in die USA zu 90 Prozent erfolgreich sein könnte«. Das sei »Amerikas Achillesferse«, meinte ein Bericht, der diesen Titel trug und die vielen Optionen, über die Terroristen verfügten, auflistete. Wie groß die Gefahr sein kann, wurde nach dem Anschlag auf das World Trade Center 1993 deutlich, der, den Bauingenieuren des WTC zufolge, bei besserer Planung Zehntausende Opfer gekostet haben würde.[30]

Angenommen wurde auch, daß ein Angriff auf den Irak die Verbreitung von Massenvernichtungswaffen auf direkte Weise fördern könnte. Der Terrorismus-Spezialist Daniel Benjamin (der nicht zum Lager der Tauben gehört) bemerkte, daß eine Invasion »zur größten Proliferationskatastrophe in der Geschichte führen könnte«. Saddam Hussein hatte sich als brutaler, aber rationaler Tyrann erwiesen. Sollte er über biologische und chemische Waffen verfügen, würden diese strenger Kontrolle und »einer geeigneten Kommandokette« unterstehen und sicher nicht in die Hände von Usama bin Ladin geraten, der für Saddam Hussein selbst eine Bedrohung darstellte. Wenn jedoch bei einem Angriff die irakische Gesellschaft kollabiert und mit ihr die Kontrollmöglichkeiten über Massenvernichtungswaffen, könnten diese auf dem umfangreichen »Markt für unkonventionelle Waffen« angeboten werden – in jeder Hinsicht ein »Alptraumszenario«. Nach dem Krieg durchgeführte Untersuchungen enthüllen, daß mit der Plünderung von Nuklearanlagen Benjamins Befürchtungen bereits Wirklichkeit geworden sind.[31]

Diese schon vor dem Krieg vom Establishment geäußerte Kritik ist in dreierlei Hinsicht bemerkenswert. Zum einen schlagen sich hier Besorgnisse über die Haltung einer »Schurkensupermacht« nieder, die in vielen Ländern der Welt als größte Bedrohung des Friedens und »größte äußere Bedrohung ihrer Gesellschaften« gesehen wird. Zum zweiten umfaßte die Kritik ein ungewöhnlich breites politisches Spektrum: Die zitierten Kommentare stammen von amerikanischen und zahlreichen ausländischen Geheimdiensten, der international führenden militärischen Fachzeitschrift, den Ausgaben zweier großer amerikanischer Zeitschriften zur Außenpolitik, einer wichtigen Veröffentlichung der American Academy of Arts and Sciences, einigen der bedeutendsten Spezialisten für internationale Beziehungen, Terrorismus und strategische Analysen, und sogar von den »Hexenmeistern von Davos«, die die Weltwirtschaft dominieren. Es dürfte, was immer man von ihren Urteilen hält, nicht einfach sein, eine historische Parallele für diese Kritik an einem geplanten Krieg zu finden, so wie es auch kaum ein geschichtliches Beispiel für die öffentliche Opposition gegen diesen Krieg gibt, als er noch in der Vorbereitungsphase war. Zum dritten wurde die Kritik, obwohl sie aus dem Establishment kam, von der Regierung ignoriert, die keine Gegenargumente lieferte, sondern das Ganze nicht einmal zu bemerken schien. Das hat durchaus seine Richtigkeit. Propagandistisch gesehen, benötigt der mächtigste Staat in der Geschichte für seine Aktionen keine Rechtfertigung; wohlgemeinte Absichtserklärungen reichen aus. So wie die UNO davon in Kenntnis gesetzt wird, daß sie unser Vorgehen zu autorisieren hat oder die Folgen tragen muß, so wird der Welt verdeutlicht, daß die Hegemonialmacht für ihre Gewaltmaßnahmen oder sonstigen Handlungen nicht den Beweis der Notwendigkeit antreten muß. Den »Lärm« (so McGeorge Bundy verächtlich) der kritischen Stimmen auch nur wahrzunehmen, wäre eine Schmälerung der Autorität. Zwar haben die Kritiker recht, wenn sie meinen, daß eine solche Haltung zur Selbstzerstörung führen kann, aber um derlei Probleme haben sich politische Führer noch selten geschert.

Sehr wahrscheinlich wußte die Regierung Bush auch ohne all diese Warnungen, daß eine Invasion des Irak das Risiko der Verbreitung von Massenvernichtungswaffen und des Terrors gegen die USA und ihre Verbündeten beträchtlich erhöhen würde, offenbar jedoch sind andere Ziele für sie wichtiger. Und selbst wenn die US-Strategen diese Risiken nicht begrüßen, wissen sie, daß sie solche Entwicklungen für ihre eigenen innen- und außenpolitischen Ziele nutzen können. Sogar die weltweite Furcht ist akzeptabel: Washington fordert keine Liebe, sondern Gehorsam, und wenn Gehorsam durch Furcht erzwungen werden kann, ist das ein weiterer Beitrag zur »Aufrechterhaltung der Glaubwürdigkeit«.

Die Ziele des Kriegs benannte der Nahostkorrespondent Jussif Ibrahim: Zum einen sollte »die Popularität des Präsidenten« zugunsten kurzfristiger politischer Gewinne gestärkt und zum anderen »ein ›freundlich gesonnener‹ Irak in eine private amerikanische Ölförderanlage verwandelt« werden.[32] Das ist natürlich allzu stark vereinfacht, aber es gibt gute Gründe für die Annahme, daß seine Beobachtungen in die richtige Richtung weisen. Die Bush-Leute wollen die politische Macht in der Hand behalten und die Kontrolle über die primäre Energiequelle der Welt verstärken, weil das zwei Schritte in Richtung auf jene beiden Ziele sind, die zu erreichen die gegenwärtige Regierung unter allen Umständen gewillt ist: die radikale Umstrukturierung der amerikanischen Gesellschaft samt den seit einem Jahrhundert betriebenen Reformansätzen und die Durchsetzung einer imperialen Strategie zur dauerhaften Beherrschung der Welt. Wer solche Ziele erreichen will, muß die damit verbundenen Risiken für bedeutungslos halten.

»Die wilden Flügelstürmer«

Die etablierte Kritik und das Weiße Haus konzentrierten sich im wesentlichen auf dieselben Themen, die auch für die Debatten im UN-Sicherheitsrat und die Inspektionen maßgebend waren: die irakische Bedrohung, Massenvernichtungswaffen sowie jene Subkategorie von »Terror«, die von der offiziellen Doktrin anerkannt wird. Bei allen diesen Debatten spielten Probleme wie »Demokratisierung« oder »Befreiung« oder andere Fragen jenseits der potentiellen Bedrohung, die der Irak für die USA und ihre Verbündeten darstellt, bestenfalls eine unscheinbare Nebenrolle. So wurden z. B. die möglichen Auswirkungen eines Kriegs auf die irakische Bevölkerung nur von den »wilden Flügelstürmern« erörtert – so nannte McGeorge Bundy jene Leute, die den Vietnamkrieg mit anderen Kriterien als denen des militärischen Erfolgs und der für die Invasoren entstehenden Kosten beurteilten.

Weil die irakische Bevölkerung nach einem Jahrzehnt einschneidender Sanktionen um ihr Überleben kämpft, könnte ein Krieg, wie internationale Hilfs- und Gesundheitsorganisationen warnten, zu einer humanitären Katastrophe führen. Der Ansicht waren auch Vertreter von dreißig Ländern, die sich in der Schweiz trafen, um die Lage zu erörtern. Die USA nahmen an der Konferenz nicht teil, dafür aber die anderen vier ständigen Mitglieder des UN-Sicherheitsrats. Der frühere Staatssekretär im US-Verteidigungsministerium und jetzige Leiter der Flüchtlingsorganisation Refugees International, Kenneth Bacon, sprach von »riesigen Flüchtlingsströmen und dem Zusammenbruch des Gesundheitswesens«, während die amerikanischen Pläne für humanitäre Hilfe in Nachkriegs-Irak als »kurzsichtig im Detail, finanziell erbärmlich ausgestattet und zu stark vom Militär kontrolliert« kritisiert wurden. UN-Vertreter beklagten, daß man in Washington ein »auffälliges Desinteresse« für alle warnenden Hinweise auf die möglichen Folgen des Kriegs zeige.[33]

Saddam Hussein führte ein schreckliches und brutales Regime, aber die Gewinne aus der Ölförderung kamen der inneren Entwicklung des Landes zugute. Trotz seiner »zahlreichen Vergehen gegen die Menschenrechte … hat dieser Tyrann … die Hälfte der Bevölkerung zu Angehörigen der Mittelschicht gemacht, und aus aller Welt kamen die Araber herbei … um an den irakischen Universitäten zu studieren«.[34] Der erste Golfkrieg, bei dem die US-Truppen zielgerichtet Bewässerungs-, Elektrizitäts- und Abwasseranlagen zerstörten, forderte Opfer in hoher Zahl, und die danach von den USA und Großbritannien verhängten Sanktionen trieben das Land in einen Überlebenskampf.[35] Um nur ein Beispiel zu nennen: Der Bericht der UNICEF von 2003 über die Lage der Kinder in der Welt konstatiert, daß von den 193 untersuchten Ländern der Irak im letzten Jahrzehnten die schwersten Rückschläge zu verkraften hatte, wobei »der beste Einzelindikator für das Wohlergehen der Kinder«, nämlich die Sterblichkeitsrate, von 50 auf 133 pro tausend Lebendgeburten angestiegen ist. Nur in vielen afrikanischen

Ländern sowie in Afghanistan und Kambodscha sieht es noch schlimmer aus. Zwei Militärspezialisten (die zu den Falken gehören), bemerken, daß die »Wirtschaftssanktionen durchaus die notwendige [sic] Ursache für den Tod von mehr Menschen im Irak gewesen sein können, als jemals in der gesamten Geschichte an so genannten Massenvernichtungswaffen gestorben sind«. Vorsichtige Schätzungen beziffern die Zahl der Opfer mit mehreren hunderttausend.[36]

Kaum jemand im Westen kennt den Irak besser als die geachteten UN-Diplomaten Denis Halliday und Hans von Sponeck, die nach dem ersten Golfkrieg die humanitäre Hilfe koordinierten und mit einem internationalen Stab von hunderten von Mitarbeitern täglich durch das Land reisten. Beide traten aus Protest gegen den, so Halliday, »auf Völkermord hinauslaufenden [*genocidal*]« Charakter der Sanktionen zurück. Beide weisen Behauptungen, die irakischen Behörden hätten die Weitergabe von Nahrungs- und Arzneimitten an die Bevölkerung verweigert, zurück. Ihr Nachfolger, Tun Myat, bekräftigte von Sponecks und Hallidays Ansicht und sprach von dem »besten Verteilungssystem, das er als Vertreter des World Food Program [WFP; eine Unterorganisation der UN] je gesehen« habe. Ein leitender WFP-Offizieller berichtete, daß seine Organisation das System mehr als eine Million mal inspiziert und dabei »keinen Hinweis auf Betrug oder Begünstigung« gefunden habe. Das irakische System sei »das weltweit effektivste«, und Dysfunktionen könnten »eine umfassende humanitäre Krise« auslösen.[37]

Halliday, von Sponeck und andere haben jahrelang darauf hingewiesen, daß die Sanktionen vor allem die Bevölkerung trafen, während sie Saddam Hussein und seine Clique stärkten und die Abhängigkeit der Iraker von dem Tyrannen im Überlebenskampf vergrößerten. Von Sponeck, der 2000 von seinem Posten zurücktrat, berichtete, daß die Briten und Amerikaner »systematisch versucht haben, uns [ihn und Halliday] daran zu hindern, den UN-Sicherheitsrat zu informieren … weil sie nicht hören wollten, was wir [über die verheerenden Auswirkungen der Sanktionen] zu sagen hatten«. Die US-Medien wollten das offenbar auch nicht: Selbst als der Irak im Brennpunkt der Diskussionen stand, mußten die Amerikaner auf andere Quellen zurückgreifen, wenn sie erfahren wollten, was die UN-Koordinatoren zu berichten wußten. Erörterungen der Sanktionen und ihrer Folgen waren, wenn sie überhaupt stattfanden, zumeist apologetisch; die übliche Verfahrensweise, wenn es um Verbrechen des eigenen Staats geht.[38]

Die Wissenschaftlerin Joy Gordon [Universität Fairfield] fand heraus, daß sogar die Informationen, die den UN-Sicherheitsrat erreichen, »der Öffentlichkeit vorenthalten werden«, obwohl sie, wie auch andere, genug erfuhr, um eine schändliche Liste vorsätzlicher Grausamkeiten zusammenstellen zu können. Im Rahmen der Sanktionen wurden während des letzten Jahrzehnts »auf aggressive Weise Bemühungen unternommen, den Zufluß humanitärer Güter in den Irak zu minimieren ... und zwar angesichts enormen Leids, einer massiven Zunahme der Kindersterblichkeit und sich ausbreitender Epidemien«. So blockierten die USA Tanker mit Trinkwasservorräten, aber die angegebenen Gründe waren so unglaubwürdig, daß sie von UN-Waffenexperten zurückgewiesen wurden. Die Blockade geschah »zu einer Zeit, als die Hauptursache für den Tod von Kindern der Mangel an sauberem Trinkwasser war und das Land sich zudem in einer Trockenperiode befand«. Außerdem wollte Washington die Lieferung von Impfstoffen für Kinderkrankheiten verhindern, mußte jedoch angesichts massiver Proteste der UNICEF und der Weltgesundheitsorganisation davon Abstand nehmen. Europäische Experten für Biowaffen bestätigten, daß die Behauptung der USA, die Stoffe könnten auch militärisch genutzt werden, »völlig aus der Luft gegriffen« sei.[39]

Das Internationale Rote Kreuz, das mit den Verhältnissen im Irak ebenfalls vertraut war, kam 1999 zu dem Schluß, daß nach zehnjährigen Sanktionen »die Wirtschaft in Trümmern liegt und das 1995 durch die UN-Resolution 986 in Kraft gesetzte

Programm ›Öl für Lebensmittel‹ den Zusammenbruch des Gesundheitssystems und den zunehmenden Mangel an Wasservorräten – die gravierendsten Bedrohungen für das Wohlergehen der Zivilbevölkerung – nicht aufhalten konnte«. Hilfsorganisationen »können nur hoffen, die schlimmsten Auswirkungen der Sanktionen abzumildern, sind aber nicht in der Lage, die dringendsten Bedürfnisse der 22 Millionen Einwohner auch nur annähernd zu befriedigen«.[40]

Verteidiger der Sanktionen wiesen darauf hin, daß Saddam Hussein an der schrecklichen Situation schuld sei, weil er Paläste und Monumente errichtet und sich geweigerte habe, die UN-Resolutionen zu erfüllen. (Den UN-Koordinatoren und dem WFP zufolge stammte das Geld für Saddams Bautätigkeit aus Schmuggeleien und anderen illegalen Operationen.) Diese Argumentation läuft darauf hinaus, daß wir Saddam bestrafen mußten, indem wir seine Opfer weiter mit Füßen traten und den Verbrecher stärkten. Sollten wir also, wenn ein Krimineller einen Schulbus kapert, die Insassen umbringen, den Entführer jedoch retten und belohnen und ihm zugleich an unserer Aktion die Schuld geben?[41]

»Auffälliges Desinteresse« an den möglichen Folgen eines Kriegs für die Bevölkerung des bekriegten Landes ist nichts besonderes. Fünf Tage nach den Attentaten vom 11. September verlangte Washington von Pakistan die Einstellung »von LKW-Konvoys, die Afghanistans Zivilbevölkerung mit Nahrungsmitteln und andere Vorräten belieferten« und erzwang den Rückzug von Angehörigen von Hilfsorganisationen. Damit wurden »Millionen von Afghanen ... dem gravierenden Risiko eines Hungertods ausgesetzt« – allerdings hätte man eher von »verschwiegenem Völkermord« reden sollen.[42] Die Zahl der möglichen Opfer eines »Hungertods« wurde vor dem 11. September auf fünf Millionen geschätzt, einen Monat nach den Attentaten auf siebeneinhalb Millionen. Die angedrohten und dann durchgeführten Bombardierungen lösten scharfe Proteste von Hilfsorganisationen aus, die jedoch in den USA kaum Beachtung fanden.

Vielleicht muß das Offensichtliche noch einmal wiederholt werden: Man hofft immer, daß die schlimmsten Befürchtungen sich nicht bewahrheiten, und alle Bemühungen sollten auf dieses Ziel gerichtet sein. Aber wie im Fall von Chruschtschows Entsendung von Raketen nach Kuba, die einen Atomkrieg hätte auslösen können, werden politische Entscheidungen – zumindest für diejenigen, die sich an elementare moralische Maßstäbe halten – im Hinblick auf das Spektrum sich bietender Möglichkeiten bewertet. Trivialerweise bleibt diese Beurteilung, unabhängig vom Ergebnis der jeweiligen Entscheidung, wahr. Diese Binsenweisheit begreifen wir, wenn es um die Handlungen offizieller Feinde geht, aber auf unsere eigenen Entscheidungen und Aktionen wenden wir sie nicht so gerne an.

Demokratie und Menschenrechte

Wie bereits bemerkt, beschränkte sich die etablierte Kritik an der Invasion des Irak auf jene Regierungsvorhaben, denen eine ernsthafte Absicht zugesprochen wurde, nämlich auf die Entwaffnung des Irak und die Untersuchung seiner Verbindungen zum internationalen Terrorismus. Andere Themen spielten kaum eine Rolle: weder die Befreiung des Landes, noch die Demokratisierung des Nahen Ostens oder weitere Ziele, die die Arbeit der Inspektoren hätten überflüssig erscheinen lassen. Ausgespart blieb ferner alles, was im UN-Sicherheitsrat oder in der Regierung selbst verhandelt wurde. Vielleicht erkannten die Kritiker, daß der Rückgriff auf gewaltsame Methoden obligatorischerweise von wolkiger Rhetorik begleitet wird, die keine Informationen enthält. Allerdings kann diese Rhetorik auch angesichts der sie begleitenden Verachtung für demokratische Verfahrensweisen kaum ernstgenommen werden.

Die Kritiker sind sich auch der Tatsache bewußt, daß von den gegenwärtigen Machtinhabern – bei aller Sorge um die Demokratie im Irak – kein Wort des Bedauerns über ihre vorangegangene Unterstützung für Saddam Hussein (oder ähnliche Tyrannen) geäußert wurde, und ebensowenig scheinen sie Reue darüber zu empfinden, ihm bei der Entwicklung von Massenvernichtungswaffen geholfen zu haben, als er noch eine wirkliche Gefahr darstellte. Desgleichen haben sie nicht erklärt, wann oder warum sie von ihrer Haltung von 1991 abgewichen sind, der zufolge die »beste aller Welten« eine »Junta ohne Saddam Hussein« wäre, die »mit eiserner Hand« den Irak regiert, aber nicht den Irrtum vom August 1990 begeht, der Saddam die Freundschaft mit den USA kostete.[43]

Zu jener Zeit waren die britischen Verbündeten, die jetzt die Regierung stellen, in der Opposition und hätten es insofern leichter gehabt als die Thatcheristen, die von Großbritannien geförderten Verbrechen des irakischen Diktators anzuprangern. Bemerkenswerterweise jedoch haben führende Vertreter von New Labour, darunter Tony Blair, Jack Straw und Geoff Hoon, schon damals geschwiegen. Im Dezember 2002 veröffentlichte Jack Straw, zu der Zeit britischer Außenminister, ein Dossier über Saddams Verbrechen, das fast gänzlich aus der Epoche stammte, als dieser noch die Sympathie der angloamerikanischen Verbündeten genoß. Timing und Qualität des Dossiers gaben Anlaß zu mancherlei Fragen, aber davon abgesehen, konnte Straw für seine offenbar erst kürzlich erfolgte Konversion zum Skeptizismus hinsichtlich des guten Charakters und Verhaltens von Saddam Hussein keine überzeugende Begründung geben. Noch 2001 hatte er als Innenminister einem Iraker, der nach Gefängnishaft und Folter in England Asyl beantragte, dieses Ansinnen verweigert. Das Innenministerium erklärte, Straw sei »sich der Tatsache bewußt, daß der Irak und insbesondere die irakischen Sicherheitskräfte eine Person vor Gericht nur unter der Voraussetzung einer ordnungsgemäßen Rechtsprechung für schuldig befinden und verurteilen würden«, so daß der Asylsuchende »eine faire Verhandlung vor einem unabhängigen und ordnungsgemäß konstituierten Gericht erwarten kann«. Straws Konversion muß ähnlich verlaufen sein wie die von Präsident Clinton, der irgendwann zwischen dem 8. und 11. September 1999 entdeckte, daß Indonesien während der letzten 25 Jahre, als es von den USA und Großbritannien großzügig gefördert wurde, in Ost-Timor einige unerfreuliche Dinge getan hatte.[44]

Während der Mobilisierung für den Krieg im Herbst 2002 zeigten sich in den einzelnen Ländern sehr unterschiedliche Einstellungen zur Demokratie. Wie sollte man mit der überwiegenden Ablehnung, die sich in der Bevölkerung kundtat, umgehen? Innerhalb der »Koalition der Willigen« hatte Washington die US-Öffentlichkeit durch die im September geführte Propaganda-Kampagne zumindest teilweise im Griff. In Großbritannien war die Meinung der Bevölkerung gespalten, aber die Regierung spielte weiterhin die Rolle des »Juniorpartners«, die man nach dem Zweiten Weltkrieg nicht ohne Zögern übernommen, dann aber auch in den schwierigsten Momenten der »special relationship« beibehalten hatte.

Bei anderen Bündnispartnern gab es ernsthaftere Probleme. In Deutschland und Frankreich spiegelte die offizielle Regierungshaltung die Meinung der überwiegenden Mehrheit der Bevölkerung, die eindeutig gegen den Krieg war. Das veranlaßte Washington und viele US-Kommentatoren zu bitterbösen Bemerkungen. Für Donald Rumsfeld gehörten diese Nationen, die sich weigerten, der Generallinie zu folgen, zum »alten Europa«, während das »neue Europa« u. a. durch Silvio Berlusconi repräsentiert wurde, der dafür das Weiße Haus besuchen durfte. Zwar war auch in Italien die Bevölkerung gegen den Krieg, aber das spielte in diesem Fall keine Rolle.

Welche Regierung zum »alten« und welche zum »neuen« Europa gehörte, entschied sich anhand eines einfachen Kriteriums: Eine Regierung gehörte zum »alten« (und damit irrelevanten) Europa genau dann, wenn sie die Haltung der überwiegenden Mehrheit der Bevölkerung einnahm und sich weigerte, den Befehlen aus Washington Folge zu leisten. Erinnern wir uns daran, daß die selbsternannten Weltbeherrscher – Bush, Powell und die anderen – ohne Umschweife erklärt hatten, den Krieg ohne Rücksicht darauf führen zu wollen, ob die UNO oder jemand anderes »mitziehen« würde. Das alte Europa zog nicht mit. Auch nicht das neue, insofern die Bevölkerung ebenso Bestandteil eines Landes ist wie die Regierung. Umfrageresultate, die von Gallup International und vielen nationalen Meinungsforschungsinstituten verbreitet wurden, zeigten, daß die Zustimmung für einen »von Amerika und seinen Verbündeten unilateral geführten Krieg« nirgendwo 11 Prozent überstieg. Die Unterstützung für einen Krieg *mit* UN-Mandat reichte von 13 Prozent in Spanien bis 51 Prozent in den Niederlanden.

Besonders interessant sind die acht Länder, deren Führungen von sich selbst behaupteten, das neue Europa zu sein. Für ihren Mut und ihre Integrität erhielten sie viel Lob aus den USA. Ihre gemeinsame Erklärung nahm die Form einer Verlautbarung an, in der der UN-Sicherheitsrat aufgefordert wurde, vom Irak die »vollständige Erfüllung der Resolutionen« zu verlangen, wobei die dazu anwendbaren Mittel nicht weiter spezifiziert wurden. Die Erklärung der Acht sei dazu angetan, »die Deutschen und Franzosen zu isolieren«, berichtete die US-Presse triumphierend, obwohl sich die Positionen des alten und neuen Europa kaum voneinander unterschieden. »Isoliert« waren Frankreich und Deutschland insofern, als man sie vorsichtshalber gar nicht erst dazu eingeladen hatte, die kühne Gründungsurkunde des Neuen Europa zu unterzeichnen – offensichtlich befürchtete man, was später unter der Hand angedeutet wurde, daß sie es tun würden.[45]

Die Standardversion besagt, daß das aufregende und vielversprechende neue Europa hinter Washington stand und damit demonstrierte, daß »viele Europäer die Sichtweise der Vereinigten Staaten teilten, auch wenn Frankreich und Deutschland dies nicht taten«.[46] Aber wo waren diese »vielen Europäer«? Umfragen zeigen, daß im neuen Europa die Opposition gegen die »Sichtweise der Vereinigten Staaten« oftmals noch höher war als in Frankreich und Deutschland. Das gilt insbesondere für

Italien, Spanien und Ungarn, deren politische Führungen von Washington besonders belobigt wurden.

Viel Beifall erhielten auch ehemalige kommunistische Staaten, die sich dem neuen Europa anschlossen. Hier reichte die Zustimmung zu einem Irak-Krieg à la Bush und Powell, also ohne UN-Mandat, von vier Prozent in Mazedonien bis elf Prozent in Rumänien. Ein Krieg mit UN-Mandat weckte kaum größere Begeisterung. Der ehemalige Außenminister von Lettland erklärte, man müsse »salutieren und ›Jawohl, Sir‹ schreien … Wir müssen, was immer es kosten mag, Amerika zufriedenstellen.«[47]

Mithin hätten Zeitungen, die in der Demokratie einen Wert von Bedeutung sehen, in ihren Schlagzeilen und Berichten kundtun müssen, daß das alte Europa die große Mehrheit der Europäer in Ost und West umfaßte, während das neue Europa aus ein paar Staatslenkern bestand, die (durchaus nicht immer eindeutig) den Schulterschluß mit Washington vollzogen und dabei die Meinung der Bevölkerungsmehrheit ignorierten. Aber in den US-Medien wurde die Opposition gegen den Krieg als Marketingproblem für Washington dargestellt.

Liberale US-Kommentatoren wie Richard Holbrooke verwiesen auf den »sehr wichtigen Umstand, daß die gesamte Bevölkerung« der ursprünglichen acht neu-europäischen Staaten »zahlenmäßig größer ist als die Bevölkerung jener Länder, die den Brief nicht unterzeichneten«. Das ist zwar richtig, übersieht aber den nicht unwichtigen Umstand, daß auch in jenen acht Staaten die Bevölkerung mehrheitlich gegen den Krieg war.[48] Am konservativen Ende des Spektrums applaudierte das *Wall Street Journal* der Erklärung der Neu-Europäer, weil damit »die konventionelle Auffassung, daß Frankreich und Deutschland für ganz Europa sprechen, und daß ganz Europa jetzt anti-amerikanisch ist, sich als trügerisch erwiesen hat«. Diese vor allem von den »linken Medien« verbreitete Lüge »diente den politischen Zwecken derer, die in Europa und in Amerika gegen Präsident Bushs Vorgehen im Irak sind«. Dieser Schluß ist allerdings nur dann gültig, wenn wir die Europäer aus Europa ausschließen und die linksradikale Doktrin verwerfen, der zufolge die Bevölkerung in demokratischen Gesellschaften eine gewisse Rolle spielt.[49]

Kehren wir zu den Vertretern des liberalen Lagers zurück. Thomas Friedman schlug vor, Frankreich solle aus dem UN-Sicherheitsrat ausgeschlossen und durch Indien ersetzt werden, das sich »so viel ernsthafter verhält, als Frankreich es zur Zeit tut … Frankreich ist, wie man im Kindergarten sagt, kein guter Spielgefährte«, weshalb es auch nicht »den Schulterschluß gegen Saddam vollzieht«, sondern »mit seinem Bedürfnis beschäftigt ist, sich von Amerika abzugrenzen«. Anders gesagt: Die französische Regierung handelte in Übereinstimmung mit der Bevölkerung, die gegen Washingtons Kriegspläne war. Wenn aber Frankreich sich »im Kindergarten« befand, müßte die Bevölkerung des neuen Europa noch in der Krabbelgruppe sein. Andererseits ist Indien »ernsthaft«, weil es von einer proto-faschistischen Partei regiert wird, die die Ressourcen des Landes multinationalen Konzernen in den Rachen wirft und zugleich, aus innenpolitischen Gründen, einen ultranationalistischen Kurs predigt und vor kurzem in ein Massaker an Muslimen in Gujarat verstrickt war. Abgesehen davon hat Indien, wie Friedman andernorts begeistert berichtete, eine wundervolle Software-Industrie und andere Reichtümer, zugleich aber auch, was natürlich weniger interessant ist, viele Millionen Menschen, die unter schlimmsten Bedingungen ihr Leben fristen, während die Stellung der indischen Frauen oftmals kaum besser ist als die der afghanischen unter dem Taliban-Regime. Doch ist das ohne Belang, solange Indien »ernsthaft« bleibt, so wie auch das Leben unter den Taliban nicht weiter interessierte, solange sie als kooperativ galten.[50]

Zum Glück gab es auch in Europa noch wahre Politiker: Berlusconi, Aznar und andere churchilleske Figuren, die sich Washington anschlossen, zeigten »unvergleichlichen politischen Mut«, weil sie ihrer Auffassung von Recht und Unrecht treu blieben, statt dem »paranoiden, konspiratorischen Anti-Amerikanismus« der Mehrheit der Europäer zu verfallen, die, »von Habsucht getrieben«, den »Idealismus, der Amerika zum Handeln bewegt« nicht verstehen können. Zwar machten diese Führer keinen erkennbaren Versuch, die fehlgeleitete Bevölkerung, deren Ansichten sie ignorierten, aufzuklären, während sie sich mutig hinter der militärischen Supermacht in Reih und Glied aufstellten. Aber wahrscheinlich sind sie auch keine Duplikate von Churchill und Roosevelt in deren Kampf gegen Hitler, sondern eher von Präsident Bush, dessen »moralische Rechtschaffenheit« seiner »evangelischen Inbrunst« entstammt, wie seine PR-Agenten uns mitteilen.[51]

Es gibt noch viele andere Beispiele. Als Gerhard Schröder mit seiner Ablehnung des Kriegs im Herbst 2002 die Wahlen gewann, weil die überwiegende Mehrheit der Bevölkerung ebenfalls dagegen war, wurde er für seinen schockierenden Mangel an Führungskraft gerügt: »Die Regierung hat Angst vor den Wählern« – ein ernstes Problem, das in Deutschland bewältigt werden muß, wenn es es von der zivilisierten Welt akzeptiert werden will.[52]

Besonders eindrucksvoll ist das Beispiel Türkei. Wie andere Völker in der Region verachteten die Türken Saddam Hussein, fürchteten ihn jedoch nicht. Zudem waren sie mehrheitlich gegen den Krieg; im Januar 2003, als die USA nach Gefolgschaft fahndeten, standen an die 90 Prozent der türkischen Bevölkerung auf der Seite der Kriegsgegner. Die Regierung handelte in Übereinstimmung mit dem Willen dieser Mehrheit, woraufhin ihr der ehemalige US-Botschafter in der Türkei, Morton Abramowitz, die »demokratische Glaubwürdigkeit« absprach. Auch vor zehn Jahren, erklärte er, sei man in der Türkei überwiegend gegen einen Krieg mit dem Irak gewesen, mit einer »bemerkenswerten Ausnahme«: Der damalige Präsident Turgut Özal habe sich als wahrer Demokrat »gegen die Meinung seiner Landsleute, die die Türkei nicht in den Golfkrieg verwickelt sehen wollten, gestellt«, während die jetzige Führung traurigerweise dem Willen der Bevölkerung folgt und weit und breit »kein wahrer Demokrat« in Sicht ist.[53]

Der inoffizielle Führer der Regierungspartei, Recep Tayyip Erdogan, ging in seiner Demonstration mangelnder politischer Glaubwürdigkeit sogar noch weiter: Er kritisierte nicht nur Washingtons Kriegsdrang, sondern auch – ein gewagter Schritt auf verbotenes Territorium – »jene Länder, einschließlich der USA, die ihre eigenen Massenvernichtungswaffenarsenale ausbauen, während sie andere zwingen wollen, die ihren leerzuräumen«.[54]

Je mehr der Druck aus Washington zunahm, desto besser wurde die türkische Demokratie. Die Ablehnung in der Bevölkerung wuchs, während die Regierung schließlich den transatlantischen Drohungen nachzugeben bereit schien. Ein »westlicher Diplomat« – vermutlich aus der US-Botschaft – teilte der Presse mit, er fände die Entscheidung »ermutigend« und »sehr positiv«. Der Türkei-Korrespondent Amberin Zaman bemerkte dazu:

> »Ein Krieg gegen den Irak ist in der türkischen Bevölkerung nach wie vor höchst unpopulär. Aus diesem Grund war die Sitzung des Parlaments am Donnerstag nicht-öffentlich und die Abstimmung geheim. Am Freitag äußerten die Presseschlagzeilen scharfe Kritik an der regierenden Gerechtigkeitspartei. Auf der Titelseite der Tageszeitung *Radikal* hieß es, das Parlament sei vor dem Volk davongelaufen.«

Es schien also, als wolle oder müsse sich die politische Führung der regierenden Partei dem »neuen Europa« anschließen.[55]

Aber es blieb beim Schein. Am Ende erteilten die Türken dem Westen eine Lektion in Sachen Demokratie: Das Parlament versagte den USA die Möglichkeit, den Norden des Landes als Aufmarschgebiet für die Irak-Invasion zu nutzen. Die US-Version dieser Entscheidung las sich natürlich etwas anders:

> »Der Bodenkrieg bereitet Schwierigkeiten, weil die Türkei, erneut aus politischen Gründen, ihre Rolle als Gastgeber für die nördlichen Fronttruppen nicht akzeptierte. Angesichts der Antikriegsgefühle ist die Regierung in die Knie gegangen.«[56]

Diese Äußerungen lassen an Deutlichkeit nichts zu wünschen übrig: Starke Regierungen setzen sich über den Willen der Bevölkerung hinweg und »akzeptieren die Rolle«, die ihnen von der globalen Supermacht zugewiesen wird, während schwache Regierungen vor den Gefühlen von 95 Prozent der Bevölkerung in die Knie gehen.

Noch klarer benannte der stellvertretende US-Verteidigungsminister Paul Wolfowitz den entscheidenden Punkt. Er las nicht nur der türkischen Regierung die Leviten, sondern griff auch das Militär an, »das nicht die von uns erwartete starke Führungsrolle gespielt«, sondern angesichts der Haltung des Parlaments »Schwäche« gezeigt habe. Also müßten die Türken sich zusammenreißen und sagen: »Wir haben einen Fehler gemacht ... Laßt uns sehen, wie wir den Amerikanern so gut wie möglich helfen können.« Interessanterweise wird Wolfowitz als führender Vertreter des Kreuzzugs zur Demokratisierung im Nahen Osten ausgegeben.[57]

Die oftmals von hysterischen Kommentaren begleiteten Auslassungen über neue und alte Europäer sind informative Lehrstücke zum Demokratieverständnis politischer und intellektueller Eliten. Mißtrauen gegenüber der Demokratie gehört zur traditionellen Haltung derer, die an Macht und Privilegien beteiligt sind, doch trat es selten so deutlich zutage wie in der Vorbereitungsphase des Irakkriegs. Vielleicht deshalb hat sich die etablierte Kritik gar nicht erst auf die Demokratisierungsrhetorik der US-Regierung eingelassen.

Kenntnisreiche Kommentatoren haben auf den »beunruhigenden Dualismus« in Bushs Außenpolitik hingewiesen: Während der Präsident als »Neo-Reaganist ... wohlklingende Forderungen nach einer kraftvollen Kampagne für die Demokratie im Nahen Osten« von sich gibt, führen »politische Imperative« Washington in Versuchung, »seine demokratischen Skrupel beiseite zu lassen und engere Bindungen an Autokratien zu suchen« – was schon in der Vergangenheit mit bemerkenswerter Regelmäßigkeit der Fall war. Im Hinblick auf diesen »Dualismus« und die fortwährende Unterstützung brutaler und repressiver Regime gab Thomas Carothers seiner Hoffnung Ausdruck, daß Bush sich auf den »wahren Geist von Präsident Ronald Reagans Außenpolitik« und ihrem »Versuch, die Demokratie zu verbreiten«, besinnen möge.[58]

Diese Hoffnung ist gerade deshalb interessant, weil sie von Thomas Carothers gehegt wird. Von ihm stammen einige der sorgfältigsten Untersuchungen über den »wahren Geist« des Reaganschen Engagements für demokratische Verhältnisse, und er betrachtet die Dinge nicht nur vom Standpunkt des Gelehrten, sondern auch des Insiders, war er doch als Angehöriger des Außenministeriums unter Reagan an den Demokratieförderungsprojekten in Lateinamerika beteiligt. Er hält diese Programme für »ernstgemeint, jedoch fehlgeschlagen«. Dort, wo der Einfluß Washingtons am geringsten war, nämlich im Südkegel des lateinamerikanischen Kontinents, konnte sich die Demokratie entwickeln. Die Regierung Reagan versuchte, diesem Prozeß gegenzusteuern, akzeptierte ihn aber schließlich. Wo Washingtons Einfluß am größten war, gab es am wenigsten Demokratie. Den Grund sieht Carothers darin, daß sich das Demokratieverständnis der Reaganisten »auf reduzierte, von oben nach unten verlaufende Formen demokratischen Wandels beschränkte, wobei die traditionellen Machtstrukturen, denen sich die USA seit langem verbunden fühlten, unangetastet blieben«. Washington wollte »die grundlegende Ordnung … völlig undemokratischer Gesellschaften« aufrechterhalten und einen »von der Bevölkerung getragenen Wandel« vermeiden. Der liberalen Kritik dieses Ansatzes hält er ihre »ewige Schwäche« vor, keine Alternative aufzeigen zu können. Natürlich ist die

Option, die Bevölkerung ihre Angelegenheiten selbst regeln zu lassen, für ihn keine Alternative, und ebensowenig erörtert er Washingtons in jenen Jahren unternommene Versuche, das Streben nach inhaltlicheren Formen von Demokratie zu unterbinden, wo immer es sich zu zeigen wagte.[59]

Wer damals zum Ziel Reaganscher Demokratiebemühungen wurde, weiß, worum es sich dabei handelt: Je mehr sich die formelle Demokratie in Lateinamerika ausbreitete, desto enttäuschter reagierten die Leute. Ein Grund dafür liegt, so der argentinische Politologe Atilio Boron, in der Tatsache, daß die neue Demokratisierungswelle mit neoliberalen Wirtschaftsreformen einherging, die eher demokratieverhindernd wirken.[60] Das nach dem Zweiten Weltkrieg etablierte System von Bretton Woods beruhte auf der Kontrolle von Kapitalströmen und relativ festen Wechselkursen, was nicht nur wirtschaftliche Gewinne, sondern in vielen Ländern auch eine populäre sozial-demokratische Regierungspolitik ermöglichte. Die Freigabe von Wechselkursen und Kapitaltransfers, mit der die neoliberale Ära in den siebziger Jahren begann, reduziert politische Wahlmöglichkeiten, weil sie Entscheidungen in die Hände eines »virtuellen Senats« von Investoren und Kreditgebern legt.

Die Regierungen sehen die Verfassung ihres Staats gleich von zwei Seiten in die Zwickmühle genommen: Zum einen »stehen die Interessen der Wähler gegen die Aktivitäten von Währungsspekulanten und Managern von Hedgefonds«, zum anderen halten diese »über die Wirtschafts- und Finanzpolitik der Industrienationen wie auch der Entwicklungsländer ein ›tägliches Referendum‹ ab«. Wer dabei die besseren Karten hat, ist nicht schwer zu erraten.[61]

Schon vor siebzig Jahren wies John Maynard Keynes darauf hin, »daß die Kräfte globaler Finanzmärkte nichts Geringeres als demokratische Experimente der Selbstbestimmung in Gefahr bringen«. Der Generalsekretär der Organisation Amerikanischer Staaten (OAS), der die neoliberale Globalisierung mit Nachdruck befürwortet, eröffnete die Jahressitzung mit der warnenden Bemerkung, daß die freie Bewegung von Kapital, das »unerfreulichste Merkmal der Globalisierung« – in Wirklichkeit ihr entscheidender Charakterzug – zugleich das »größte Hindernis« für demokratische Regierungsformen sei.

Das alles läßt sich bereits bei Adam Smith nachlesen. In seinem Werk über den *Reichtum der Nationen* taucht der später so berühmt gewordene Begriff der »unsichtbaren Hand« nur ein einziges Mal auf, nämlich in einer Erörterung der schädlichen Folgen ausländischer Investitionen und Kapitalbewegungen, die England nicht zu fürchten brauche, weil eine »unsichtbare Hand« die Investoren dazu veranlassen werde, ihr Kapital im eigenen Land zu halten.[62]

Das Gleiche gilt für andere Teile des neoliberalen Programms wie z. B. die Privatisierung, die ebenfalls den Bereich potentiell demokratischer Wahlmöglichkeiten einschränkt. Das betrifft ganz besonders die Liberalisierung der »öffentlichen Dienstleistungen«, die zu erheblichen Protesten geführt hat. Abgesehen davon wurden diese Privatisierungsprogramme nahezu ohne empirische oder theoretische Grundierungen in die Praxis umgesetzt.[63]

Auch in den USA hat sich, spätestens seit der Ära Reagan, Unzufriedenheit mit der formalen Demokratie breitgemacht. Es gab viel Aufregung um die »gestohlene Wahl« vom November 2000, verbunden mit der überraschten Feststellung, daß die Öffentlichkeit davon nicht sonderlich beeindruckt schien. Aus Untersuchungen zur öffentlichen Meinung erhellt, warum das so ist: Im Vorfeld der Wahlen betrachteten drei Viertel der Bevölkerung die Präsidentschaftskampagne als von Großspendern, Parteiführern und der PR-Industrie veranstaltetes Spiel, bei dem die Kandidaten »fast allen fast alles versprachen, um gewählt zu werden«. Bei nahezu allen Themen wußten die Bürger nicht, welche Einstellung die Kandidaten dazu hatten – was beabsichtigt war. Themen, bei denen die Öffentlichkeit eine andere Meinung hat als die Eliten, sind im allgemeinen auf der Tagesordnung gar nicht erst zu finden, und bei den Kandidaten ging es um »persönliche Qualitäten«, nicht um politische Inhalte. Wer tatsächlich wählt, gehört eher der wohlhabenden Schicht an und wird mit dem Stimmzettel seine Interessen wahrnehmen, d. h. sich für die reaktionärere der beiden konservativen Parteien entscheiden. Aber in der allgemeinen Öffentlichkeit sind noch andere Gesichtspunkte ausschlaggebend, was diesmal zum Gleichstand zwischen Demokraten und Republikanern führte. In der arbeitenden Bevölkerung ging es vor allem um nicht-ökonomische Fragen wie Waffenbesitz und »Religiosität«, so daß diese Wähler des öfteren gegen ihre eigentlichen Interessen stimmten, vermutlich mit der Auffassung, daß sie ohnehin keine Alternativen hätten. Nie zuvor war das Gefühl von »Machtlosigkeit« so stark verbreitet wie 2000 – bei über 50 Prozent der Bevölkerung.[64]

Was von der Demokratie übrigbleibt, ist wenig mehr als das Recht, zwischen Waren wählen zu können. Wirtschaftsführer erklären schon seit langem, daß man der Bevölkerung eine »Philosophie der Vergeblichkeit« und des »mangelnden Lebenssinns« vermitteln müsse, »um die Aufmerksamkeit der Menschen auf die eher überflüssigen, jeweils gängigen Mode- und Konsumartikel zu lenken«.[65] Werden die Leute von Kindheit an solcher Propaganda ausgesetzt, akzeptieren sie vielleicht irgendwann ihr bedeutungsloses und untergeordnetes Leben und vergessen die lächerliche Vorstellung, ihre Angelegenheiten selbst zu regeln. Sie überlassen dann ihr Schicksal den Konzernmanagern und der PR-Industrie und im politischen Bereich den selbsternannten »intelligenten Minderheiten«, den Dienern und Verwaltern der Macht.

Aus dieser Perspektive erscheinen die Wahlen vom November 2000 den Eliten nicht als Schlappe, sondern als Triumph für die US-amerikanische Demokratie, deren Ausbreitung in der gesamten Hemisphäre begrüßt werden muß, auch wenn die Bevölkerungen anderer Länder eine andere Meinung dazu haben.

Befreiung von der Tyrannei: Konstruktive Lösungen

Auch wenn die »wilden Flügelstürmer« nicht glauben, daß Washington auf einmal um Demokratie und Menschenrechte im Irak bemüht ist, sollten sie von ihrem eigenen Engagement für diese Ziele nicht ablassen und, soweit möglich, ihren Einfluß in dieser Richtung geltend machen.

Im Hinblick auf den Irak gab es immer gute Gründe, jenen Experten Gehör zu schenken, die eine »konstruktive Lösung« für den Regimewechsel darin sahen, »die Wirtschaftssanktionen aufzuheben, die die Gesellschaft verarmen ließen, die Mittelschichten dezimierten und jede Möglichkeit zur Herausbildung einer alternativen politischen Führung eliminierten«, statt dessen aber »das gegenwärtige Regime stärkten«, meint Hans von Sponeck. »Ich glaube, wenn die Iraker ihre Wirtschaft und Lebensweise wieder nach ihren Vorstellungen gestalten könnten, würden *sie* sich um eine ihnen und ihrem Land zuträgliche Regierungsform kümmern«, fügt Denis Halliday hinzu.[66]

Waren das nur Illusionen? Ein Blick in die Geschichte belehrt uns eines besseren. Viele Diktatoren, die von den gegenwärtigen US-Machtinhabern bis zum Ende ihrer blutigen Herrschaft gestützt wurden, mußten dem Druck der eigenen Bevölkerung weichen. Der Sturz Ceausescus ist, wie bereits erörtert, dafür ein besonders lehrreiches Beispiel.

Als sich im Lauf des Jahrs 2000 die Einstellung der US-Regierung zum Irak veränderte, erklärten diejenigen, die Saddam Husseins brutales Regime zwanzig Jahre lang gefördert hatten, es sei nun rechtens und an der Zeit, die Demokratie mit Gewalt herbeizuführen. Angesichts ihrer Vorliebe für Diktaturen aller Art und ihrer im Vorfeld des Irakkriegs mit wünschenswerter Deutlichkeit demonstrierten Verachtung für demokratische Umgangsformen waren solche Absichtserklärungen eigentlich nicht besonders glaubwürdig, auch wenn in den USA keine weiteren kritischen Fragen gestellt wurden. Davon abgesehen jedoch kann die Anwendung von Gewalt nur dann ernsthaft erwogen werden, wenn konstruktive Lösungen sich als nicht gangbar erwiesen haben. Im Falle des Irak wurden sie allerdings nicht einmal in Erwägung gezogen. In Abwandlung der Äußerung von Lisa Marlowe ließe sich sagen: Wenn das Modell für eine hegemoniale Supermacht so aussieht, dann sei der Himmel uns gnädig.

Spätestens seit der Regierungszeit von Reagan und Bush sen. hatte Washington Saddam Hussein auf diese oder jene Weise unterstützt. Als er mit der Invasion von Kuweit 1990 die erlaubten Grenzen überschritt, änderten sich die Politik und die Vorwände, unter denen sie betrieben wurde, aber ein Element blieb konstant: Wer immer den Irak kontrolliert, die eigene Bevölkerung darf es nicht sein. Dem Tyrannen wurde, um es noch einmal zu sagen, erlaubt, die Aufstände des Jahres 1991 zu unterdrücken, weil Washington, wie wir hörten, eine Militärjunta brauchte, die das Land mit »eiserner Faust« regieren würde und für den Fall mangelnder Alternativen Saddam diese Aufgabe auch weiterhin übernehmen müßte. Die Rebellen scheiterten, weil »ihr Sieg außerhalb des Irak« – d. h. von Washington und seinen Verbündeten vor Ort – »nicht erwünscht war«, denn Saddam konnte »ungeachtet aller seiner Sünden dem Westen und der Region größere Hoffnung auf die Stabilität seines Landes machen als jene, die unter seiner Repression zu leiden hatten«. Es ist schon beeindruckend, daß die schockierten Kommentare und Berichte über die Entdeckung der Massengräber, in denen die Opfer von Saddams mit Billigung der USA durchgeführten Terrorpolitik beerdigt worden waren, all dies unisono verschwiegen und das Ausmaß der Verbrechen bestaunten, die doch schon 1991 bekannt waren, aber im Interesse der »Stabilität« ignoriert wurden.[67]

Wären die Revolten von 1991 erfolgreich gewesen, hätten wahrscheinlich Iraker die Macht übernommen, deren politisches Ziel die Unabhängigkeit von Washington gewesen wäre. Die nach dem ersten Golfkrieg verhängten Wirtschaftssanktionen schoben dem einen Riegel vor, und die USA versuchten lediglich, von ihr kontrollierte Gruppen zu einem Putsch zu bewegen, um einen allgemeinen Aufstand zu vermeiden. Auf dem Azorengipfel vom März 2003 erklärte Bush dann, daß die Vereinigten Staaten auch dann in den Irak einmarschieren würden, wenn Saddam und seine Anhänger das Land verließen.

Wer den Irak nach der Vertreibung des Dikators regieren soll, bleibt umstritten. Führende Vertreter der von den USA gestützten Opposition forderten, die Vereinten Nationen sollten eine erstrangige Rolle im Nachkriegsirak spielen und sprachen sich dagegen aus, daß nur die Vereinigten Staaten für den Wiederaufbau und die neue Regierung verantwortlich sein dürften. Zudem gab es Anzeichen dafür, daß die schiitische Mehrheit eine islamische Republik favorisieren würde, was kaum im Interesse Washingtons, das ganz andere Pläne für die Region hatte, liegen konnte.

Es ist kaum zu bezweifeln, daß die US-Politik auch im Irak versuchen wird, den gewohnten Mustern zu folgen: Formale Demokratie ist schön und gut, aber nur, wenn ihre Vertreter so gehorchen wie die Staaten des »neuen Europa« oder die von Carothers beschriebenen Demokratien Lateinamerikas mit ihren traditionellen Machtstrukturen. Der Sicherheitsberater von Bush sen., Brent Scowcroft, vertrat den gemäßigten Flügel, als er meinte, daß wir, falls Radikale die Wahlen im Irak gewinnen sollten, »sie sicher nicht an die Macht kommen lassen«.[68] Das gilt ganz bestimmt für die Schiiten, wenn sie eine Mehrheit erhalten und Verbindungen zum Iran aufnehmen sollten, im Zweifelsfall aber auch für gemäßigte Demokraten, die sich dann als »Radikale« erweisen.

Die Grundlinien der amerikanischen Denkweise verdeutlicht das Organisationsschema der »Zivilverwaltung im Nachkriegsirak«. Es wird anhand von sechzehn Schachteln dargestellt, deren jede den (fettgedruckten) Namen der jeweiligen Person und eine Beschreibung ihrer Verantwortlichkeit enthält. Ganz oben befindet sich der Sonderbeauftragte des Präsidenten, Paul Bremer (der dem Pentagon verantwortlich ist), darunter folgen die anderen. Sieben von ihnen sind Generäle, der Rest zumeist Regierungsvertreter. Ganz unten ist dann noch eine siebzehnte Schachtel, kleiner als die anderen, ohne Namen und Funktionen. Sie trägt die Aufschrift: »Irakische Ministeriumsberater«.[69]

Mit einiger Verwunderung ist zur Kenntnis genommen worden, daß die USA, sonst eifrig darauf bedacht, Nachkriegskosten und -verantwortlichkeiten anderen aufzubürden, im Irak darauf bestehen, die Sache selbst im Griff zu behalten. Aber das ist eigentlich ganz logisch. »Der Irak ist nicht Ost-Timor, das Kosovo oder Afghanistan«, betonte Condoleezza Rice mit Recht.[70] Sie gab keinen Grund für die Unterscheidung an, vielleicht, weil er auf der Hand liegt: Der Irak ist ein Hauptgewinn, die andere Länder sind Nieten. Darum muß Washington die Oberhand behalten.

Wer die irakische Tragödie der letzten Jahrzehnte aufmerksam verfolgte, mußte drei Ziele für vorrangig halten: den Sturz des Diktators, die Aufhebung der Sanktionen und die Bewahrung der Weltordnung. Daß die beiden ersten Ziele erreicht wurden, können vor allem diejenigen ohne Heuchelei begrüßen, die die Unterstützung Saddams durch die USA ebenso kritisierten wie die Wirtschaftssanktionen nach dem ersten Golfkrieg. Allerdings hätte sich das zweite und vermutlich sogar das erste Ziel auch dann erreichen lassen, wenn man das dritte beibehalten hätte. Die Regierung jedoch verkündete offiziell, das System der Weltordnung zerschlagen und die Welt durch Gewalt kontrollieren zu wollen. Diese erklärte Absicht hat in zahlreichen anderen Ländern Furcht, oftmals gar Haß ausgelöst, und Verzweiflung bei all denen, die nicht »in Schande leben« wollen und besorgt an die Folgen denken, wenn sie sich dazu entscheiden, es doch zu tun. Und diese Entscheidung liegt in den Händen der amerikanischen Bevölkerung.[71]

VI. Weltmachtprobleme

Die amerikanische Begeisterung über die aus dem ehemaligen Sowjetimperium hervorgegangenen neu-europäischen Staaten beruht nicht nur darauf, daß deren politische Führung bereit ist, »zu salutieren und ›Jawohl, Sir‹ zu rufen«. Tieferliegende Gründe wurden genannt, als die Europäische Union erwog, diese Staaten als Mitglieder aufzunehmen, was von den USA nachdrücklich befürwortet wurde. Die Länder im Osten seien »Europas wirkliche Modernisierer«, erklärte der politische Kommentator David Ignatius. »Sie können den Bürokratismus und die Kultur des Wohlfahrtsstaats, die weite Teile Europas immer noch lähmt, beiseiteräumen« und »freie Märkte ungehindert funktionieren lassen« – wie in den USA, wo die Wirtschaft vom Staatssektor abhängig ist und die heutigen Machtinhaber während ihrer ersten Amtszeit in puncto Protektionismus alle Nachkriegsrekorde brachen.[1]

Weil »die freiheitsliebenden Menschen im Osten nur einen Bruchteil dessen verdienen, was die Arbeiter im Westen an Lohn bekommen«, fährt Ignatius fort, können sie ganz Europa »mit der Realität des modernen Kapitalismus« vertraut machen – nämlich mit dem offenbar per definitionem idealen amerikanischen Modell, dessen Wachstums- und Arbeitslosigkeitsraten jedoch den europäischen Werten entsprechen, während es, was Ungleichheit, Armut, Arbeitsbelastung und soziale Dienstleistungen angeht, weitaus schlechter dasteht als die Industrienationen Europas. Selbst nach dem Miniboom der späten neunziger Jahre lag der durchschnittliche Lohn eines männlichen Arbeiters noch unter dem Niveau von 1979, während die Produktivität um 45 Prozent gestiegen war: ein Zeichen für die kapitalfreundliche Politik der Regierung, die unter Bush jr. noch verstärkt wird.

Daß Osteuropa Möglichkeiten bieten könnte, den Lebensstandard für die Bevölkerungsmehrheit im Westen zu senken, wurde schon bald nach dem Fall der Berliner Mauer erkannt. Die Wirtschaftspresse äußerte sich hocherfreut über die »grünen Triebe in den Ruinen des Kommunismus«, wo »wachsende Arbeitslosigkeit und die Verarmung großer Teile der Industriearbeiterschaft« dazu führten, daß die Leute bereit waren, »länger zu arbeiten als ihre verwöhnten Kollegen im Westen« und sich mit 40 Prozent der dort üblichen Löhne und sehr viel geringeren Vergünstigungen zufriedenzugeben. Zudem hält ein repressiver Staat die Arbeitskräfte im Zaum, während er ausländische Investoren mit Subventionen lockt. Diese Reformen könnten auch im westlichen Europa »gegen hohe Löhne und Konzernsteuern, kurze Wochenarbeitszeiten, einen unbeweglichen Arbeitsmarkt und luxuriöse Sozialprogramme eingesetzt werden«. Europa könnte dann dem amerikanischen Muster folgen, als während der Amtszeit von Reagan die Reallöhne weit unter das Niveau dessen sanken, was in den anderen entwickelten Industriegesellschaften üblich war (mit Ausnahme Großbritanniens). Dieser Vorgang wurde »als willkommene Entwicklung von überragender Bedeutung« gefeiert. Wenn die »Ruinen des Kommunismus« in Europa die Rolle übernehmen, die Mexiko für die USA spielt, dürfte der europäische Westen schon bald von den Vorzügen des amerikanischen und britischen Modells profitieren.[2]

In Osteuropa hat der Rollback bereits stattgefunden. Nachdem diese Länder jenseits der 500 Jahre alten Verwerfungslinie (im großen und ganzen auch die des Kalten Kriegs) sich zunächst vom Status, die »Dritte Welt« für den Westen zu sein, befreit hatten und die Bevölkerung dort ein gutes Gesundheits- und Bildungssystem genoß, könnten nun die alten Verhältnisse zumindest teilweise wiederkehren, indem der Osten ein riesiges Reservoir billiger Arbeitskräfte für die westlichen Staaten darstellt. Schon ist die Ukraine dabei, in dieser Hinsicht Südeuropa zu ersetzen, was die ohnehin zusammenbrechende ukrainische Wirtschaft ihrer produktivsten Arbeiter beraubt, deren beträchtliche Geldüberweisungen in die Heimat immerhin noch dazu beitragen, die Gesellschaft einigermaßen im Gang zu halten. In der Ukraine selbst sind die Lebens- und Arbeitsbedingungen so schrecklich, daß es zu hohen Sterblichkeitsraten kommt. Schätzungen zufolge werden an die 100 000 Ukrainerinnen in sexueller Sklaverei gehalten. Keine besonders neue Geschichte.[3]

Mit der »Wirklichkeit des modernen Kapitalismus« sind viele Länder Osteuropas in Gestalt einer »Lateinamerikanisierung« ihrer Wirtschaft vertraut gemacht worden. Ablesbar ist das an den demographischen Folgen, die im Detail zwar nicht überschaubar sind, aber doch bestimmte Hinweise geben. Das UN-Entwicklungsprogramm schätzt, daß während der neunziger Jahre die Sterblichkeitsrate bei den Männern um zehn Millionen höher lag als die Geburtsrate. Das entspricht, wenn diese Zahlen auch nur annähernd korrekt sein sollten, in etwa dem Umfang der von Stalins Säuberungen geforderten Opfer. »Rußland scheint das erste Land zu sein, in dem sich ein derart starkes Anwachsen der Sterblichkeits- gegenüber der Geburtsrate bemerkbar macht, das nicht auf Krieg, Hungersnot oder Krankheiten zurückzuführen ist«, schreibt David Powell. Zum Teil wird diese demographische Krise dem durch Marktreformen bedingten Zerfall des russischen Gesundheitssystems zugeschrieben. Der allgemeine Niedergang war so schwerwiegend, daß selbst Stalin mittlerweile wieder einiges Ansehen genießt; einer Umfrage zufolge bewerteten Anfang 2003 über die Hälfte der Russen »Stalins Rolle in der russischen Geschichte positiv, während nur ein Drittel anderer Meinung war«.[4] Die US-amerikanischen Pläne für den Irak könnten, soweit sich das bislang beurteilen läßt, ähnliche Folgen wie in Rußland zeitigen.

Washingtons Haltung gegenüber der europäischen Einigung ist immer vielschichtig gewesen. Wie ihre Vorgängerinnen, setzte auch die Regierung Kennedy auf die Einheit Europas, befürchtete aber zugleich, daß die Europäer ihren eigenen Weg gehen könnten. Damals war der Diplomat David Bruce einer der stärksten Befürworter des europäischen Einigungsprozesses, sah aber – durchaus typisch – »Gefahr im Verzug«, falls Europa »eine von den Vereinigten Staaten unabhängige Rolle spielen will«.[5]

Die Leitlinien der US-Politik verdeutlichte Henry Kissinger in seiner Rede zum »Europäischen Jahr« von 1973. Das Weltsystem, so erklärte er, sollte auf der Erkenntnis beruhen, daß »die Vereinigten Staaten globale Interessen und Verantwortlichkeiten haben«, ihre Verbündeten dagegen nur »regionale Interessen«. Die USA müßten sich »mehr mit dem Gesamtordnungsrahmen befassen« und könnten sich nicht um »jede einzelne regionale Unternehmung« kümmern.[6] Ein unabhängiger Kurs mit Deutschland und Frankreich als den industriellen und finanziellen Kernländern kommt jedoch nicht in Frage, und jetzt, nachdem die Regierungen der beiden Staaten sich geweigert haben, den Irakkrieg mitzumachen, noch weniger.

Die Zeiten haben sich geändert, aber die Leitlinien bleiben in Kraft. Da können die osteuropäischen Staaten nicht nur zur Schwächung der sozialen Marktwirtschaften in Westeuropa dienen, sondern auch, als Trojanisches Pferd der US-Interessen, das Streben nach einer unabhängigen Rolle in der Weltpolitik beeinträchtigen.

1973 hatten die USA ihre unmittelbar nach dem Zweiten Weltkrieg erlangte globale Vorherrschaft verloren. Ein Maßstab dafür ist der Anteil am Weltreichtum, der von etwa 50 Prozent auf die Hälfte schrumpfte, als sich die Weltwirtschaft auf eine »tripolare« Ordnung zubewegte, deren drei Zentren von Nordamerika, Europa und dem von Japan dominierten Asien gebildet wurden. Seitdem haben sich wiederum neue Konstellationen ergeben, die insbesondere auf den Aufstieg der ostasiatischen »Tigerstaaten« und den Eintritt Chinas ins globale System zurückzuführen sind. In diesem Zusammenhang beobachtet man in Washington auch die mögliche Entwicklung Asiens zur Unabhängigkeit mit einiger Besorgnis.

Schon lange vor dem Zweiten Weltkrieg waren die Vereinigten Staaten die weltweit größte Wirtschaftsmacht, spielten aber in der Globalpolitik noch keine führende Rolle. Das änderte sich nach 1945: Rivalisierende Mächte waren zugrundegerichtet oder nachhaltig geschwächt worden, während die USA mit kriegsbedingter Kommandowirtschaft ihre Industrieproduktion fast vervierfachen konnten. 1945 war nicht nur die wirtschaftliche, sondern auch die militärische Vormachtstellung gesichert: Die westliche Hemisphäre, die sie umgebenden Ozeane und fast alle daran angrenzenden Territorien standen unter US-amerikanischer Kontrolle. Die Strategen in Washington schufen anhand von bereits fertig vorliegenden Plänen einen politischen Ordnungsrahmen, der den »Erfordernissen der Vereinigten Staaten in einer Welt, in der sie eine unhinterfragbare Machtstellung einzunehmen gedachten«, entsprechen sollte. Damit einher ging die Beschränkung der Souveränität von Staaten, die zur Herausforderung für diese Machtstellung werden könnten.[7]

Die neue globale Ordnung sollte soweit wie möglich den Bedürfnissen der amerikanischen Wirtschaft angepaßt und der politischen Kontrolle durch die USA untergeordnet sein. Koloniale und imperiale Systeme wie insonderheit das britische wurden zerschlagen, während Washington in Lateinamerika und dem Pazifikraum seine eigenen Domänen ausweitete, weil, wie Abe Fortas erklärte, »das, was für uns gut ist, auch für die Welt gut ist«. Dieser Altruismus wurde im britischen Außenministerium mit großer Zurückhaltung aufgenommen. Man erkannte, daß Washington, geleitet vom »Wirtschaftsimperialismus amerikanischer Geschäftsinteressen, uns auszubooten versucht«, konnte aber wenig dagegen tun. Der Staatssekretär im britischen Außenministerium meinte gegenüber seinen Kabinettskollegen, die Amerikaner glaubten, »daß die Vereinigten Staaten für etwas in der Welt stehen – etwas, das die Welt braucht, etwas, das der Welt gefällt, etwas, das die Welt schließlich annehmen wird, ob es ihr nun gefällt oder nicht«.[8] Das ist die realistische Version des Wilsonschen Idealismus, die mit den geschichtlichen Tatsachen in Einklang steht.

Die Planungen der USA nach dem Zweiten Weltkrieg waren gründlich und durchdacht. Höchste Priorität besaß der industrielle Wiederaufbau in jenen vom Krieg verheerten Ländern, von denen zu erwarten war, daß sie den Erfordernissen der wirtschaftlichen und politischen Interessen Washingtons nachkommen würden: Sie mußten die Produktionsüberschüsse auffangen, die »Dollarlücke« schließen und Investitionsmöglichkeiten bieten. Die Ergebnisse waren zufriedenstellend: Reagans Handelsministerium stellte rückblickend fest, daß der Marshall-Plan »umfänglichen privaten US-Direktinvestitionen in Europa den Boden bereitet« und das Fundament für multinationale Konzerne gelegt habe. 1975 beschrieb *Business Week* diese Konzerne als »wirtschaftlichen Ausdruck« des von der Nachkriegspolitik geschaffenen Rahmens, innerhalb dessen »die Geschäfte amerikanischer Firmen durch Auslandsaufträge florierten und expandierten ... was ursprünglich durch die Dollars des Marshall-Plans ermöglicht wurde«. Schutz vor »negativen Entwicklungen« bot »der Schirm der amerikanischen Macht«.[9]

Auch andere Weltgebiete erhielten ihre »Funktion« von den Strategen des US-Außenministeriums zugewiesen. Südostasien durfte den ehemaligen Imperialmächten, vor allem Großbritannien und Japan, Ressourcen und Rohstoffe liefern, wobei der ehemalige Kriegsfeind sogar »nach Süden hin eine Art Imperium« erhalten sollte, wie George Kennan, damals Leiter des Planungsstabs im Außenministerium, es vorsah.[10] Andere Gebiete waren für die USA nicht interessant, wie etwa Afrika, das man, so Kennan, den Europäern zur »Ausbeutung« für ihren

Wiederaufbau überlassen sollte. Im Licht der Geschichte scheint eine andere Nachkriegsbeziehung zwischen Europa und Afrika möglich gewesen, aber nicht in Betracht gezogen worden zu sein.

Der Nahe Osten dagegen sollte von den Vereinigten Staaten übernommen werden. 1945 beschrieb das Außenministerium die saudi-arabischen Ölvorräte als »gewaltige Quelle strategischer Macht und einen der größten Hauptgewinne in der Weltgeschichte«, wie überhaupt die Golfregion als »reichstes wirtschaftliches Betätigungsfeld für ausländische Investoren« und »strategisch wichtigste Region der Welt« (so Eisenhower später) galt. Auch britische Strategen sahen 1947 in den Bodenschätzen der Region einen »erheblichen Anreiz für jede Macht, die an weltweiter Einflußnahme oder Vorherrschaft interessiert ist«.[11] Frankreich wurde durch legalistische Manöver aus der Region verdrängt, während Großbritannien mit der Zeit zum Juniorpartner der USA herabsank.

Weitsichtig wie er war, erkannte Kennan, daß die USA durch die Kontrolle über Japans Energieversorgung, die damals vorwiegend aus nahöstlichen Quellen kam, eine Art »Vetomacht« über die japanische Militär- und Industriepolitik bekommen würde, auch wenn die Zukunftsaussichten des Landes zu jener Zeit eher trübe waren. Das Thema hat seitdem immer wieder – auch im Hinblick auf Europa – zu Konflikten geführt, weil hier wie dort eine unabhängige Energieversorgung angestrebt wurde.

Unterdessen veränderte sich Asiens wirtschaftliches Gesicht. Eine renommierte Projektgruppe sprach 2003 von Nordostasien als »dem Epizentrum internationalen Handels und technologischer Innovation ... Es ist seit zwei Jahrzehnten die am schnellsten wachsende Wirtschaftsregion der Welt«, die mittlerweile »fast 30 Prozent des globalen Bruttosozialprodukts erzeugt und damit weit vor den Vereinigten Staaten liegt«. Außerdem hält diese Region etwa die Hälfte der globalen ausländischen Währungsreserven und »nahezu die Hälfte der weltweit einfließenden ausländischen Direktinvestitionen«, wird aber zunehmend auch zur Quelle ausfließender Direktinvestitionen, die nach Ostasien, Europa und Nordamerika gehen.[12]

Hinzu kommt, daß diese Region ökonomisch gut integriert ist. Der östliche Teil Rußlands verfügt über reiche Rohstoffvorräte, für die die Industriezentren Nordostasiens der natürliche Markt sind. Verstärkt würde die Integration noch durch die Wiedervereinigung von Nord- und Südkorea, was eine ideale Trasse für Gasleitungen und die Weiterführung der Transsibirischen Eisenbahn bilden könnte.

Nordkorea ist das gefährlichste Mitglied der »Achse des Bösen«, steht jedoch auf der Liste der Angriffsziele ganz unten, weil es, wie der Iran, das wichtigste Kriterium – Wehrlosigkeit – nicht erfüllt. Vermutlich arbeitet das Pentagon bereits daran, die nordkoreanischen Abschreckungswaffen auszuhebeln. Pjöngjang hatte schwere Artillerie aufgefahren und auf Seoul und US-Streitkräfte gerichtet, deren Präsenz Besorgnisse auslöste. Für sich genommen erfüllt Nordkorea auch nicht das zweite Kriterium eines Angriffsziels, denn es gehört zu den ärmsten Ländern der Welt. Aber als Teil der nordostasiatischen Region gewinnt es aus den bereits angegebenen Gründen an Bedeutung. Ob die USA hier zuschlagen, ist eher eine militärtechnische Frage.

Die Projektgruppe empfiehlt Washington, die augenblickliche Krise mit diplomatischen Mitteln zu lösen. Man sollte den unter Clinton zögernd begonnenen Prozeß fortsetzen, der darauf zielte, »die wirtschaftlichen und politischen Beziehungen mit Nordkorea zu normalisieren, die Sicherheit eines nicht-nuklearen Nordkorea zu garantieren, die Versöhnung zwischen Nord- und Südkorea zu fördern und Nordkorea zu veranlassen, wirtschaftliche Beziehungen zu den Nachbarländern aufzunehmen«. Diese Maßnahmen könnten die bereits in Gang gebrachten Wirtschaftsreformen in Nordkorea beschleunigen und mit der Zeit »zu einer Diffusion wirtschaftlicher Macht führen, die das totalitäre politische Kontrollsystem lockert und Menschenrechtsverletzungen verringert«. Eine solche Politik würde im Einklang mit regionalen Lösungsvorschlägen stehen, die offenbar auch die Zustimmung der nordkoreanischen Regierung fänden. Die Alternative – eine Konfrontation nach Art der imperialen Strategie à la Bush, Rumsfeld et al. – wäre, so die Projektgruppe, »der Weg in den Abgrund«.

Allerdings bringt der Vorschlag, auf Diplomatie zu setzen, einige Probleme mit sich. Nordostasien ist, wie gesagt, eine sich rapide entwickelnde und gut integrierte Region, die irgendwann einen eigenständigen Weg einschlagen könnte, womit das von Kissinger im Hinblick auf Kontinentaleuropa beschriebene Problem aufträte. 1998 warnte das National Bureau of Asian Research: »Öl- und Gasleitungen, die Nordostasien zu einer größeren regionalen Integration verhelfen, könnten die USA dort an den Rand drängen«, einen Prozeß der Entwicklung hin »zu regionalen Blöcken« beschleunigen[13] und, wie Selig Harrison hinzufügt, die »regionale Stabilität verbessern und eine billige Alternative zu Ölimporten aus dem Nahen Osten darstellen«. Die USA sind sich der Tatsache bewußt, daß die Länder jener Region »einer aus ihrer Sicht zunehmend unbequemer werdenden Abhängigkeit von den Vereinigten Staaten entkommen wollen«, anders gesagt, die amerikanische »Vetomacht« – Kontrolle der Öllieferungen aus dem Nahen Osten und der Seewege für den Tankerverkehr – relativieren möchten.

Washingtons Haltung zu Nordkorea unterscheidet sich nicht wesentlich von seiner Einstellung gegenüber dem Iran und dem Irak vor der Invasion. In allen drei Fällen hatten Nachbarländer Versuche unternommen, die Feindseligkeit zu überwinden, Integration anzustreben und reformistische Tendenzen zu unterstützen oder zumindest eine Grundlage dafür zu schaffen. Unter Clinton näherten sich die USA Nordkorea, wenngleich zögernd, auf diese Weise an und konnten damit zumindest Teilerfolge erzielen, während sie sonst nur die Konfrontation suchten. Natürlich unterscheiden sich die drei Fälle voneinander, aber es gibt Parallelen im Zusammenhang mit der imperialen Strategie.

In der frühen Nachkriegszeit wollten die USA aus Ost- und Südostasien einen um Japan zentrierten geopolitischen Großraum machen, dessen »Rahmenordnung« von ihnen kontrolliert wurde. Die Fundamente dafür wurden 1951 im Friedensvertrag von San Francisco gelegt, der formell das Ende des Kriegs in Asien besiegelte.[14] Begonnen hatte er als japanischer Angriffskrieg gegen asiatische Länder während der dreißiger Jahre und sich nach Pearl Harbor zum Krieg der Alliierten gegen Japan ausgeweitet. Außer den drei französischen Kolonien in Indochina unterstützten nur zwei asiatische Länder den Friedensvertrag, nämlich Pakistan und Ceylon [Sri Lanka], die beide erst kürzlich entkolonialisiert worden waren und von den Brennpunkten des Kriegs weit entfernt lagen. Indien nahm nicht an der Konferenz in San Francisco teil, u. a. auch deshalb, weil die USA darauf bestanden, Okinawa als Militärstützpunkt zu behalten. Das ist die Insel, trotz aller Proteste seitens der Bevölkerung von Okinawa, auch heute noch.

Truman war von Indiens Ungehorsam alles andere als begeistert und nahm an, daß die indische Regierung »Onkel Joe [Stalin] und Mausi Dung von China konsultiert hat«. Die Differenz zwischen Spitznamen und Verballhornung mag rassistische Gründe haben oder vielleicht darin begründet liegen, daß Truman den sowjetischen Diktator wirklich schätzte, weil er ihn an jenen Boß aus Missouri erinnerte, dem er seine politische Karriere verdankte. In den späten vierziger Jahren hielt Truman Stalin für einen »anständigen Kerl«, der leider ein »Gefangener des Politbüros« war und »nicht so konnte, wie er wollte«. Mausi Dung dagegen war ein gelber Teufel.

Die eigentlichen Opfer des japanischen Faschismus – China und die japanischen Kolonien Korea und Formosa (Taiwan) – nahmen ebenso wie die Philippinen nicht an der Konferenz teil, was allerdings keinen weiter bekümmerte. Sie alle erhielten von Japan keinerlei Reparationen; die Philippinen wurden sogar von Außenminister Dulles wegen ihrer »emotionalen Vorurteile« gerügt.

Einige asiatische Opfer der japanischen Aggressionspolitik – Zwangsarbeiter und Kriegsgefangene – verklagten die Rechtsnachfolger der für die Verbrechen verantwortlichen Konzerne in den Vereinigten Staaten, weil dort Tochtergesellschaften existierten. Ihre Klagen wurden 2001 von einem kalifornischen Richter mit der Begründung abgewiesen, daß ihre Ansprüche aufgrund der vom Friedensvertrag vorgesehenen Regelungen nichtig seien. Unter Berufung auf ein vom Außenministerium in Auftrag gegebenes Rechtsgutachten, das die Position der japanischen Konzerne stützte, verfügte das Gericht, daß der Friedensvertrag »dazu gedient hat, die Sicherheitsinteressen der USA in Asien zu wahren und Frieden und Stabilität in der Region aufrechtzuerhalten«. Der Asien-Historiker John Price kritisierte das Urteil als einen »Abgrund von Verleugnung« und wies darauf hin, daß die Kriege in dem angeblich friedlichen und stabilen Asien wenigstens zehn Millionen Menschenleben gekostet haben.

Im Mai 2003 ließ das von John Ashcroft geleitete US-Justizministerium ein Rechtsgutachten zugunsten des Energieriesen UNOCAL [Union Oil Company of California] verfassen, das, so die Menschenrechtsorganisation Human Rights Watch, »eine zwanzigjährige Rechtsprechung zugunsten der Opfer von Menschenrechtsverletzungen zunichte machen könnte«. Das Gutachten des Justizministeriums geht weit über die Verteidigung des Energiekonzerns gegen Anschuldigungen, burmesische Arbeiter brutal, ja, wie Sklaven behandelt zu haben, hinaus. Es fordert vielmehr die »radikale Neuinterpretation« des Gesetzes zur Entschädigung ausländischer Staatsbürger (Alien Tort Claims Act), das »Opfern ernstlicher Verletzungen des internationalen Rechts im Ausland gestattet, vor US-Gerichten gegen ihre Schädiger, soweit diese in den Vereinigten Staaten gefunden werden können, auf Schadenersatz zu klagen«. Die Regierung Bush ist die erste, die fordert, Gerichtsentscheidungen zugunsten dieses Gesetzes zu revidieren. Es ist »ein feiger Versuch, Menschenrechtsverletzer auf Kosten der Opfer zu schützen«, kommentiert Kenneth Roth von der Human Rights Watch – insbesondere, wenn die Täter Energiekonzerne sind, könnte ein Zyniker hinzufügen.[15]

Die tripolare Ordnung, die vor dreißig Jahren Gestalt annahm, hat seitdem festere Konturen gewonnen und die Befürchtungen der US-Strategen, daß nicht nur Europa, sondern auch Asien einen unabhängigeren Kurs einschlagen könnte, verstärkt. Im historischen Rückblick sind diese Befürchtungen durchaus plausibel. Im 18. Jahrhundert waren China und Indien führende Industrie- und Handelszentren. Ostasien besaß ausgefeiltere Markt- und Gesundheitssysteme als Europa. England nahm sich (nicht nur) in der Textilindustrie Indien zum Vorbild und betrieb, was heute Produktpiraterie genannt und in internationalen Handelsabkommen (durchgepaukt von den reichen Staaten unter dem Vorwand des »Freihandels«) geächtet wird. Noch in den fünfziger Jahren des 19. Jahrhunderts behaupteten britische Beobachter, das in Indien produzierte Eisen sei so gut wie das britische oder gar besser und zudem sehr viel billiger. Kolonisierung und erzwungene Liberalisierung verwandelten Indien in eine britische Dependenzregion, die erst nach der Unabhängigkeit ihr Wirtschaftswachstum wiedergewinnen und die mörderischen Hungersnöte besiegen konnte. China wurde nach dem zweiten britischen Opiumkrieg vor 150 Jahren unterworfen und konnte sich ebenfalls erst nach der Befreiung von fremder Herrschaft entwickeln. Nur Japan hatte sich der Kolonisierung erfolgreich widersetzt und sich, zusammen mit seinen eigenen Kolonien, entwickelt. Es kann also nicht überraschen, daß Asien nach dem Ende des Kolonialismus ehemaligen Reichtum und Macht zurückgewinnt.

Diese langfristigen historischen Prozesse erschweren das Problem, den »globalen Ordnungsrahmen«, innerhalb dessen die anderen den ihnen zugewiesenen Platz einnehmen müssen, aufrechtzuerhalten. Dieses Problem beschränkt sich nicht auf »erfolgreichen Widerstand« in der Dritten Welt, ein Hauptthema des Kalten Kriegs, sondern betrifft auch die industriellen Kernländer selbst.

VII. »Ein Hexenkessel von Feindseligkeiten«

Kehren wir zu Michael Krepon und seiner Auffassung zurück, daß die letzten Tage des Jahres 2002 »die gefährlichste Zeit seit der Kubakrise von 1962« gewesen sein könnten. Mit Sorge betrachtete er vor allem »jene instabile Region zwischen Pjöngjang und Bagdad, in der Kernwaffen verbreitet werden können ... Iran, Irak, Nordkorea und der indische Subkontinent«.[1] Solche und ähnliche Befürchtungen wurden durch die Initiativen der Regierung Bush in der Vorbereitungsphase des Irakkriegs noch verstärkt, weil diese Initiativen die internationalen Beziehungen erheblich belasteten.

Es gibt in jener Region allerdings eine furchtbare Atommacht, die in der öffentlichen Diskussion hierzulande jedoch kaum thematisiert wird, weil sie ein Anhängsel der amerikanischen Macht ist. In der Strategischen Kommandozentrale (StratCom), die für die US-Atomwaffenarsenale zuständig ist, gibt man sich indes weniger zurückhaltend. General Lee Butler, von 1992 bis 1994 Oberkommandierender des StratCom, bemerkte: »Es ist äußerst gefährlich, daß in diesem Hexenkessel von Feindseligkeiten, den wir Naher Osten nennen, eine Nation sich mit vielleicht hunderten von Atomwaffen eingedeckt haben soll, was andere Nationen dazu motiviert, dies ebenfalls zu tun.« Israels Massenvernichtungswaffen bereiten auch der zweiten führenden Nuklearmacht Sorgen.[2]

Ähnliche Befürchtungen fanden, wenngleich verhüllt, ihren Ausdruck in der Resolution 687 des UN-Sicherheitsrats, auf die sich Bush und Blair bei ihren Versuchen, der Invasion des Irak eine quasi-legale Grundlage zu verschaffen, beriefen. Die lieferte ihnen zwar weder diese noch irgendeine andere Resolution, aber Nr. 687 forderte die Beseitigung der irakischen Massenvernichtungswaffen und ihrer Trägersysteme – als einen Schritt hin zum »Ziel, im Nahen Osten eine von Massenvernichtungswaffen und allen Trägerraketen freie Zone zu schaffen« (Artikel 14). US-Geheimdienste und andere Quellen gehen davon aus, daß Israel nicht nur Atomwaffen besitzt, sondern auch chemische und biologische Waffen entwickelt hat.

In der US-amerikanischen Diskussion wird der Artikel 14 zumeist übergangen, nicht aber in anderen Ländern. Der Irak z. B. forderte den Sicherheitsrat auf, die dort beschriebenen Ziele umzusetzen. Die Motive der irakischen Regierung sind eine Sache für sich, aber das berührt nicht die Bedeutung des auch von General Butler angesprochenen Problems. Unzweifelhaft wird Israels militärische Macht auch weiterhin »andere Nationen dazu motivieren«, Massenvernichtungswaffen zu entwickeln, möglicherweise sogar den Irak, wenn ihm ein gewisses Maß an Unabhängigkeit gewährt wird.

Das im Artikel 14 formulierte Ziel war schon im Vorfeld des ersten Golfkriegs auf die politische Tagesordnung gesetzt worden. Nachdem der Irak im August 1990 in Kuweit einmarschiert war, unterbreitete er eine Reihe von Vorschlägen zum Rückzug seiner Truppen im Rahmen einer umfassenderen regionalen Regelung. US-Regierungsvertreter, die von einem »seriösen« und »verhandlungsfähigen« Angebot sprachen, ließen Informationen an die Presse durchsickern. Wie seriös die Vorschläge tatsächlich waren, läßt sich nicht beurteilen, weil Washington sie »sofort verwarf«. So berichtet es jedenfalls der einzige Reporter, der die Sache sorgfältig recherchierte (Knut Royce von *Newsday*). Interessanterweise sprachen sich in Umfragen, die direkt vor dem US-Angriff auf den Irak durchgeführt wurden, zwei Drittel der Amerikaner für eine Konferenz zum Nahostkonflikt aus, wenn der Irak dadurch zum Rückzug veranlaßt werden könnte.[3] Es wären sicherlich noch mehr gewesen, wenn die Öffentlichkeit von dem Vorschlag des Irak erfahren hätte. Vielleicht wäre dann der verheerende Krieg mit seinen noch verheerenderen Folgen verhindert, das Leben Hunderttausender gerettet und die Grundlage für den Sturz Saddam Husseins geschaffen worden. Vielleicht wäre es der erste Schritt hin zu dem in Artikel 14 formulierten Ziel gewesen und hätte sogar zu Abrüstungsbemühungen der nuklearen Großmächte geführt, die seit dreißig Jahren gegen ihre mit dem Vertrag zur Nichtverbreitung von Atomwaffen eingegangenen Verpflichtungen verstoßen.

Abgesehen vom Problem der Massenvernichtungswaffen werden Israels militärische Kapazitäten in der Region als »äußerst gefährlich« eingestuft. Israel hat sich dazu entschlossen, ein militärischer und technologischer Außenposten der USA zu sein und konnte infolgedessen seine Streitkräfte entsprechend ausstatten. Der Kern der israelischen Wirtschaft ist ein High-Tech-Industriesystem mit engen Verbindungen zum Militär und starker Verflechtung mit der US-amerikanischen Wirtschaft. Eine parlamentarische Untersuchung im Auftrag der Knesset ergab, daß »Israel, was die soziale Ungleichheit im Hinblick auf Einkommen, Eigentum, Kapital, Bildung und Kaufkraft sowie die Verbreitung von Armut angeht, mittlerweile hinter den USA an zweiter Stelle in der Welt steht«. Das früher recht erfolgreiche System sozialer Wohlfahrt ist erodiert und die soziokulturellen Werte sind in tiefgreifendem Wandel begriffen.[4]

Wie seine Schutzmacht, verfügt Israel über Militärpotentiale, die weit über das hinausreichen, was ansonsten vergleichbare Gesellschaften sich leisten. Der Leiter der Abteilung für Forschung und Entwicklung in den israelischen Streitkräften sagte, die Ausrüstung der Luftwaffe und der Panzertruppen sei umfangreicher und technologisch fortgeschrittener als die jeder anderen NATO- Macht mit Ausnahme der USA.[5] Seine konventionellen Streitkräfte benutzt Israel dazu, seine Nachbarn anzugreifen und die Bevölkerung in den von ihm besetzten Gebieten niederzuhalten. Überdies pflegt Israel ein enges militärisches Bündnis mit der anderen militärischen Vormacht in der Region, nämlich der Türkei. Die Allianz USA-Türkei-Israel wird im Nahen Osten – verständlicherweise – bisweilen die »Achse des Bösen« genannt, die, im Gegensatz zu der Erfindung von George Bushs Redenschreibern, zumindest das Verdienst hat, tatsächlich zu existieren.[6]

Der US-Wissenschaftler Robert Olson berichtet, daß 12 Prozent von Israels offensiver Luftwaffe »dauerhaft in der Türkei stationiert« sind und bereits »Aufklärungsflüge entlang der iranischen Grenze« unternommen haben. Diese Operationen sind, so meint Olson, Bestandteil einer längerfristigen Bemühung, den Iran zu destabilisieren und eventuell sogar, durch die Abspaltung des nördlichen Azeri-Gebiets, zu teilen (wie es die Sowjetunion schon 1946 versuchte und damit eine der ersten Krisen des Kalten Kriegs auslöste), um ihm damit den Zugang zum Kaspischen Meer und zu Zentralasien allgemein zu nehmen. Es wäre dann möglich, Ölpipelines von der kaspischen Region zur Türkei und in den Mittelmeerraum zu verlegen, ohne iranisches Gebiet zu berühren.[7]

Der Einfluß des Dreierbündnisses USA-Israel-Türkei hat Einfluß auf Teile Zentralasiens und, in jüngster Zeit, auch auf Indien. Seit dessen Regierung 1998 von einer rechtsorientierten Hindu-Partei gestellt wird, sucht man in der Außenpolitik engere militärische Bindungen zu den USA und Israel. Der indische Politikexperte Praful Bidwai führt die »Faszination«, die der Zionismus auf den rechten Hinduismus ausübt, auf »Islamophobie, Anti-Arabismus und Hypernationalismus« zurück. »Sein ideologisches Vorbild ist Scharons wüster Hurra-Patriotismus. Hindus und Juden (und Christen) sollten gegen den Konfuzianismus und den Islam eine ›strategische Allianz‹ bilden.« In einer Rede vor dem American Jewish Committee in Washington forderte der Sicherheitsberater der indischen Regierung, Brajesh Mishra, die Entwicklung einer aus Israel, den

USA und Indien bestehenden »Triade«, die »den politischen Willen und die moralische Autorität besitzt, kühne Entscheidungen [im Kampf gegen den Terror] zu treffen«. Bidwai zufolge werden die »zunehmenden politisch-militärischen Kontakte zwischen Indien und Israel« von einflußreichen hinduistischen und israelischen Lobbies in den USA flankiert.[8]

Indien und Israel sind Militärmächte, die über Atomwaffen verfügen, und ihre im Werden begriffene Allianz ist ein weiterer Faktor, der zur Verbreitung von Massenvernichtungswaffen, Terror und Unruhe in der instabilen Region beiträgt.

Ursprung und Entwicklung der israelisch-amerikanischen Beziehungen

Es bedarf keiner tiefgehenden weltpolitischen Analyse, um vorherzusagen, daß der Hexenkessel von Feindseligkeiten im Nahen Osten auch weiterhin brodeln wird. Die inneren Konflikte in der Region verschärften sich, als nach dem Ersten Weltkrieg die Erdölreserven dort entdeckt wurden und die Industrienationen ihre Wirtschaft auf diese neue Energiequelle umstellten. Nach dem Zweiten Weltkrieg waren die USA bestrebt, die Kontrolle über dies wirtschaftlich und geostrategisch so wichtige Gebiet zu erlangen.

Als Großbritannien noch eine Weltmacht war, hatte es den Nahen Osten durch die Delegation von Macht an Satellitenstaaten beherrscht, während es selbst im Hintergrund blieb. Das britische Außenministerium überließ die Politik vor Ort einer »arabischen Fassade« schwacher, kooperationsbereiter Regierungen, während der quasi-koloniale Status dieser Länder durch »konstitutionelle Fiktionen verschleiert« wurde, was kostengünstiger war als eine direkte Ausübung von Herrschaft. Es ist eine Strategie, die, in dieser oder jener Variante, immer wieder gern verwendet wird.

Da jedoch die Bevölkerung in den betroffenen Ländern nicht

zur freiwilligen Unterwerfung bereit war, mußten die imperialen Strategen den neu entwickelten Luftkampf zur Kontrolle der Aufsässigen einsetzen. Manche, darunter Winston Churchill, liebäugelten allerdings mit Giftgas, um »widerspenstige Araber« (gemeint waren Kurden und Afghanen) zur Räson zu bringen. Bei den nach 1918 einsetzenden Bemühungen, den Krieg zu begrenzen oder zu ächten, war Großbritannien darauf bedacht, daß seine imperiale Herrschaft unangetastet und der Einsatz der Luftwaffe gegen die Zivilbevölkerung auch weiterhin möglich blieb. Schließlich war dem britischen Premierminister Lloyd George daran gelegen, seiner Regierung »das Recht vorzubehalten, Nigger zu bombardieren«.[9] Moralische Prinzipien sind eben äußerst langlebig.

Die USA übernahmen den von den Briten geschaffenen Rahmen und ergänzten ihn durch einen weiteren Kontrollmechanismus, gebildet von peripheren, vorzugsweise nicht-arabischen Staaten, die, wie es bei Nixon hieß, als »Streifenpolizisten vor Ort« fungieren sollten, während das Polizeihauptquartier in Washington und ein Nebenbüro in London blieben. Von Anfang an gehörte die Türkei zu dieser Eingreiftruppe; 1953 stieß noch der Iran dazu, nachdem die Regierung Mossadegh von einem durch die USA und Großbritannien lancierten Militärputsch gestürzt und der Schah wieder auf den Pfauenthron zurückgekehrt war.

Es war den USA zunächst mehr um die Vorherrschaft im Nahen Osten als um den direkten Zugang zu den Erdölressourcen gegangen, denn nach dem Zweiten Weltkrieg war Nordamerika noch der führende Ölproduzent der Welt; später flossen venezolanische Vorräte. Gegenwärtig gehen US-Geheimdienste davon aus, daß die USA den Rohstoff weiterhin in erster Linie aus dem Atlantikraum bezieht – Westafrika und die westliche Hemisphäre –, weil hier die Verhältnisse stabiler sind als in der Nahostregion.[10] Dennoch hält Washington auch in Nahost die Aufrechterhaltung der Kontrollmechanismen für nötig, weil deren Fortbestehen den amerikanischen und britischen Energiekonzernen enorme Profite sichert. Zudem liegt in der überragenden strategischen Bedeutung der Region ein Hebel für die Beherrschung der Welt, was von den US-Strategen der unmittelbaren Nachkriegszeit bereits erkannt worden war und bis heute nichts an Gültigkeit verloren hat, weil, Geheimdiensten zufolge, die Energieressourcen der Golfregion in den nächsten Jahren an Bedeutung sogar noch gewinnen werden.[11]

Das vom Pazifik bis zu den Azoren reichende System von Militärstützpunkten diente in beträchtlichem Ausmaß der Logistik von Operationen in der Golfregion. Schon der US-amerikanische Kampf gegen den antifaschistischen Widerstand in Griechenland und Italien in den vierziger Jahren entsprang zum Teil der Befürchtung, der freie Zufluß des Öls in den Westen könnte unterbunden werden. Seit den Jahren der Regierung Carter waren die hauptsächlichen Interventionsstreitkräfte der USA auf den Golf gerichtet, doch bis vor kurzem bildete die in britischem Besitz befindliche Insel Diego Garcia die einzige vollständig nutzbare Militärbasis, die in der Nähe lag. Die Bewohner waren vertrieben worden und durften, trotz einer gegenteiligen Entscheidung britischer Gerichte, bislang nicht wieder in ihre Heimat zurückkehren.[12] Dieses Problem ist in den USA so unbekannt wie der Fall Okinawa. Der afghanische Feldzug verschaffte Washington Stützpunkte in Afghanistan und Zentralasien und damit US-Konzernen einen guten Ausgangspunkt im Wettlauf um die dortigen Ressourcen; zudem konnte die Einkreisung des Persischen Golfs vorangetrieben werden. Eines der Ziele des zweiten Irakkriegs dürfte, wie schon vorab vermutet wurde und gegen Ende des Feldzugs in der Presse zu lesen war, darin bestehen, mitten im Herzen der Ölregion über Militärstützpunkte zu verfügen.[13]

Auch andere Ziele gerieten allmählich ins Blickfeld der Öffentlichkeit. »Zwei Dinge waren niemals öffentlich diskutiert worden«, bemerkt Bob Herbert, »nämlich Öl und Geld. Diese wichtigen Themen wurden den Drahtziehern im Hintergrund überlassen, von denen viele jetzt absahnen.«[14]

Die amerikanisch-israelischen Beziehungen haben sich in diesem allgemeinen Rahmen entwickelt.[15] Schon 1948 waren die US-Stabschefs von Israels militärischer Tüchtigkeit beeindruckt und schlugen vor, daß Israel den USA »strategische Vorteile im Nahen Osten« verschaffen könnte, um Großbritanniens schwindende Vormachtrolle endgültig in die Kulissen zu verbannen. Zehn Jahre später ergaben sich dafür konkrete Anknüpfungspunkte.

1958 war für die internationale Politik ein Jahr von überragender Bedeutung. Die Regierung Eisenhower mußte sich gleichzeitig mit drei Krisenherden – Indonesien, Nordafrika und Nahost – beschäftigen, bei denen, wie Außenminister Dulles betonte, die Sowjets keine Hand im Spiel hatten; der Übeltäter war vielmehr der vertraut-gefürchtete »radikale Nationalismus«. In Nordafrika kämpfte Algerien um seine Unabhängigkeit, in Indonesien räumte Sukarno, einer der Führer der von den USA wenig geschätzten Bewegung blockfreier Staaten, der vor allem bei den armen Bauern beliebten kommunistischen Partei zuviel Einfluß ein, im Nahen Osten löste der ägyptische Staatspräsident Nasser bei der britischen und amerikanischen Regierung solche Panik aus, daß sie ihn als »neuen Hitler« denunzierten. Auch Nasser befürwortete die Bewegung der Blockfreien, und man befürchtete, daß andere Länder seinem Unabhängigkeitskurs folgen könnten. Im selben Jahr wurde die von den Briten gestützte Regierung des Irak durch einen (möglicherweise von Nasser-Anhängern initiierten) Putsch von der Macht verdrängt. Die Folgen dieses Ereignisses reichen bis in die Gegenwart.

Der Putsch löste in Großbritannien und den USA lebhafte Diskussionen aus. Vielleicht würden jetzt auch Kuweit und Saudi-Arabien nach größerer Unabhängigkeit streben. Da die britische Wirtschaft von der kuweitischen Ölproduktion abhängig war, entschloß man sich, Kuweit nominell die Unabhängigkeit zu garantieren, wobei »wir auch die Notwendigkeit akzeptieren müssen, unnachsichtig falls die Dinge, durch wessen Einwirkung auch immer, schieflaufen«, erklärte Außenminister Selwyn Lloyd. Die USA behielten sich diese Möglichkeit für Saudi-Arabien und die anderen Golfemirate vor. Eisenhower schickte Streitkräfte in den Libanon, um dort eine in seinen Augen nationalistische Bedrohung abzuwehren und die Pipelines zu sichern. Erneut betonte er die strategische und wirtschaftliche Bedeutung der Region, deren Verlust »schlimmer wäre als der von China«, was damals als größte politische Katastrophe der Nachkriegszeit galt.[16]

Ein anderes wichtiges Land, das auf keinen Fall unter den Einfluß Nassers geraten durfte, war Jordanien, der regionale Stützpunkt für die britische Militärmacht. Weil Israel den Briten geholfen hatte, die Kontrolle über Jordanien aufrechtzuerhalten, erkannte man in Washington, wie wertvoll das Land als Bündnispartner sein könnte, hatte es doch erhebliche Risiken auf sich genommen, um »die Situation in der Region zu entspannen«. In einem Memorandum des Nationalen Sicherheitsrats hieß es: »Wenn wir den radikalen arabischen Nationalismus bekämpfen und, falls notwendig, das Öl am Persischen Golf mit Gewalt sichern wollen, wäre es nur logisch, Israel als die einzige starke, pro-westliche Macht, die im Nahen Osten übriggeblieben ist, zu unterstützen.«[17] Das galt natürlich auch für die Randmächte Türkei und Iran. Im selben Jahr, immer noch 1958, besuchte der israelische Ministerpräsident David Ben-Gurion die Türkei, was den Beginn der türkisch-israelischen Beziehungen markierte. Gut vierzig Jahre später sind diese Beziehungen »fast so eng wie das Bündnis zwischen Israel und den USA«, schreibt Efraim Inbar.[18]

Dieses Bündnis war bereits 1967 fest etabliert. Israel hatte Nasser eine schwere Niederlage beigebracht, damit die »arabische Fassade« aufrechterhalten, der Bewegung der Blockfreien einen Schlag versetzt und insgesamt zur Festigung der amerikanischen Vorherrschaft beigetragen. Das wirkte sich in den USA auch auf den ideologischen Bereich aus, aber dieses wichtige Thema kann hier nicht weiter erörtert werden.[19]

Die drei Krisenherde des Jahres 1958 erloschen mit der Zeit. Algerien wurde 1962 unabhängig.[20] In Indonesien fiel Sukarno 1965 einem Putsch zum Opfer, dem ein gigantisches Massaker folgte, das sich vor allem gegen die Anhänger der PKI richtete. Der arabische Nationalismus im Nahen Osten konnte mit dem Sechstagekrieg von 1967 in die Knie gezwungen werden. In allen drei Fällen hatten die USA ihre mehr oder weniger entscheidende Hand im Spiel und betätigten sich als Globalmacht in der Nachfolge Großbritanniens.

Im Nahen Osten erwies sich Israel auch weiterhin als überaus nützlicher Bündnispartner. 1970 verhinderte es eine mögliche syrische Intervention zum Schutz von Palästinensern, die in Jordanien massakriert wurden. Daraufhin stieg die US-Militärhilfe um das Vierfache, und das verschwiegene Bündnis zwischen Israel, Saudi-Arabien und dem Iran galt als solide Basis für die Vorherrschaft der USA in der Region. 1979 mußte der Schah radikal-islamistischen Kräften weichen, und an seine Stelle trat Saddam Hussein: 1982 strich Washington den Irak von der offiziellen Liste terroristischer Staaten, damit er amerikanische Militärhilfe empfangen konnte.

Unterdessen entwickelte sich die enger werdende Partnerschaft zwischen Israel und den USA immer mehr zum Hinderungsgrund für eine Friedensregelung im Nahen Osten. 1971 bot Ägyptens Präsident Anwar as-Sadat Israel einen umfassenden Friedensvertrag unter der Bedingung vollständigen israelischen Rückzugs aus den besetzten ägyptischen Territorien an. Das Palästinenserproblem wurde dabei nicht erwähnt. In seinen Memoiren beschreibt Jitzhak Rabin, damals israelischer Botschafter in den USA, die berühmte Offerte als »Meilenstein« auf dem Weg zum Frieden; im übrigen stand der geforderte Rückzug in Übereinstimmung mit der offiziellen US-Politik und der UN-Resolution 242 vom November 1967.

Israel sah sich vor einer schicksalhaften Entscheidung: Es konnte einlenken und den Frieden wählen oder weiterhin die Konfrontation suchen und damit von den USA noch stärker abhängig werden als bisher. Es entschied sich für die Konfrontation, nicht aus Gründen der Sicherheit, sondern aus dem Willen zur Expansion, wie israelische Quellen deutlich machen. General Haim Bar-Lev, dem in der damals regierenden Arbeiterpartei eine führende Rolle zukam, gab der allgemeinen Auffassung Ausdruck, als er in der Parteizeitung schrieb: »Wir können Frieden haben, aber wenn wir durchhalten, können wir, wie ich meine, noch mehr bekommen.« Dieses »mehr« war der nordöstliche Sinai, dessen Bewohner von den Israelis in die Wüste vertrieben wurden, um der neu zu gründenden jüdischen Stadt Jamit Platz zu machen. 1972 vertrat der damalige General und spätere Präsident Ezer Weizman die Auffassung, eine politische Friedensregelung ohne Expansion würde bedeuten, daß Israel nicht »gemäß dem Umfang, dem Geist und der Qualität, die es jetzt verkörpert, existieren kann«.

Die entscheidende Frage war, wie Washington reagieren würde. Nach internen Diskussionen änderte die Regierung ihre offizielle Politik zugunsten des von Kissinger vertretenen Prinzips einer »Pattsituation«: keine Diplomatie, sondern Gewalt. Zu der Zeit hielten die USA und Israel eine militärische Bedrohung durch Ägypten für ausgeschlossen, und Sadats Friedensangebot von 1971 blieb der Öffentlichkeit weitgehend unbekannt, weil es nicht in den politischen Grundsatzrahmen paßte.

Dennoch hoffte Sadat, durch weiteres Entgegenkommen (wie etwa die Trennung von seinen sowjetischen Beratern) die USA zum Einlenken zu bewegen, wies aber auch daraufhin, daß der Bau von Jamit »Krieg bedeuten« würde. Diese Drohung wurde nicht ernstgenommen, und so kam es 1973 zum »Jom-Kippur-Krieg«, der Israel zum Rückzug vom Sinai zwang und in den USA sogar Nuklearalarm auslöste. Kissinger erkannte jetzt, daß Ägypten einen wichtigen Faktor im Nahostkonflikt darstellte und bemühte sich um diplomatische Vermittlung, die schließlich zu den Camp-David-Abkommen von 1978/79 führten. Nunmehr akzeptierten Israel und die USA Sadats Angebot von 1971, mußten dabei allerdings berücksichtigen, daß auch das

Schicksal der Palästinenser auf der Tagesordnung stand, auf deren Rechten Sadat beharrte.

Insgesamt jedoch galt das Abkommen als Triumph US-amerikanischer Diplomatie, für den Jimmy Carter mit dem Nobelpreis belohnt wurde. In Wirklichkeit war es eher das Ergebnis einer diplomatischen Katastrophe, denn erst die Politik der Verweigerung von Diplomatie hatte zu dem Jom-Kippur-Krieg und einer gefährlichen Konfrontation der Supermächte geführt. Aber es gehört zu den Prärogativen der Großmächte, daß sie sich ihre eigene Geschichte zusammenschreiben können, und darum gilt Camp David als leuchtender Erfolg des von Washington betriebenen »Friedensprozesses«.

Israel erkannte, daß mit dem Abkommen die ägyptische Bedrohung ausgeschaltet war und es daher die Expansionsbestrebungen in den okkupierten Gebieten fortsetzen und den Libanon angreifen konnte, was es 1978 und 1982 dann auch tat. Die Invasion von 1982 und die darauf folgenden Kampfhandlungen kosteten an die 20 000 Opfer; in den folgenden Jahren gab es, libanesischen Quellen zufolge, noch einmal 25 000 Tote.

Den Vorwand für den gegen die PLO gerichteten Einmarsch in den Libanon lieferte der Mordversuch an Israels Botschafter in London durch die Terrorgruppe um Abu Nidal, der sich indes seit Jahren mit der PLO befehdete und von ihr zum Tode verurteilt worden war. In diesem Zusammenhang stand auch der mit israelischer Duldung durchgeführte Angriff auf die palästinensischen Flüchtlingslager von Sabra und Schatila in Beirut, bei dem, verläßlichen Beobachtern zufolge, 200 Bewohner ums Leben kamen.[21] Versuche des UN-Sicherheitsrats, die Aggressionshandlungen im Libanon einzudämmen, wurden durch US-Vetos zunichte gemacht.[22]

Der israelische Stabschef Rafael Eitan gab der in Israel vorherrschenden Sichtweise Ausdruck, als er die Invasion zu einem Erfolg erklärte, weil sie den »politischen Status« der PLO geschwächt und ihrem Kampf für einen Palästinenserstaat einen Rückschlag versetzt habe. Führende amerikanische Intellektuelle begrüßten ebenfalls die »politische *Niederlage*« der PLO, durch die der Einmarsch in den Libanon gerechtfertigt gewesen sei.[23] Die Medien jedoch zogen es vor, von unprovozierten Raketenangriffen auf israelische Zivilisten zu fabeln. Mittlerweile tritt die Wahrheit hier und da zutage. So schreibt James Bennett, Korrespondent der *New York Times*, es sei das Ziel der Invasion von 1982 gewesen, im Libanon »ein israel-freundliches Regime zu installieren und Arafats PLO zu vernichten. Das, so lautete die Theorie, würde die Palästinenser dazu bringen, die israelische Herrschaft im Westjordanland und im Gazastreifen zu akzeptieren.«[24] Dies ist meines Wissens der erste Bericht in den amerikanischen Mainstream-Medien über Zusammenhänge, die in Israel und in Dissidentenkreisen der USA seit zwanzig Jahren bekannt sind.

Der Libanonkrieg ist ein Lehrbuchbeispiel für internationalen Terrorismus, wenn nicht gar offene Aggression, wozu Washington die erforderliche wirtschaftliche, militärische und diplomatische Unterstützung gewährte, ohne die, da sollte man sich in den arabischen Staaten keine Illusionen machen, Israel nicht viel tun kann.

An der diplomatischen Front nahm ab Mitte der siebziger Jahre die Isolation der USA und Israels zu, als die Palästinenserfrage auf die Tagesordnung kam. 1976 legten die USA ihr Veto gegen eine UN-Resolution ein, die, unter Berufung auf Resolution 242 von 1967, einen palästinensischen Staat forderte. Seither haben die USA bis heute die Möglichkeit einer diplomatischen Regelung verhindert, die von fast der gesamten Welt akzeptiert wird: die Existenz von zwei Staaten in den Grenzen von vor 1967, mit »geringfügigen und gegenseitigen Angleichungen«. Das war der Wortlaut der offiziellen, wenngleich nicht tatsächlichen US-Politik, bis die Regierung Clinton formell den Rahmen der internationalen Diplomatie aufgab und UN-Resolutionen für »obsolet und anachronistisch« erklärte. Im übrigen ist auch die US-Bevölkerung mehrheitlich gegen die Haltung ihrer Regierung und unterstützt den Anfang 2002 vorgelegten und von der Arabischen Liga akzeptierten Plan Saudi-Arabiens, der die Anerkennung und Integration Israels in die Region unter der Bedingung des Rückzugs auf die Grenzen von 1967 vorsah. Eine Mehrheit meint auch, daß die USA bei einer vertraglichen Regelung den Palästinensern ebensoviel Hilfe zukommen lassen sollten wie Israel, während demjenigen, der sich einer Regelung verweigert, Leistungen zu kürzen wären, was zum Zeitpunkt der Umfrage Israel betroffen hätte.[25]

Nach dem ersten Golfkrieg glaubte sich Washington in der Lage, die von ihm bevorzugte Lösung voranzutreiben, wobei die Version von 1991, die allerdings in den Anfängen steckenblieb, entgegenkommender war als die Regierungshaltung von 1989, die ohne Abstriche den Plan der israelischen Koalitionsregierung von Schamir und Peres befürwortete. Er sah vor, daß es keinen »zusätzlichen palästinensischen Staat« geben könne (weil Jordanien nach ihrer Auffassung bereits einer war) und daß das Schicksal der besetzten Gebiete »in Übereinstimmung mit den grundlegenden Richtlinien der israelischen Politik« geregelt werden solle. Washington berief dann die Konferenz von Madrid ein, an der auch Rußland, als internationales Feigenblatt, teilnehmen durfte.

Allerdings verlief die Konferenz nicht ohne Probleme. Die palästinensische Delegation wurde von Haydar 'Abd al-Shafi geleitet, einem für seine Integrität bekannten und geachteten konservativen Nationalisten. Die Delegation weigerte sich, fortgesetzten israelischen Siedlungsvorhaben in den besetzten Gebieten zuzustimmen, was die Verhandlungen blockierte, weil die USA und Israel ihrerseits sich weigerten, diese Bedingung überhaupt ernsthaft zu erwägen. Als Jassir Arafat erkannte, daß sein Rückhalt bei den Palästinensern dadurch zu schwinden drohte, unterlief er die Bemühungen der Delegation durch Geheimverhandlungen mit Israel, die dann zum »Osloer Friedensprozeß« führten, der mit viel Pomp im September 1993 im Weißen Haus zelebriert wurde. Der Wortlaut der Osloer Verträge verdeutlichte, daß sie ein Mandat für weitere israelische Siedlungsprogramme darstellten, was Jitzhak Rabin und Schimon Peres auch ganz öffentlich bekundeten. Aus diesem Grund wollte 'Abd al-Shafi dann auch nichts mehr mit dem offiziellen Friedensprozeß zu tun haben.[26]

So konnte die israelische Besiedlung und Integration der besetzten Gebiete in den neunziger Jahren mit US-amerikanischer Unterstützung fortgesetzt werden und im Jahr 2000, dem letzten Amtsjahr von Clinton (und dem israelischen Ministerpräsidenten Ehud Barak), ihren vorläufigen Höhepunkt erreichen. Die Möglichkeit einer Lösung des Konflikts mit friedlichen Mitteln ist damit erneut in weite Ferne gerückt.

Camp David II: Palästina als »dauerhafte koloniale Dependenz«

Auch die Verhandlungen von Camp David 2000 waren von der israelisch-amerikanischen Verweigerungshaltung geprägt. Der konventionellen Auffassung zufolge machten Clinton und Barak ein einmalig »großzügiges« Angebot, das von den heimtückischen Palästinensern zugunsten gewaltsamer Maßnahmen abgelehnt wurde. Die Gültigkeit dieser Behauptungen läßt sich auf einfache Weise klären, indem man ein Landkarte der vorgeschlagenen territorialen Vereinbarungen veröffentlicht. Eine derartige Karte findet man nur in wissenschaftlichen Veröffentlichungen oder der dissidenten Literatur, nicht aber in den amerikanischen Medien und Zeitschriften.

Immerhin wären die Vorschläge von Clinton und Barak eine Verbesserung des Status quo gewesen, denn bislang leben die Palästinenser im Westjordanland in mehr als zweihundert Kantonen, von denen einige bestenfalls ein paar Quadratkilometer umfassen, und im Gazastreifen ist die Lage noch schlimmer.

Kurz vor seinem Eintritt in die Regierung Barak, die ihn zum Hauptverhandlungsführer der israelischen Delegation in Camp David machte, veröffentlichte Schlomo Ben-Ami, eigentlich ein

Vertreter der Friedensfraktion, eine Studie, in der er das Ziel des Osloer »Friedensprozesses« umriß: Für die Palästinenser sollte eine »dauerhafte neokoloniale Dependenz« geschaffen werden.[27] Und das war im wesentlichen das Angebot der Verhandlungen von Camp David.

In Israel wurden die Karten in der Mainstream-Presse veröffentlicht; die vorgeschlagenen Regelungen gelten als Nachbild der vor vierzig Jahren eingerichteten südafrikanischen Bantustans. Geachtete israelische Kommentatoren wissen zu berichten, daß das südafrikanische Modell von maßgebenden militärischen und politischen Kreisen in den siebziger und achtziger Jahren, als der Kapstaat ein wertvoller Verbündeter war, sehr hoch eingeschätzt wurde und auch heute noch als beispielhaft gilt.[28]

Nach dem Scheitern von Camp David II wurden die Verhandlungen fortgesetzt, zunächst im Januar 2001 bei hochrangigen (aber inoffiziellen) Treffen im ägyptischen Taba, bei denen es Fortschritte und Annäherungen gab, auch wenn die großen territorialen Probleme blieben. (Der EU-Beobachter Miguel Moratinos hat einen sorgfältigen Bericht über diese Verhandlungen vorgelegt.) Im Hinblick auf das Westjordanland war man sich im Prinzip darüber einig, den international anerkannten Grenzverlauf »mit geringfügigen und gegenseitigen Angleichungen« zu bestätigen, auch wenn die Angleichungen aufgrund der israelischen Siedlungs- und Infrastrukturprogramme, die nach dem Osloer »Friedensprozeß« vorangetrieben wurden, alles andere als »geringfügig« waren. Die palästinensischen Unterhändler waren zur faktischen Anerkennung der israelischen Siedlungen um Jerusalem bereit, forderten dafür aber einen territorialen Ausgleich im Verhältnis von eins zu eins. Die israelische Seite wollte dagegen nur einen Ausgleich im Verhältnis von zwei zu eins zu ihren Gunsten zulassen und bot den Palästinensern ein wertloses Gebiet nahe der Sinai-Wüste an. Der eigentliche Streitpunkt blieb jedoch der Status der isarelischen Stadt Ma'aleh Adumim im Osten Jerusalems mitsamt ihrer Infrastruktur, die so weit in das Westjordanland hineinragt, daß es nahezu zweigeteilt wird. Trotzdem gibt es gute Gründe für die Annahme, daß wirkliche Fortschritte erzielt wurden, auch wenn die Verhandlungen nicht formell waren.[29] Sie wurden dann vor den israelischen Wahlen von Barak abgebrochen und angesichts eskalierender Gewalt nicht wieder aufgenommen, so daß wir nicht wissen können, wohin sie geführt hätten.

Auch Robert Malley und Hussein Agha, zwei gut informierte Beobachter der Friedensverhandlungen, kommen zu dem Schluß, daß »die Umrisse einer Lösung seit einiger Zeit bekannt sind«: Es geht um eine territoriale Teilung längs der internationalen Grenze mit einem Landtausch im Verhältnis von eins zu eins. Diese Möglichkeit sei, so schreiben sie, »allen Seiten von Anfang an entgangen«.[30] Das stimmt zwar, ist aber irreführend, weil die USA von Anfang an eine Zwei-Staaten-Regelung blokkiert haben und Israel auch weiterhin daran nicht interessiert ist.

Seit zu Beginn des Jahres 2001 Bush und Scharon ihre jeweiligen Ämter antraten, sind die Aussichten auf eine diplomatische Lösung nicht besser geworden. Der israelischen Menschenrechtsorganisation B'Tselem gelang es schließlich, in den Besitz offizieller Karten zu kommen, auf denen die territorialen Absichten Israels verzeichnet waren.[31] Die Siedlungen beherrschen mittlerweile 42 Prozent des Westjordanlands; die Grenzen von Ma'aleh Adumim z. B. erstrecken sich von Groß-Jerusalem bis fast zur palästinensischen Stadt Jericho; eine Frontausbuchtung, die den südlichen Teil des Westjordanlands vom nördlichen nahezu isoliert. Ebenso bleibt eine weitere Ausbuchtung nach Norden erhalten, die den nördlichen Teil partiell vom mittleren trennt. Das Ergebnis ist eine Unterteilung des Westjordanlands in drei Kantone, die alle keine Verbindung zu jenem Teil von Ost-Jerusalem haben, den die Palästinenser als ihr wirtschaftliches und kulturelles Zentrum reklamieren.

Wie es augenblicklich in den besetzten Gebieten aussieht, beschreibt Geoffrey Aronson nach einem Besuch im südlichen Teil des Westjordanlands. »In fast jeder israelischen Siedlung wird die Kolonisierung vorangetrieben«, was zu »tiefgreifenden Veränderungen im Transportwesen und bei den Zugangsstraßen führt«. Diese Veränderungen dienen »Israels Fähigkeit, die besetzten Ländereien dauerhaft zu beherrschen« und in die bereits eroberten Regionen zu integrieren. »Dagegen müssen die Palästinenser mit einem wachsenden Netzwerk von Barrikaden, Hindernissen, Patrouillenstraßen und Verboten leben, das sie von den Siedlungen, voneinander und von ihren Arbeitsplätzen isoliert, ihre Fähigkeit, ein normales Leben zu führen, beeinträchtigt und die Verarmung einer ganzen nationalen Gemeinschaft zur Folge hat.«[32]

Die Pläne der Regierung Bush waren zur Jahresmitte 2003 auf der Ebene der Rhetorik einerseits, der des konkreten Handelns andererseits angesiedelt. Auf der rhetorischen Ebene liest man von Bushs »Vision« eines Palästinenserstaats und der von den USA mitverantworteten »road map«. Im konkreten Handeln dagegen hat Washington wiederholt die Veröffentlichung der vom »Nahost-Quartett« – Europäische Union, Vereinte Nationen, Rußland, Vereinigte Staaten – ausgearbeiteten Roadmap verhindert, sehr zum Ärger der anderen drei Beteiligten. Seine »Vision« ließ Bush recht vage, was sich auch nach der schließlichen Veröffentlichung der Roadmap nicht änderte. Der Präsident ließ sich lediglich zu der moderaten Ankündigung hinreißen, daß die Roadmap »einen Ausgangspunkt darstellt, von dem aus die Vision der zwei Staaten ... die ich am 24. Juni 2002 formulierte, verwirklicht werden kann«. Aber das ist nur eine blasse und undeutliche Version jener »Vision«, deren Verwirklichung die Weltöffentlichkeit seit einem Vierteljahrhundert fordert, die aber immer von den USA blockiert wurde.[33]

Die ersten Schritte auf der Roadmap sind eindeutig vorgegeben: Die Palästinenser müssen den Widerstand gegen die Besatzung und damit auch alle Angriffe auf israelische Soldaten in den besetzten Gebieten beenden, während Israel seine Bereitschaft erklären muß, sich auf »die von Präsident Bush dargelegte Vision der Existenz zweier Staaten« einzulassen. »Im Zuge umfassender Sicherheitsvorkehrungen zieht sich dann das israelische

Militär aus den seit dem 28. September 2000 besetzten Gebieten zurück und beide Seiten stellen den Status quo ante wieder her.« Ob die Sicherheitsvorkehrungen ausreichen, bestimmen Washington und Israel. Der »Status quo ante« beschränkt die Palästinenser auf Hunderte von Kantonen, die von den während der militärischen Besetzung errichteten Siedlungen samt dazugehöriger Infrastruktur umgeben sind. Das Schicksal dieser Siedlungen bleibt ungeklärt. Israel »beginnt sofort mit dem Abbau von Siedlungsaußenposten, die seit März 2001 errichtet wurden«, was in Israel nur die ultrarechten Parteien ablehnen. In einer zeitlich nicht näher definierten Zukunft »friert Israel alle Siedlungsaktivitäten (inklusive des natürlichen Wachstums von Siedlungen) ein«. Bis dahin jedoch können die Siedlungen expandieren. Sollte die Phase des »Einfrierens« jemals kommen, dürften die den Bantustans vergleichbaren Regelungen, die in den neunziger Jahren während des »Friedensprozesses« eingeführt und mit der Roadmap fortgeschrieben werden, institutionalisiert sein.

Noch später dann kommt es zur »Umsetzung der grundlegenden Regelungen, die [dem palästinensischen Staat] einen maximalen territorialen Zusammenhang gewähren und weitere Aktionen bezüglich der Siedlungen ermöglichen sollen«. Die »weiteren Aktionen« werden nicht näher spezifiziert. Grundlegende Regelungen, die einen »maximalen territorialen Zusammenhang« gewähren könnten, gibt es nicht. Die wenigen ernsthaften Vorschläge, die bisher dazu gemacht wurden, stehen nicht auf der Tagesordnung. Wie immer Bushs »Vision« aussehen mag, handelt es sich dabei offensichtlich weder um die seit Mitte der siebziger Jahre von der Weltöffentlichkeit befürwortete und von den USA blockierte Zwei-Staaten-Vision, noch um den von der Arabischen Liga und einer Mehrheit der der amerikanischen Bevölkerung befürworteten Plan der Saudis, noch um die im Januar 2001 auf der Konferenz in Taba vorgeschlagene Lösung. Zu allen diesen Ideen findet sich kein einziger Hinweis.

Zudem werden die von der Roadmap für die Palästinenser

vorgesehenen Bedingungen bereits (mit Gewalt) durchgesetzt, nicht aber die Maßnahmen gegen den weiteren Ausbau der israelischen Siedlungs- und Entwicklungsprogramme. Diesbezügliche Veränderungen sind nicht zu erwarten.[34]

Während die politische Roadmap Israels Verpflichtungen weitgehend offenläßt, sind andere Forderungen sehr viel bestimmter. Zum ersten Mal werden die umfangreichen amerikanischen Subventionen für Israel an gewisse Bedingungen geknüpft, die indes nichts mit der Umsetzung der Roadmap zu tun haben, sondern einen Wirtschaftsplan betreffen, der »ökonomische Roadmap« genannt wurde und »einen Anschlag auf Löhne und Arbeitsplätze im öffentlichen Sektor darstellt«. Die israelische Tageszeitung *Ha'aretz* beschrieb den Plan als »neue Theorie ... der zufolge die USA offen intervenieren, um in Israel eine neoliberale Wirtschaftsordnung durchzusetzen«. Das gefiel der Geschäftswelt gut, führte aber zu einem Streik von 700 000 Arbeitern.[35]

Sehr konkret sind auch Maßnahmen, die, während die Gespräche fortdauern, »am Boden Tatsachen schaffen«. Zu den bemerkenswertesten gehört die Errichtung einer Trennmauer, mit der Teile des Westjordanlands an Israel angeschlossen werden. Gerechtfertigt wird der Bau mit Sicherheitsaspekten; die Sicherheit kommt natürlich nur den Israelis zugute, nicht etwa den Palästinensern, die Sicherheit sehr viel nötiger hätten. Eine mit einem Landtausch verbundene oder gänzlich auf israelischem Gebiet liegende Mauer würde Israel sogar mehr Sicherheit bieten, weil dann die Armee auf beiden Seiten patrouillieren könnte. Aber da es nicht um Sicherheit geht, sondern um Landgewinn, sind solche Erwägungen kein Thema. Von der Weltbank in Auftrag gegebene Berichte kommen zu dem Schluß, daß die Mauer fast 100 000 Palästinenser auf die israelische Seite verbannt, dazu »einige der landwirtschaftlich ertragreichsten Gebiete des Westjordanlands« sowie einen größeren Teil der lebenswichtigen grundwasserführenden Schichten. Die westjordanische Stadt Kalkilia ist bereits von der Mauer fast vollständig umgeben und damit von ihren Ländereien, 30 Prozent der Wasserversorgung und denjenigen Territorien, die möglicherweise einmal einem palästinensischen Staat mit »territorialem Zusammenhang« zugesprochen werden, abgetrennt. Mehr als die Hälfte der von Kalkilia genutzten landwirtschaftlichen Fläche wurde konfisziert, um an Israel angeschlossen zu werden. Als Ausgleich wurde eine einmalige Entschädigung in Höhe des Marktpreises der diesjährigen Ernte angeboten.[36]

Kurz nachdem Außenminister Powell Israel besucht und mit Ministerpräsident Scharon die Roadmap erörtert hatte, informierte dieser die Presse darüber, daß die Mauer südlich von Kalkilia nach Osten schwenken werde, um die israelischen Siedlungen Ariel und Emmanuel einzuschließen. Damit würde, wie im Camp-David-Plan von Clinton und Barak vorgesehen, die nördliche palästinensische Enklave von der zentral gelegenen durch einen Keil israelischer Siedlungen nahezu abgetrennt. Es dürfte kein Zweifel darüber bestehen, daß die in diesem Plan vorgesehene zweite und wichtigere Ausdehnung israelischen Territoriums, mit der die zentrale Enklave von der südlichen abgeschnitten wird, ebenfalls auf die eine oder andere Weise in israelischem Territorium aufgeht. Und schließlich werden auch die außerhalb der Mauer verbleibenden israelischen Siedlungen ihren gegenwärtigen Status beibehalten und sich als von der Armee geschützte Teile Israels auf dem ihnen zugewiesenen Territorium ausdehnen können, bis ein Befehl von oben den Rückzug anordnet.

Sara Roy von der Universität Harvard schreibt in Auswertung internationaler Quellen: Die Weltbank »schätzt, daß von der nördlichen Bauphase der Mauer 72 Gemeinden mit etwa 232 000 Einwohnern betroffen sein werden, von denen 140 000 auf deren östlicher Seite leben, jedoch von dem windungsreichen Verlauf eingeschlossen sind«. Die Fertigstellung »könnte 250 000 bis 300 000 Palästinenser isolieren und etwa zehn Prozent des Westjordanlands in israelischen Besitz bringen«. Zudem könnte »die Bauweise der Mauer darauf zielen, jene 42 (oder weniger)

Prozent des Westjordanlands herauszuschneiden und einzukreisen, die Scharon eigenen Aussagen zufolge bereit ist, einem palästinensischen Staat zuzugestehen«. Wenn das stimmt, hat Scharon vielleicht den von ihm 1992 vorgeschlagenen Plan vor Augen und erkennt jetzt, daß angesichts der Rechtsverschiebung des politischen Spektrums in Israel die damalige Unverfrorenheit heute als großzügige Konzession dargestellt werden könnte.[37]

»Die am Boden geschaffenen Tatsachen«, kommentiert die israelische Journalistin Amira Hass »bestimmten bisher und bestimmen auch weiterhin das Gebiet, auf das die Roadmap angewendet und auf dem die Entität namens ›palästinensischer Staat‹ errichtet werden wird.« Und sie fährt fort:

> »Besucht man die Orte, wo die Kommission für staatliche Bauprojekte, das Verteidigungsministerium, das Wohnungsbauministerium und die Bulldozer der israelischen Armee eifrig bei der Arbeit sind, versteht man, warum es Ministerpräsident Ariel Scharon so leichtfällt, von einem ›palästinensischen Staat‹ zu reden ... Die umfangreichen Bauprojekte in Jerusalem und Umgebung, von Bethlehem bis Ramallah und vom Toten Meer bis Modi'in haben in Ost-Jerusalem bereits jegliche urbane, industrielle oder kulturelle Entwicklung der Palästinenser, die diesen Namen verdient hätte, unmöglich gemacht. Die südliche Enklave des Westjordanlands, von Hebron bis Bethlehem, wird von der zentralen Enklave um Ramallah durch ein Meer von gepflegten israelischen Siedlungen, Tunneln und Schnellstraßen abgeschnitten werden. Die nördliche Enklave, von Dschenin bis Nablus, wird vom Zentrum durch den massiven Siedlungsblock von Ariel-Eli-Schiloh abgetrennt werden.«[38]

Als Scharon sein Kabinett zur Annahme der Roadmap überredete, erklärte er: »Es gibt hier keine Beschränkungen, und ihr könnt für eure Kinder und Enkel und, wie ich hoffe, auch für eure Urenkel bauen.« Soviel zum »Siedlungsstopp«.[39]

Auf der rhetorischen Ebene scheint die Roadmap den Palästinensern mehr zu bieten als die Vereinbarungen von Oslo: Es ist von einem »palästinensischen Staat«, dem »Ende der Besatzung« und dem »Einfrieren aller Siedlungsaktivitäten« die Rede; all dies fehlt in den Protokollen von Oslo. Aber das ist nur Schein. Abgesehen von extremistischen Elementen sind Washington und Israel nicht daran interessiert, über das nützliche und wünschenswerte Maß hinaus Territorien zu annektieren oder den Israelis die Verwaltung der Mehrzahl der palästinensischen Bevölkerung aufzubürden. Es hat gereicht, »Tatsachen auf dem Boden« zu schaffen, um jetzt von Zielen wie »Palästinenserstaat« usw. reden zu können, die für die Umsetzung der im letzten Jahrzehnt entwickelten Pläne ein Hindernis gewesen wären. Nun aber können diese Pläne mit größerem Nachdruck verfolgt werden.

Abgesehen von den rhetorisch beschworenen Visionen sind die konkreten Handlungen ein besserer Indikator für die von Israel und den USA verfolgten Ziele. Dazu einige Beispiele. Im Dezember 2001 sorgte die Regierung Bush im Ausland für einige Verwirrung, als sie gegen eine von der Europäischen Union eingebrachte Resolution des UN-Sicherheitsrats ihr Veto einlegte, in der die Umsetzung des von Washington selbst vorgeschlagenen Mitchell-Plans und die Entsendung internationaler Beobachter zur Eindämmung der Gewalt gefordert wurde. Dagegen hat Israel starke Bedenken, weil die Präsenz solcher Beobachter nicht nur die palästinensische Gewaltausübung, sondern auch die israelischen Repressions- und Terrormaßnahmen erschweren würde.

Zehn Tage vor dem Veto boykottierte Washington eine in Genf stattfindende Konferenz der Signatarstaaten der Genfer Konvention, bei der es um die Lage in den besetzten Gebieten ging. Die Konferenz bekräftigte die Anwendbarkeit der Bestimmungen der Vierten Genfer Konvention auf die besetzten Gebiete, woraus folgt, daß viele von den USA gestützte israelische Operationen in diesem Gebiet laut US-Recht Kriegsverbrechen sind. Außerdem verurteilte die Konferenz die israelische Siedlungspolitik sowie »willkürliche Tötungen, Folterungen, unrechtmäßige Deportationen, willkürliches Vorenthalten des Rechts auf einen fairen und regelgerechten Prozeß, unrechtmäßige und mutwillige extensive Zerstörung und Aneignung von Eigentum«.[40]

Die Vierte Genfer Konvention diente ursprünglich dazu, die Untaten der Nationalsozialisten in den von ihnen besetzten Ländern formell als Verbrechen verfolgen zu können; sie ist ein Grundprinzip des internationalen humanitären Rechts. Ihre Anwendbarkeit auf die von Israel besetzten Gebiete ist wiederholt bestätigt worden, u. a. durch UN-Botschafter George Bush im September 1971 und durch Resolutionen des Sicherheitsrats, wie z. B. 465 (von 1980) die einstimmig die israelischen Praktiken als »flagrante Verletzungen« der Konvention verurteilte, sowie 1322 (vom Oktober 2000), die ohne Gegenstimme (bei Enthaltung der USA) angenommen und in der Israel aufgefordert wurde, »seinen Verpflichtungen hinsichtlich der Vierten Genfer Konvention in allen Einzelheiten nachzukommen«. Als Signatarstaaten sind die USA und die europäischen Mächte vertraglich verpflichtet, die Urheber solcher Verbrechen zu verfolgen und vor Gericht zu bringen, und sei es die eigene politische Führung. Indem sie sich dieser Pflicht begeben, »fördern sie den Terror«, wie Bush jr. es den Palästinensern vorwarf. Die Haltung der USA in dieser Frage hat sich über die Jahre grundlegend verändert: Zuerst befürworteten sie die Anwendbarkeit der Konvention auf die besetzten Gebiete, dann, unter Clinton, enthielten sie sich einer Stellungnahme, und schließlich, unter Bush jr., torpedieren sie die Konvention.

Auch auf andere Weise signalisierte die Regierung Bush ihr stillschweigendes Einverständnis mit der von Israel ausgeübten gewaltsamen Unterdrückung. Während Ariel Scharon im April 2002 seine brutale Offensive im Westjordanland durchführte, wurde Colin Powell als »Friedensbote« losgeschickt. Er mäanderte zunächst durch den Mittelmeerraum und kam gerade zu dem Zeitpunkt in Israel an, als den Verteidigern von Dschenin Lebensmittel und Munition ausgingen; der Geheimdienst des US-Außenministeriums dürfte da entsprechend kalkuliert haben. Ein Angehöriger des Pentagon konstatierte das Offensichtliche: »Powells Reiseroute, erklärte er, sei so geplant worden, daß ›Scharon etwas Zeit gewinnt‹.« Das Außenministerium sekundierte: »Die Israelis hören nicht groß auf das, was wir sagen, sondern beobachten, was wir tun ... Und was wir tun, ist, ihnen mehr Zeit zum Rückzug zu geben«[41] – nachdem sie ihre Arbeit beendet haben: die Zerstörung des Flüchtlingslagers von Dschenin und der Altstadt von Nablus sowie der institutionellen und kulturellen Infrastruktur des palästinensischen Lebens in Ramallah. Die israelischen Truppen gingen dabei mit jener bösartigen Vulgarität vor, die seit vielen Jahren ihr Markenzeichen ist.

Im Dezember 2002 bekräftigte die UN-Generalversammlung die fast einhellige Opposition gegen die faktische Annektierung Jerusalems durch Israel, die schon seit 1968 – damals noch mit US-amerikanischer Unterstützung – zu wiederholten Malen von Resolutionen des Sicherheitsrats verurteilt worden war. Jetzt stimmten die USA zum ersten Mal gegen die Resolution und revidierten damit auch formell ihre bislang gültige offizielle Haltung zum Status von Jerusalem. Ebenfalls dagegen stimmten Israel, einige Pazifikinseln und Costa Rica. Wenn sie wirklich ernstgemeint ist, macht diese Revision eine politische Regelung praktisch unmöglich. Washington sorgte auch für die Fortsetzung der Gewalt, indem es gegen eine Resolution stimmte, die internationale Bemühungen forderte, um »der sich verschlimmernden Lage zwischen Israel und den Palästinensern Einhalt zu gebieten, alle Maßnahmen, die seit dem letzten Gewaltausbruch vom September 2000 auf dem Boden begonnen wurden, rückgängig zu machen und ein Friedensabkommen voranzutreiben«. Die anderen drei Gegenstimmen stammten von Israel,

Mikronesien und den Marshall-Inseln. Wie gewöhnlich, scheint auch davon nichts zu den US-Medien durchgedrungen zu sein.[42]

Zudem erklärte Bush den Erzterroristen Scharon zu einem »Mann des Friedens« und sprach sich für die Ersetzung von Jassir Arafat durch einen Premierminister aus, der den amerikanisch-israelischen Forderungen nachkommen würde, auch wenn er, »anders als Mr. Arafat, über keinen Rückhalt bei der Bevölkerung verfügt«.[43] Auch das macht deutlich, welche »Vision« der Präsident von der Demokratie hegt.

Im Februar 2003 lieferte Bush, so die *New York Times*, »seine ersten bedeutsamen Äußerungen zum israelisch-palästinensischen Konflikt seit acht Monaten«, und zwar in einer Rede vor dem rechtskonservativen American Enterprise Institute. Die Rede war überwiegend inhaltsleer, enthielt aber zumindest eine bedeutsame Äußerung: Bush erklärte implizit, daß Israel sein Siedlungsprogramm in den besetzten Gebieten fortsetzen könne. Er sagte: »Sobald Fortschritte hin zum Frieden gemacht werden, muß die Siedlungsaktivität in den besetzten Gebieten aufhören.« Das bedeutet, daß sie fortgesetzt werden kann, bis die USA (wie immer unilateral) entscheiden, daß ein Fortschritt erzielt worden ist.[44] Auch damit wird die offizielle Regierungspolitik ins Gegenteil verkehrt. Bislang waren die Siedlungsaktivitäten als illegal oder zumindest »nicht hilfreich« betrachtet worden. Jetzt werden sie implizit autorisiert. Zur Verteidigung der Regierung könnte man sagen, daß die offizielle Doktrin in Übereinstimmung mit der üblichen Praxis gebracht worden ist.

Vorherrschende Werte finden oft einen impliziten Ausdruck. So nahm Bush den ersten Jahrestag der Attentate vom 11. September zum Anlaß, Israel zusätzliche 200 Millionen Dollar zuzuschanzen, während er es ablehnte, Afghanistan 130 Millionen Dollar für dringend benötigte Hilfslieferungen zu gewähren.[45] Aber auch anderenorts ist man nicht zimperlich. Der ehemalige britische Außenminister Douglas Hurd schrieb: »Zwei ungelöste Probleme quälen den Nahen Osten: die von Saddam Hussein ausgehende Gefahr und die Unsicherheit Israels.«[46] Die Unsicherheit der Palästinenser nach 36 Jahren militärischer Besatzung ist dagegen kein »ungelöstes Problem«, sie wird nicht einmal erwähnt.

Die von Israel ergriffenen Maßnahmen, die eine friedliche Lösung des Konflikts immer wieder verhindern, werden als Reaktion auf den palästinensischen Terror gerechtfertigt. Dieser Terror ist in der Tat eskaliert und führte während der Al-Aqsa-Intifada, die Ende September 2000 ausbrach, zu schrecklichen Verbrechen gegen israelische Zivilisten. Allerdings brachte der Aufstand auch bedeutsame Veränderungen, die sich in Israel selbst ereignet hatten, ans Tageslicht. Die Befehlsgewalt des israelischen Militärs erreichte ein derartiges Ausmaß, daß der Militärkorrespondent Ben Kaspit meinte, Israel sei »kein Staat mit einer Armee, sondern eine Armee mit einem Staat«.[47]

Kaspits Analyse wird durch einen weiteren Militärkorrespondenten, Reuven Pedatzur, bestätigt und historisch vertieft. Pedatzur spricht von Israels »Kultur der Macht« und der »ständigen Bevorzugung militärischer Optionen« vor friedlichen Mitteln seit der Gründung des Staats. In seiner Rezension eines Buchs des Militärhistorikers Motti Golani schreibt Pedatzur, Golani habe »natürlich recht«, wenn er »das geheiligte Ethos, dem zufolge Israel immer den Frieden anstrebte, während seine Nachbarn beharrlich den Kriegspfad favorisierten, schlichtweg leugnet«. Die Tatsachen, darin sind beide sich einig, sehen anders aus. Ein wichtiger Grund dafür liegt in der »Institutionalisierung von Macht und ihrem vollständigen Transfer in die Hände des politischen und militärischen Establishments«. Das Militärkommando mischt sich, bisweilen mittels Androhung von Gewalt, in die »politisch-diplomatischen Auseinandersetzungen ein« und bestimmt die Politik in einem Ausmaß, das in anderen demokratischen Gesellschaften unbekannt ist. Geleitet von dieser »militärischen Kultur« verwendet Israels »politisch-militärische Führerschaft bei Sicherheitsfragen die Taktik, Angst zu schüren ... um die israelische Gesellschaft zu mobilisieren und den Blick der Öffentlichkeit von innenpolitischen Problemen wie einer sich verschlechternden Wirtschaftssituation oder einer wachsenden Arbeitslosenzahl abzulenken«. Diese »Formel« – derer sich auch andere Staaten, inklusive der USA, bedient haben – wurde bereits von Israels Gründungsvater David Ben-Gurion in der Frühzeit Israels und »in den folgenden Jahrzehnten« bis heute angewendet. Pedatzur, Golani und andere israelische Kommentatoren warnen vor einer »ernstzunehmenden Gefahr«, nämlich der »Herausbildung eines Konsenses ... dem zufolge demokratische Erwägungen angesichts der israelischen Lage Luxus sind«. Das seien »Anzeichen eines Faschismus«.[48]

Kaspits Beobachtungen beziehen sich auf die Verachtung, mit der das Militärkommando in den ersten Monaten der Intifada Anordnungen der Regierung behandelte. Diese Haltung ist umso erstaunlicher, als der Ministerpräsident früher selbst Stabschef war und andere Regierungsangehörige ebenfalls aus den oberen militärischen Rängen stammten. Bei der Bekämpfung der Intifada griff die israelische Armee sofort auf äußerste Gewaltmaßnahmen zurück – ein für starke Streitkräfte, die sich einem schwachen und wehrlosen Gegner gegenübersehen, geläufiges Verfahren. Als der Leiter des militärischen Geheimdienstes eine Untersuchung verlangte, um zu klären, »wie viele Geschosse die Armee seit Beginn der Feindseligkeiten abgefeuert hat«, waren er und andere Generäle dann doch erschrocken, als herauskam, daß die Armee in den ersten Tagen der Intifada eine Million Kugeln und andere Projektile abgefeuert hatte – »eine Kugel pro Kind«, wie ein Offizier des Oberkommandos mit Abscheu bemerkte. Militärische Quellen bestätigten den Bericht über einen Vorfall, bei dem ein einziger Schuß in die Luft, der einem europäischen Beobachter die Wirklichkeit nahebringen wollte, zwei Stunden schweres Feuer seitens israelischer Truppen und Panzer ausgelöst habe.

Der israelischen Armee zufolge kamen im ersten Monat der Intifada auf einen getöteten Israli fast zwanzig getötete Palästinenser (in genauer Zählung: 4 Israelis und 75 Palästinenser kamen ums Leben). Das ereignete sich in Gebieten unter militärischer Besatzung, wo der Widerstand kaum über Steinwürfe hinausreichte. Außerdem setzte die Armee große, von den USA zur Verfügung gestellte Bulldozer ein, um Häuser, Felder, Olivenhaine und Wälder rücksichtslos niederzumachen. Diese Politik habe Israel selbst den Ruf eines Bulldozers eingebracht, bemerkte ein Korrespondent entsetzt und verwies auf das frühe Ideal, »die Wüste zum Blühen zu bringen«.[49]

Von Anfang an setzte Israel amerikanische Militärhubschrauber ein, um zivile Ziele anzugreifen, wobei Dutzende von Menschen getötet und verwundet wurden. Clinton wickelte daraufhin den größten Helikopterverkauf innerhalb eines Jahrzehnts ab; Nutzungsbeschränkungen gebe es nicht, informierte das Pentagon die Journalisten. Die Tatsachen blieben von den US-Medien unbeachtet.

Israels Methoden sind nichts Neues. Im Golfkrieg von 1991 waren die US-Streitkräfte militärisch so überlegen, daß die Truppen in den Irak hinter an Panzern montierten Pflügen und Erdbewegungsmaschinen einmarschieren und die irakischen Soldaten lebend in den Wüstenboden pflügen konnten. Das sei, berichtet Patrick Sloyan, eine »beispiellose Taktik« gewesen. »Während des Angriffs wurde nicht ein einziger amerikanischer Soldat getötet, aber die Zahl der irakischen Gefallenen ließ sich nicht ermessen.« Es waren zumeist wehrpflichtige Schiiten und kurdische Bauern, unglückliche Opfer Saddam Husseins, die sich in Löchern versteckten oder um ihr Leben flohen. Sloyans Bericht stieß in den USA auf wenig Interesse.[50]

Solche Massaker sind bei ungleicher Machtverteilung an der Tagesordnung und werden oftmals noch von den Urhebern gefeiert. Nehmen wir als Beispiel ein anderes Mitglied der »Achse des Bösen«: Sehr wahrscheinlich haben die Nordkoreaner die »Lektion in Sachen Luftkrieg, die allen Kommunisten auf der Welt, besonders aber den Kommunisten in Nordkorea beigebracht wurde«, nicht vergessen. Diese Lektion wurde im Mai

1953, einen Monat vor dem Waffenstillstand, erteilt und in einer Studie der US-Luftwaffe enthusiastisch beschrieben. Da es in dem bereits zerbombten Land keine Angriffsziele mehr gab, wurden US-Bomber entsandt, um Dämme zu zerstören, die zur Bewässerung der Reisfelder notwendig waren, aus denen Nordkorea »75 Prozent seiner Reisproduktion« bezog. »Im Westen kann man sich nicht vorstellen, welch furchtbare Bedeutung der Verlust dieses Grundnahrungsmittels für die Asiaten hat – Hungersnot und langsamer Tod sind die Folgen«, fährt der offizielle Bericht fort und zählt die Verbrechen auf, die bei den Nürnberger Prozessen zu Todesurteilen führten.[51] Man fragt sich unwillkürlich, ob die nordkoreanische Führung an diese Vorgänge denkt, wenn sie mit ihren Atomwaffen droht.

Man darf nicht vergessen, wie gängig solche Praktiken sind und wie gerne sich gerade die mächtigen Staaten sich ihrer immer wieder bedienen, wenn sie nicht von innen her daran gehindert werden. Die Ruinen von Grosny flößen uns ebensolchen Schrecken ein wie die durch US-Flächenbombardements angerichteten Zerstörungen in Indochina. Die Rache der Mächtigen und Privilegierten kennt keine Grenzen, wenn der Terror, den sonst sie auszuüben gewohnt sind, ihnen zurückgezahlt wird. Als es vor 150 Jahren im britisch besetzten Indien zu einer Rebellion kam (der »indischen Meuterei«, so der imperiale Sprachgebrauch), bei der britische Bürger ermordet wurden, reagierten die Briten mit äußerster Gewalt. Es war, schrieb der im Zweiten Weltkrieg inhaftierte Nehru in seiner Zelle, »ein gespenstisches Bild, das den Menschen von seiner schlimmsten Seite zeigte«; Nehru zitierte britische und indische Quellen. Neuere historische Untersuchungen sprechen von der »verbreiteten Praxis ... willkürlicher Angriffe auf Dorfbewohner und unbewaffnete Inder, sogar auf treue Dienstboten«, von der brutalen Ermordung gefangengenommener »Meuterer«, von »ganzen Dörfern, die in Brand gesteckt wurden, nur weil in ihrer Nähe tatsächliche oder angebliche Greueltaten verübt worden waren«. In anderen Berichten ist die Rede von »Zehntausenden indischer Soldaten und ländlichen Guerrillakämpfern, die erhängt oder erschossen wurden«, was in einigen Regionen zu einem spürbaren Bevölkerungsrückgang führte. Den Ton der brutalen Kampagne schlug John Nicholson – für seine damaligen Bewunderer »der Held von Delhi«, ein »aufrechter Mann« und »bekennender Christ« – im Mai 1857 an, als er forderte: »Laßt uns ein Gesetz einbringen, damit die Mörder der Frauen und Kinder in Delhi zu Tode gepeitscht, gepfählt oder verbrannt werden können. Die Vorstellung, daß die Urheber solcher Greueltaten einfach nur gehängt werden, ist unerträglich.« Zu den von ihm erwähnten Greueltaten gehörten auch von anderen aufrechten Christen beschriebene Verbrechen, die »detailgenau, aber frei erfunden« waren. Die Vergeltungsmassaker dieser Christen erwähnte Nicholson natürlich nicht.[52]

Wer glaubt, daß der Zweite Weltkrieg in dieser Hinsicht zur Ernüchterung geführt habe, sei eines Besseren belehrt. In den fünfziger Jahren starben in Kenia an die 150 000 Menschen, als die Briten einen Kolonialaufstand unterdrückten. Ihr Feldzug war terroristisch, aber, wie üblich, von den höchsten Idealen geleitet. 1946 hatte der britische Gouverneur dem kenianischen Volk erklärt, daß Großbritannien über das Land und die Bodenschätze »von Rechts wegen« verfüge; es sei dies »das Ergebnis historischer Ereignisse, in denen sich der größte Ruhm unserer Väter und Großväter widerspiegelt«. Wenn »der größere Teil des Reichtums dieses Landes sich gegenwärtig in unseren Händen befindet«, so deshalb, weil »wir uns dieses Land rechtmäßig – durch das Recht von Errungenschaften – zu eigen gemacht haben«. Die Afrikaner müßten eben lernen, in einer Welt zu leben, »die wir aufgrund der humanitären Impulse des späten 19. und des 20. Jahrhunderts geschaffen haben«.[53]

Die Geschichte bietet viele Präzedenzfälle für das, was wir jeden Tag vor uns sehen, wobei die Risiken zusammen mit den Zerstörungsmitteln immer mehr anwachsen.

Die israelischen Kommandeure verlassen sich nicht nur auf die üblichen Doktrinen überlegener militärischer Macht, sondern auch auf ihre eigenen Erfahrungen. Als sie im Oktober 2002 den Einsatz massiver Gewalt anordneten, um die Palästinenser mit »kollektiven Bestrafungen« zu »zerschmettern«, sahen sie wahrscheinlich nicht voraus, daß diese Taktik die Opfer zu »blutiger Rache« anstacheln würde.[54] Schließlich war das auch nicht geschehen, als Ministerpräsident Rabin während der ersten Intifada Ende der achtziger Jahre seine Truppen in die besetzten Gebiete geschickt hatte, um den Widerstand der Bevölkerung durch Schläge, Folter und Erniedrigung zu brechen. Damals funktionierte diese Taktik noch.[55]

Im Dezember 1982 kam es in den besetzten Gebieten zu einem derartigen Ausbruch an Gewalt seitens israelischer Siedler und Soldaten, daß selbst die Falken schockiert waren. Damals wies ein prominenter israelischer Militärspezialist warnend auf die Gefahren für die Gesellschaft hin, wenn 750 000 junge Leute, die in der Armee gedient haben, »wissen, daß deren Aufgabe nicht nur darin besteht, den Staat auf dem Schlachtfeld gegen ein feindliches Heer zu verteidigen, sondern daß sie auch eingesetzt wird, um die Rechte unschuldiger Menschen zu zertreten, nur weil es ›Arabuschim‹ sind, die das uns von Gott verheißene Land bewohnen«. Der Leitgedanke war bereits in den frühen Jahren der Besatzung von Mosche Dajan formuliert worden. Man solle den Palästinensern in den besetzten Gebieten erklären, daß »wir keine Lösung haben und ihr weiterhin wie Hunde leben werdet, und wer mag, kann gehen, und wir werden sehen, wohin das führt«.[56] Aber die Palästinenser blieben und duldeten und schlugen nur selten zurück.

Das änderte sich mit der zweiten Intifada. Diesmal führte das Vorgehen der israelischen Armee zur Eskalation der Gewalt, die nach Israel zurückschlug, während man früher, während der militärischen Besatzung, gegen diese Vergeltungsaktionen nahezu immun gewesen war. In Erinnerung an die vor zwanzig Jahren virulent gewesenen Befürchtungen hieß es in einem Kommentar der Tageszeitung *Ha'aretz*:

> »Zweieinhalb Jahre intensiven Kampfs gegen den palästinensischen Terrorismus haben die israelischen Streitkräfte in eine hartherzige und abgestumpfte Armee verwandelt, die sich auf ihren Auftrag konzentriert, ohne die Folgen ihrer Aktionen zu bedenken. Die Armee, in der ganze Generationen von Soldaten mit dem Mythos von der Reinheit der Waffen ausgebildet wurden und die Offiziere ihr Ideal im moralisch abwägenden Kämpfer sahen, der harte Entscheidungen trifft, ohne humane Überlegungen zu vergessen, wird zu einer Tötungsmaschinerie, deren Effizienz so ehrfurchtgebietend wie erschreckend ist.«[57]

Als sich das Verhältnis der palästinensischen zu israelischen Opfern von zwanzig zu eins auf drei zu eins verringerte, wurde man in den USA aufmerksam. Allerdings galt die Aufmerksamkeit in erster Linie den – zweifellos furchtbaren – Greueltaten, die sich gegen unschuldige Israelis richteten. Doch die selektive Sichtweise spricht für sich selbst, nicht zuletzt, weil sie tief in der Kultur und Geschichte von Eroberern verwurzelt ist.

VIII. Terrorismus und Gerechtigkeit

Bei einem so kontroversen Thema wie diesem beginnt man am besten mit ein paar einfachen Wahrheiten.

Erste Wahrheit: Handlungen sind im Hinblick auf die Reichweite ihrer möglichen Folgen zu bewerten. Zweite Wahrheit: Wir folgen dem Universalitätsprinzip und lassen für uns selbst dieselben (wenn nicht gar strengere) Maßstäbe gelten wie für andere. Das sind Binsenweisheiten, die indes zugleich die Grundlage für eine Theorie des »gerechten Kriegs« bilden, d. h. zumindest für solche Versionen dieser Theorie, die ernstgenommen werden wollen. Diese Binsenweisheiten werfen eine empirische Frage auf: Werden sie akzeptiert? Die nähere Untersuchung wird, wie ich meine, ergeben, daß sie fast ausnahmlos ignoriert werden.

Die erste Binsenweisheit verdient eine nähere Erläuterung. Die tatsächlichen Folgen einer Aktion können von großer Bedeutung sein, ohne für die moralische Bewertung eine Rolle zu spielen. Niemand feiert Chruschtschows Erfolg bei der Stationierung von Atomraketen auf Kuba, weil der befürchtete Nuklearkrieg ausblieb, und niemand verurteilt diejenigen, die vor der Bedrohung gewarnt haben. Niemand applaudiert Nordkoreas heißgeliebtem Führer zur Entwicklung von Atomwaffen oder der Lieferung von Raketentechnologie an Pakistan oder prangert diejenigen an, die vor den möglichen Folgen warnen, weil diese nicht eingetreten sind. Ein Apologet staatlicher Gewalt, der solche Positionen verträte, würde als moralisches Ungeheuer oder als wahnsinnig gelten. Das ist so lange offensichtlich, bis es darum geht, diese Kriterien auch auf uns anzuwenden. Dann nämlich ist diese Position auf einmal aller Ehren wert, wenn nicht gar obligatorisch, und wehe dem, der dann noch an den Binsenweisheiten festhält.

Akzeptieren wir dennoch diese Binsenweisheiten als das, was sie sind. Und dann beschäftigen wir uns mit einigen wichtigen gegenwärtigen Beispielen, bei denen sie eine Rolle spielen.

Binsenweisheiten und Terror

Nehmen wir die Terrorattentate vom 11. September 2001. Weitgehend wird die Ansicht vertreten, daß diese Verbrechen die Welt tiefgreifend verändert haben, weil wir jetzt in ein neues und furchterregendes »Zeitalter des Terrors« eingetreten sind – so jedenfalls lautet der Titel einer Essaysammlung von Gelehrten u. a. der Universität Yale.[1] Ebenso ist die Auffassung verbreitet, daß der Begriff »Terror« schwer zu definieren sei.

Aber warum eigentlich? Es gibt offizielle, von der US-Regierung vertretene Definitionen, die nicht unklarer sind als andere, für unproblematisch geltende, Verwendungsweisen. Ein US-Armeehandbuch versteht unter Terrorismus »die berechnende Anwendung oder Androhung von Gewalt, um ... durch Einschüchterung, Zwang oder Furchteinflößung Ziele zu erreichen, die ihrem Wesen nach politisch, religiös oder ideologisch sind«. Der offizielle US-Gesetzeskodex bietet eine umfassendere, inhaltlich aber vergleichbare Definition an, ebenso die britische Regierung: »Terrorismus ist die Anwendung oder Androhung von Aktionen, die gewalttätig, zerstörerisch oder schädigend [*disruptive*] sind und die Absicht hegen, die Regierung oder die Öffentlichkeit einzuschüchtern, um damit ein politisches, religiöses oder ideologisches Ziel zu verfolgen.«[2]

Diese Definitionen erscheinen ziemlich klar, sind mit der gewöhnlichen Verwendungsweise vereinbar und werden für angemessen gehalten, wenn es um den Terrorismus von Feinden geht.

Seit die Regierung Reagan 1981 ihr Amt antrat und erklärte, daß ein »Krieg gegen den Terror« zu den zentralen Motiven ihrer Außenpolitik gehören würde, habe ich mich in meiner Auseinandersetzung mit dem Thema immer auf die offiziellen US-amerikanischen Definitionen bezogen. Das ist für unsere Zwecke besonders angemessen, weil diese Begriffsbestimmungen gerade zu jener Zeit formuliert wurden. Aber niemand benutzt sie, und sie sind annulliert worden, ohne daß etwas vergleichbar Sinnvolles an ihre Stelle getreten wäre. Der Grund dafür liegt auf der Hand: Die offiziellen Definitionen ließen sich auch auf den Begriff »Gegenterror« übertragen (der bisweilen »Konflikt niederer Intensität« oder »Aufstandsbekämpfung« [*counterinsurgency*] genannt wird). Aber Gegenterror gehört zur offiziellen US-Politik, und natürlich möchte kaum jemand behaupten, daß die USA offiziell dem Terrorismus verpflichtet sind.[3]

»Gegenterror« wird nicht nur von den USA betrieben. Es hat Tradition, daß Staaten den von ihnen ausgeübten Terror als »Gegenterror« bezeichnen; das haben selbst die schlimmsten Massenmörder wie etwa die Nationalsozialisten getan, die in den von ihnen besetzten europäischen Ländern angeblich die Bevölkerung und die legitime Regierung gegen die Partisanen verteidigten, in denen sie vom Ausland unterstützte Terroristen sahen. Das war nicht ganz falsch, wie selbst die ungeheuerlichste Propaganda ein Körnchen Wahrheit enthält. Zweifellos wurden viele Partisanen von London aus dirigiert, und zweifellos begingen sie Terrorakte. Im übrigen hatte das US-Militär durchaus Verständnis für die Perspektive der Nationalsozialisten und nahm sich, mit der Unterstützung von Wehrmachtsoffizieren, für seine *Counterinsurgency*-Programme entsprechende deutsche Handbücher zum Vorbild.[4]

Diese übliche Praxis, die eigene Gewalt als Gegenterror zu

deklarieren, läßt die These, Terror sei eine Waffe der Schwachen, plausibel und sogar als per definitionem wahr erscheinen, wenn wir unter Terrorismus das verstehen, was die anderen verüben. Lassen wir das doktrinäre Beiwerk jedoch beiseite, wird deutlich, daß, wie die meisten Waffen, auch der Terror vor allem eine Waffe der Mächtigen ist.

Problematisch an den offiziellen Definitionen von »Terror« und »Terrorismus« ist weiterhin, daß sich aus ihnen die zwingende Folgerung ergibt, die USA als führenden terroristischen Staat zu begreifen. Das ist zumindest unter all jenen unumstritten, die meinen, daß wir Institutionen wie dem Internationalen Gerichtshof oder dem UN-Sicherheitsrat einige Beachtung schenken und die Enthüllungen über das Vorgehen der USA gegen Kuba oder Nicaragua nicht vergessen sollten. Aber auch das ist im Mainstream-Diskurs nicht vermittelbar. Ehe wir aber gar keine sinnvolle Definition in Händen halten, verwenden wir dann doch besser die ihrer inakzeptablen Folgen wegen aufgegebenen offiziellen Bestimmungen.

Diese allerdings beantworten nicht alle Fragen mit der nötigen Präzision. So ziehen sie z. B. keine scharfe Grenze zwischen »internationalem Terrorismus« und »Aggression« oder zwischen »Terror« und »Widerstand«. Es ist interessant zu sehen, wie diese Probleme entstanden sind, weil sich daraus direkte Bezüge auf den jetzigen »Krieg gegen den Terrorismus« und die damit verbundenen Schlagzeilen ergeben.

Nehmen wir die Unterscheidung zwischen »Terror« und »Widerstand«. Hierbei ergibt sich die Frage nach der Legitimität von Handlungen, die »das von der UN-Charta verbriefte Recht auf Selbstbestimmung, Freiheit und Unabhängigkeit für Völker [verwirklichen wollen], die dieses Rechts gewaltsam beraubt sind ... insbesondere unter kolonialistischer und rassister Herrschaft und ausländischer Besatzung ...«. Handelt es sich bei solchen Handlungen um »Terror« oder um »Widerstand«? Die zitierten Worte stammen aus einer Resolution der UN-Generalversammlung, in der terroristische Verbrechen aufs entschiedenste verurteilt werden, wobei betont wird, daß damit »keine Einschränkung des erwähnten Rechts« verbunden ist. Die Resolution wurde im Dezember 1987 angenommen, gerade als der offiziell anerkannte internationale Terrorismus seinen Höhepunkt erreichte. Das ist ebenso bedeutsam wie das Abstimmungsergebnis: 153 Ja- gegen 2 Nein-Stimmen (Honduras enthielt sich).[5]

Die Nein-Stimmen stammten, wie üblich, von den USA und Israel. Der Grund sei, wie sie auf der UN-Sitzung erklärten, die gerade eben zitierte Passage, deren Wendung »kolonialistische und rassistische Herrschaft« sich, wie sie meinten, auf ihren Bündnispartner Südafrika bezog. Offenkundig konnten die Neinsager Widerstand gegen das Apartheid-Regime nicht gutheißen, schon gar nicht, wenn er von Nelson Mandelas ANC geleistet wurde, den Washington damals noch für eine Terroristentruppe hielt. Zudem wurde angenommen, daß sich der Ausdruck »ausländische Besatzung« auf Israels militärische Präsenz in den Palästinensergebieten bezog, die damals in ihr zwanzigstes Jahr ging. Auch in diesem Fall war Widerstand nicht angemessen.

Mit ihrer Behauptung, daß solche Handlungen kein legitimer Widerstand, sondern nur Terrorismus sein können, befanden sich Israel und die USA allein auf weiter Flur. Aber ihre Haltung geht noch über die von Israel besetzten Gebiete insofern hinaus, als beide Staaten z. B. die Hisbollah-Milizen als eine der führenden Terrororganisationen betrachten, und zwar nicht deshalb, weil die Hisbollah tatsächlich Terrorakte verübt, sondern weil sie im Widerstand gegen die israelische Besetzung des Südlibanon gebildet wurden und die Invasoren vertreiben konnten, nachdem diese sich zwanzig Jahre lang allen Rückzugsanordnungen des UN-Sicherheitsrats widersetzt hatten. Die USA gehen sogar so weit, diejenigen als Terroristen zu bezeichnen, die sich ihrer direkten Aggression widersetzen, wie etwa die Südvietnamesen oder, kürzlich, die Iraker.[6]

Die Öffentlichkeit in den Vereinigten Staaten hat von der

eben erwähnten UN-Resolution und ihrem Schicksal, dem üblichen doppelten Veto – im UN-Sicherheitsrat und damit für die offizielle Geschichtsschreibung –, nie etwas erfahren. Um solche Dinge zu entdecken, muß man sich auf verbotenes Gelände vorwagen und die historischen Dokumente oder die marginalisierte kritische Literatur durchforsten. Aber trotz aller Unklarheiten sind die offiziellen US-Definitionen von »Terror« und »Terrorismus« für unsere Zwecke recht geeignet.

Wenden wir uns der Annahme zu, daß der 11. September den Verlauf der Geschichte einschneidend verändert habe. Das scheint zwar fragwürdig, doch ereignete sich an diesem schrecklichen Tag etwas ganz offensichtlich Neues, nie zuvor Dagewesenes. Nicht Kuba bildete das Ziel der Angriffe, auch nicht Nicaragua oder der Libanon oder Tschetschenien oder eines der anderen traditionellen Opfer des internationalen Terrorismus, sondern ein Staat mit enormer, zukunftsbildender Macht. Zum ersten Mal war ein Angriff auf die reichen und mächtigen Länder in einem Ausmaß erfolgreich, das wir sonst nur aus untergeordneten Herrschaftsgebieten kennen. Neben dem tiefen Erschrecken über dieses Verbrechen gegen die Menschheit und dem Mitgefühl für die Opfer reagierten Kommentatoren außerhalb der westlich-privilegierten Staaten auf die Attentate oftmals mit der Bemerkung: »Willkommen im Club«. Das war vor allem in Lateinamerika zu hören, wo man die Wellen der Gewalt und Unterdrückung, die seit den frühen sechziger Jahren immer wieder über die Region hereinbrachen, ebensowenig vergessen hat wie deren Urheber.

Die Gewaltverhältnisse in Lateinamerika können teilweise auf eine 1962 gefällte Entscheidung der Regierung Kennedy zurückgeführt werden, der zufolge der Auftrag des lateinamerikanischen Militärs sich von der »Verteidigung der Hemisphäre« zur »inneren Sicherheit« verschieben sollte. Zugleich verschob damit die US-Regierung ihre Haltung: Hatte sie bislang die »Raubsucht und Grausamkeit des lateinamerikanischen Militärs« geduldet, wurden sie nunmehr zum »unmittelbaren Komplizen« von Verbrechen, »die sich der Methoden von Himmlers SS-Schwadronen« bedienten. So jedenfalls formuliert es Charles Maechling, der von 1961 bis 1966 für Aufstandsbekämpfung und innere Verteidigungsplanung in den USA zuständig war.[7] Die Opfer sehen das ähnlich. So schreibt der Präsident des kolumbianischen Komitees für Menschenrechte, Alfredo Vásquez Carrizosa, daß die Regierung Kennedy »große Anstrengungen unternahm, um unsere regulären Armeen in Brigaden zur Bekämpfung von Aufständischen zu verwandeln und ihnen die neue Strategie der Todesschwadronen zu vermitteln«. Damals wurde »die in Lateinamerika so genannte Doktrin der Nationalen Sicherheit eingeführt ... bei der es nicht um die Verteidigung gegen einen äußeren Feind ging, sondern um das Vorrecht des militärischen Establishments, den Kampf gegen den inneren Feind zu führen ... d. h. Sozialarbeiter, Gewerkschafter, mutmaßliche Kommunisten, also Kritiker des Establishments zu bekämpfen und zu vernichten. Zum inneren Feind konnte jeder gehören, auch Menschenrechtsaktivisten wie ich.«[8]

1962 war das Schicksalsjahr, auch für die »großen Anstrengungen«. Zu jener Zeit schickte Kennedy eine Einheit von Sonderstreitkräften unter Führung von General Yarborough nach Kolumbien. Sie sollte »paramilitärische, terroristische und/oder Sabotageaktionen gegen bekannte Vertreter des Kommunismus« durchführen.[9] In der Doktrin der *Counterinsurgency* fallen unter die Kategorie der »bekannten Vertreter des Kommunismus« auch alle »mutmaßlichen kommunistischen Extremisten«, die von Carrizosa aufgezählt werden. Das ist den Lateinamerikanern ebenso bekannt wie die Tatsache, daß zu den ersten Opfern die Armen und Unterdrückten gehören, die es wagen, gegen die Repression Widerstand zu leisten.

Die Nationale Sicherheitsdoktrin erreichte in den achtziger Jahren Mittelamerika. El Salvador wurde der führende Empfänger US-amerikanischer Militärhilfe. Als der US-Kongreß Einschränkungen verfügte und die Beachtung der Menschenrechte forderte, übernahmen Marionetten die Aufgabe, in El Salvador für »Sicherheit« zu sorgen.

Die Opfer vergessen diese Verbrechen nicht so leicht, während sie bei den Mächtigen der »rituellen Vermeidung« unakzeptabler Tatsachen anheimfallen. Jeder Tag bringt dafür neue Beispiele. So warnt eine Titelgeschichte in der US-Presse vor der zunehmenden Bedrohung durch al-Qaida, die ihre Aufmerksamkeit jetzt von »gut geschützten ... auf sogenannte weiche Ziele« richtet.[10] Das sollte uns an Washingtons offizielle Instruktionen für die Contras erinnern, in Nicaragua »weiche Ziele« zu attackieren. Kurz zuvor war die US-Regierung von den höchsten internationalen Autoritäten aufgefordert worden, den terroristischen Krieg gegen die Sandinisten zu beenden.

Ob es rechtens oder nicht rechtens, terroristisch oder freiheitsdienlich ist, »weiche Ziele« anzugreifen, hängt davon ab, wer der Angreifer ist. Moralische Binsenweisheiten sind dabei belanglos, und unerwünschte Tatsachen »verschwinden« ganz einfach.

Die Kunst, unerwünschte Tatsachen verschwinden zu lassen

In einem der Essays des erwähnten Sammelbands über das »Zeitalter des Terrors« bemerkt der Verfasser, Charles Hill, daß nach dem 11. September der *zweite* Krieg gegen den Terror erklärt worden sei; den ersten habe die Regierung Reagan vor zwanzig Jahren ausgerufen und geführt. Und »wir« hätten, erklärt Hill triumphierend, den ersten Krieg »gewonnen«, obwohl das Monster nur verwundet, nicht vernichtet worden sei.[11] Wie »wir gewonnen« haben, läßt sich aus anderen Quellen erfahren: von den jesuitischen Intellektuellen in Mittelamerika, von der School of the Americas, von Wahrheitskommissionen, seriösen Forschern, Aktivisten und den Erinnerungen der Überlebenden.

Wir können eine Menge über den gegenwärtigen Krieg gegen den Terror lernen, wenn wir uns ansehen, wie die erste Phase heute dargestellt wird. Eine führende Spezialistin beschreibt die achtziger Jahre als Ära des »Staatsterrorismus«, d. h. als »permanente staatliche Verstrickung in den oder ›Förderung‹ des Terrorismus, vor allem durch den Iran und Libyen«. Die USA hätten darauf lediglich mit einer »›proaktiven‹ Haltung« reagiert. Andere empfehlen die Methoden, mit denen »wir« damals gewonnen haben: Die Operationen, die zu einer Verurteilung der USA durch Weltgerichtshof und UN-Sicherheitsrat führten, seien ein Modell für »die Unterstützung der Taliban-Gegner, wie sie damals in Nicaragua« die Contras bekamen. Der prominente Historiker David Rapoport findet die Wurzeln für Usama bin Ladins Terrorismus in Südvietnam, wo »die Wirksamkeit des Terrors der Vietcong gegen den mit moderner Technologie bewaffneten amerikanischen Goliath die Hoffnung nährte, daß das westliche Kernland ebenfalls verwundbar sein könnte«.[12]

Die Schurkerei der Terroristen, die uns überall auf der Welt angreifen, ist wirklich ehrfurchtgebietend.

Die erwähnten Analysen folgen der Konvention, indem sie die USA als gutmütiges Opfer darstellen, das sich gegen den Terror der anderen verteidigen muß: gegen die Vietnamesen (in Südvietnam), gegen die Nicaraguaner (in Nicaragua), gegen die Libyer und Iraner und andere anti-amerikanische Kräfte in anderen Regionen. Wer diese historische Perspektive nicht teilt, ist ebenfalls »anti-amerikanisch« und der Beachtung nicht wert.

Wie bereits erwähnt, erreichten die Wellen des von den USA gestützten Staatsterrors, die in den sechziger Jahren Südamerika überrollten, knapp zwanzig Jahre später Mittelamerika, wo man, unter dem Vorwand der Terrorbekämpfung, die Zivilbevölkerung abschlachtete. Und auch im Hinblick auf den Nahen Osten und die Mittelmeerregion ist der Kontrast zwischen den wirklichen Ereignissen und ihrer späteren Darstellung erheblich. Hier gehörte die israelische Invasion des Libanon 1982 zu den schlimmsten Terroraktionen der achtziger Jahre, die im übrigen, wie die brutalen Aktionen von Rabin 1993 und Peres 1996, kaum zum Zweck der Selbstverteidigung durchgeführt wurden.

An diesen und anderen Verbrechen in der Nahostregion waren die USA in entscheidendem Maß beteiligt. 1985, als amerikanische Zeitungsverleger den Terror im Nahen Osten zur Titelgeschichte des Jahres kürten, ereigneten sich drei besonders schreckenerregende Vorfälle, in die Washington ebenfalls verwickelt war. Da ist zum einen die Autobombe, die vor einer Moschee in Beirut gleich nach dem Ende des Gottesdienstes explodierte und 80 Todesopfer sowie 250 Verwundete forderte. Die Akton war von der CIA und dem britischen Geheimdienst initiiert worden.[13] Da ist zum zweiten die von Schimon Peres angeordnete Bombardierung von Tunis, bei der 75 Personen – Tunesier und Palästinenser – ums Leben kamen. US-Außenminister Shultz lobte dieses Vorgehen, das dann vom UN-Sicherheitsrat einstimmig (bei Enthaltung der USA) als »bewaffnete Aggression« verurteilt wurde. Und da ist zum dritten die, wiederum von Peres lancierte, Operation »Eiserne Faust«, die sich gegen vom israelischen Oberkommando so genannte »terroristische Dorfbewohner« im besetzten Libanon richtete und neue Höhen »kalkulierter Brutalität und willkürlichen Mordens« erreichte. So jedenfalls drückte es ein mit der Region vertrauter westlicher Diplomat aus. Die Zahl der Opfer konnte, wie in solchen Fällen üblich, nicht ermittelt werden. Alle diese Gewalttaten fallen unter die Kategorie »internationaler Terrorismus«, wenn sie nicht gar, als Aggression, zu den Kriegsverbrechen gerechnet werden müssen. Hinzu kommen noch andere kriminelle Handlungen wie die Angriffe israelischer Seestreitkräfte auf Schiffe, die zwischen Zypern und dem Nordlibanon verkehren. Dabei wurden Menschen getötet oder entführt und nach Israel verschleppt, wo man sie im Gefängnis als Geiseln hielt. Auch das sind keine Verbrechen, weil sie von Washington unterstützt und gedeckt wurden.[14]

Allerdings galt 1985 nicht deshalb als terroristischer Höhepunkt, sondern aufgrund von zwei Untaten, bei denen jeweils eine einzelne Person, ein Amerikaner, ums Leben kam.[15] Hier gab es natürlich ausführlichste Berichterstattung in den USA.

Bekannt geworden ist vor allem das schreckliche Schicksal von Leon Klinghoffer, einem körperbehinderten amerikanischen Juden, der während der Entführung des Kreuzschiffs *Achille Lauro* im Oktober 1985 brutal ermordet wurde. Verantwortlich dafür war eine von Abu Abbas geleitete palästinensische Terrorgruppe. Der Mord habe »einen Maßstab für die Unbarmherzigkeit von Terroristen« gesetzt, schrieb John Burns, Korrespondent der *New York Times* 2003 aus dem Irak. Das war anläßlich der Gefangennahme von Abbas, die zu den Triumphen der Invasion gehörte. Burns bezeichnete Abbas als »Ex-Monster«, der nun wohl endlich »der amerikanischen Justiz ins Auge blicken« müsse.[16]

Der Mord an Leon Klinghoffer bleibt das klarste und dauerhafteste Symbol für die unwandelbare Bösartigkeit des arabischen Terrorismus und der unwiderlegliche Beweis dafür, daß man mit solchem Abschaum keine Verhandlungen führen kann. In der Tat läßt sich dieses Verbrechen nicht mit der Behauptung der Terroristen rechtfertigen, die Entführung der *Achille Lauro* sei ein Vergeltungsschlag für die Bombardierung von Tunis eine Woche zuvor gewesen. Zwar gab es dabei sehr viel mehr Tote, aber die Aktion fällt nicht unter die Kategorie »Terrorismus«, weil die Akteure nicht als Terroristen gelten. Bei der Gefangennahme von Abu Abbas blieben die Bomben auf Tunis unerwähnt. Im Prinzip wäre es durchaus möglich, der »Monster« Schimon Peres und George Shultz habhaft zu werden und sie »der amerikanischen Justiz ins Auge blicken« zu lassen. Aber das liegt jenseits des Denkbaren.

Ebenso ins Schweigen »verschwunden« sind neuere Ereignisse, die eine mehr als nur oberflächliche Ähnlichkeit mit dem Mord an Leon Klinghoffer aufweisen. Nach Scharons Offensive im Frühjahr 2002 fanden britische Reporter in den Trümmern des Flüchtlingslagers von Dschenin die plattgedrückten Überbleibsel eines Rollstuhls. »Er war so flach zusammengefaltet, wie man es nur aus Zeichentrickfilmen kennt«, berichteten die Reporter. »Inmitten der Reste lag eine zerbrochene weiße Fahne.« Der körperlich behinderte Palästinenser Kemal Zughajer »wurde erschossen, als er versuchte, im Rollstuhl auf die Straße zu gelangen. Die israelischen Panzer müssen ihn überrollt haben, denn als ein Freund ihn fand, fehlte der Leiche ein Arm und beide Beine, und das Gesicht war in der Mitte aufgeschlitzt worden.«[17] Selbst wenn darüber in den USA berichtet worden wäre, hätte man es als unvermeidlichen Irrtum im Zuge einer gerechtfertigten Vergeltungsaktion abgetan. Kemal Zughajer verdient es nicht, neben Leon Klinghoffer als Opfer in die Annalen terroristischer Gewalt einzugehen. Sein Mord wurde nicht von einem »Monster« verursacht, sondern von einem »Mann des Friedens«, der mit dem »Visionär« im Weißen Haus eine herzliche Beziehung pflegt.

Die hier wirkenden Prinzipien wurden vor zwanzig Jahren von einem der herausragendsten israelischen Schriftsteller und Kommentatoren, Boaz Evron, beschrieben. Nach einem Gewaltausbruch von Siedlern und Soldaten, der in Israel ziemliche Bestürzung ausgelöst hatte, erteilte Evron ironische Ratschläge für den Umgang mit den niederen Rängen – den »Arabuschim«, wie der israelische Slang sie verächtlich nennt. Israel sollte die Araber »am kurzen Zügel führen«, damit sie erkennen, »daß die Peitsche über ihren Köpfen schwebt«. Solange nicht zu viele Leute auf allzu sichtbare Weise getötet werden, dürften die westlichen Humanisten »alles friedlich akzeptieren« und sogar fragen: »Was ist daran so schrecklich?«[18]

Die Wächter über die journalistische Integrität in den USA kommen ihrer Pflicht auch ohne Evrons Ratschlag nach. Der renommierteste Wachhund, die *Columbia Journalism Review*, überreichte ihren begehrten »Lorbeer« den US-Medien für ihre Berichterstattung über Scharons Offensive gegen Dschenin, Nablus, Ramallah und andere Ortschaften. Die Empfänger hätten den Preis verdient, meinte die *Review*, weil sie sich bei ihren Recherchen auf die Hauptfrage konzentrierten: Wurden im Flüchtlingslager von Dschenin Hunderte von Zivilisten vorsätzlich massakriert?[19] Wenn nicht, dann kann der humanistische Westen »alles friedlich akzeptieren«.

Wir wollen ein Gedankenexperiment durchführen. Nehmen wir an, Syrien hätte Israel seit 35 Jahren besetzt und dabei die israelischen Mittel und Methoden angewendet, um schließlich eine Offensive à la Scharon zu starten, d. h. in jüdischen Städten zu wüten, große Bereiche mit Panzern und Bulldozern dem Erdboden gleichzumachen, die Bevölkerung wochenlang im Belagerungszustand zu halten, ohne daß diese sich mit Wasser und Lebensmitteln versorgen oder medizinisch betreut werden kann, Kulturzentren, archäologische Schätze und Regierungseinrichtungen zu zerstören – und all dies, um den »Jidden« ein für alle Mal klarzumachen, daß »die Peitsche über ihren Köpfen schwebt«. Allerdings werden sie nicht gleich zu Hunderten abgeschlachtet. Dem Maßstab der *Columbia Journalism Review* zufolge könnte nur ein anti-arabischer Rassist daran Anstoß nehmen, und auch die Entdeckung der Überreste eines ermordeten Juden in einem Rollstuhl, den ein syrischer Panzer plattwalzte, wäre keiner Erwähnung, geschweige denn des Eingreifens der strengen »amerikanischen Justiz« wert.

Im Hinblick auf die »Dschenin-Story« tadelte die *Review* die britische Presse, weil sie »Israels Schuld als gegebene Tatsache annahm«, und machte sich auch über die UNO lustig, die »ein Untersuchungsteam zusammenstellte, dessen politische Sympathien voraussehen ließen, daß seine Ergebnisse in Frage gestellt werden würden«; insbesondere von den unabhängigen Köpfen der *Review*. »Was sollte die von diesem Lärm verwirrte Welt denn nun glauben?«

Zum Glück war noch nicht alles verloren, denn: »Es folgte der Auftritt der unabhängigen US-Nachrichtenmedien, die sich nun selbst daranmachten, die Tatsachen herauszufinden.« Sie konnten die anti-israelischen Verleumdungen widerlegen und enthüllen, daß es in Dschenin »keine absichtliche, kaltblütige

Ermordung Hunderter von Zivilisten gab«. Zu diesem Schluß waren allerdings auch die verrufenen britischen Medien (und andere) gelangt, die sich weniger eng an den von Israel und Washington vorgegebenen Propagandarahmen gehalten und die Beurteilung der israelischen Invasion nicht auf eine einzige Frage reduziert hatten.

Allerdings hatten die »unabhängigen US-Medien« das beleidigende Lob ihres Cheerleaders nicht verdient. Aufmerksame Leser konnten durchaus etwas über die Verbrechen erfahren, wenn auch nicht mit all den schockierenden Einzelheiten, die den israelischen und anderen ausländischen Zeitungen zu entnehmen waren. Und natürlich lasen sie nichts über die Komplizenschaft ihrer eigenen Regierung.

Wenn die »falschen Akteure« in staatlich geförderten internationalen Terrorismus verwickelt sind, läßt sich bisweilen entdekken, daß Greueltaten nicht verschleiert, sondern eher gelobt werden. Ein instruktiver Fall ist die Türkei, wo während der Amtszeit der Regierung Clinton massiver »Staatsterror« ausgeübt wurde.[20] Dieser Begriff stammt übrigens von dem türkischen Minister für Menschenrechte, der sich damit auf die Kampagne gegen die Kurden von 1994 bezog; aber auch der Soziologe Ismail Besikçi hat ihn verwendet, der für seine Berichte über die Unterdrückung der Kurden eine fünfzehnjährige Gefängnishaft verbüßen mußte und nach der Veröffentlichung seines Buchs *State Terror in the Near East* erneut inhaftiert wurde. Zwar wurden, wie auch sonst, in den USA unakzeptable Tatsachen zum »Verschwinden« gebracht, aber die Ereignisse blieben nicht völlig unbemerkt. Im Bericht des US-Außenministeriums mit dem Titel *Year 2000* über Washingtons »Bemühungen im Kampf gegen den Terrorismus« wurde neben Algerien und Spanien vor allem die Türkei wegen ihrer diesbezüglichen »positiven Erfahrungen« lobend erwähnt, was die *New York Times* kommentarlos auf der Titelseite erwähnte. In einer führenden Zeitschrift über internationale Politik meint US-Botschafter Robert Pearson, daß die USA bei ihren weltweiten Bestrebungen, »den Terrorismus zu eliminieren ... keinen besseren Freund und Verbündeten haben könnten als die Türkei«. Das verdanke sich den »Fähigkeiten der türkischen Streitkräfte«, die sie in ihrer »Anti-Terror-Kampagne« im von Kurden bewohnten Südosten unter Beweis gestellt hätten.[21] Wie bereits erwähnt, wurde die Selbstzensur der US-Medien betreffend den türkischen Staatsterror etwas gelockert, als die Türkei sich weigerte, im Krieg gegen den Irak den Schulterschluß zu vollziehen, aber die Rolle der Vereinigten Staaten wurde natürlich auch dann nicht thematisiert.[22]

Diese ganzen Betrachtungen legen den Schluß nahe, daß es einen einfachen Weg gibt, den »Krieg gegen den Terror« auf sinnvolle Weise zu führen: Man muß aufhören, sich daran zu beteiligen. Davon bliebe allerdings jene Kategorie unberührt, die in der Ideologie der Medien und der herrschenden Institutionen die Hauptrolle spielt: der Terror der *anderen* gegen *uns* und unsere Satelliten. Das ist eine überaus ernstzunehmende Sache, die hier jedoch für einen Augenblick beiseitegesetzt werden soll, damit wir uns einem verwandten Thema zuwenden können, in dem Binsenweisheiten vielleicht von einigem Wert sind.

Binsenweisheiten und die Theorie des gerechten Kriegs

Im Kontext der »neuen Ära humanitärer Intervention« und des internationalen Terrorismus ist die Theorie vom gerechten Krieg wiederbelebt worden. Nehmen wir das eindeutigste Beispiel für diese Theorie: Die Bombardierung Afghanistans galt bei den westlichen Eliten als Paradigma für einen Krieg, der gerecht genannt zu werden verdiente. Die als integer geltende Professorin für Politische Philosophie, Jean Bethke Elshtain, faßte die veröffentlichte Meinung recht präzise zusammen, als sie schrieb: »Mit Ausnahme absoluter Pazifisten und derjenigen, die zu glauben scheinen, daß wir uns ungestraft abschlachten lassen sollten, weil so viele Leute da draußen uns ›hassen‹, sind fast alle der Auffassung«, daß der Krieg gegen Afghanistan ein gerechter Krieg war.[23] Und in der *New York Times* bemerkte deren jetziger Chefredakteur Bill Keller: »Als Amerika Soldaten nach Afghanistan schickte, um einen ›Regimewechsel‹ herbeizuführen, beschränkte sich die Opposition im wesentlichen auf jene Leute, die reflexhaft gegen den Einsatz amerikanischer Macht reagieren«, nämlich »Isolationisten, doktrinäre Linke und jene Schwachköpfe, von denen Christopher Hitchens meinte, es seien Menschen, die, ›wenn sie eine Viper im Bett ihres Kindes entdecken, zuallererst den Tierschutzbund benachrichtigen‹.«[24]

Das sind empirische Behauptungen, bei denen wir, so einmütig sie vorgetragen werden, fragen dürfen, ob sie wahr sind. Lassen wir die Tatsache beiseite, daß der Afghanistan-Krieg zunächst nicht geführt wurde, um einen »Regimewechsel« herbeizuführen; dieser Gedanke tauchte erst viel später auf. Konzentrieren wir uns auf die Frage, ob es Leute gab, die gegen den Krieg opponierten, ohne absolute Pazifisten oder absolute Schwachköpfe zu sein.

Es gab sie tatsächlich, und sie bilden eine interessante Gesellschaft. Zunächst einmal umfaßten sie zum Zeitpunkt, als die Bombardierung angekündigt wurde, offensichtlich die große Mehrheit der Weltbevölkerung. Das entnehmen wir jedenfalls einer internationalen Gallup-Umfrage vom September 2001. Die Frage lautete: »Sollte die amerikanische Regierung, sobald die Identität der Terroristen bekannt ist, einen militärischen Angriff auf das Land oder die Länder, wo die Terroristen ihre Basis haben, beginnen, oder sollte sie um die Auslieferung der Terroristen ersuchen, damit diese vor Gericht gestellt werden können?« Ob solche diplomatischen Mittel erfolgreich gewesen wären, bleibt Spekulation, weil Auslieferungsangebote seitens der Taliban von Washington sofort verworfen wurden, während die amerikanische Regierung zugleich sich weigerte, den Beweis für ihre Behauptungen anzutreten.

Die Weltöffentlichkeit jedenfalls gab diplomatischen Maßnahmen den Vorzug vor militärischen Aktionen. In Europa rangierte die Zustimmung zu einem Krieg von 8 Prozent in Griechenland bis zu 29 Prozent in Frankreich. In Lateinamerika, das seine eigenen Erfahrungen mit US-Antiterrorkriegen gemacht hat, fanden sich die wenigsten Befürworter: 2 Prozent in Mexiko und, die höchste Quote, 11 Prozent in Kolumbien und Venezuela. Nur in Panama sprachen sich 80 Prozent für friedliche, 16 Prozent dagegen für gewaltsame Mittel aus, und nur in Indien und (verständlicherweise) Israel war man für einen Krieg, aber auch hier stand die Opposition keineswegs mit dem Rücken zur Wand.

Es gab also erhebliche Bedenken gegen Washingtons tatsächliche Politik, und die Bomben trafen nicht nur zivile Ziele, sondern verwandelten, Presseberichten zufolge, große urbane Siedlungen in »Geisterstädte«. Im übrigen wurde die Gallup-Umfrage in den USA nicht publik gemacht.[25]

Doch beruhte selbst die begrenzte Zustimmung zum Krieg gegen Afghanistan auf einer entscheidenden Voraussetzung: Es sollte bekannt sein, wer für die Anschläge vom 11. September verantwortlich war. Eben das war, wie die US-Regierung acht Monate nach der Bombardierung indirekt einräumte, nicht der Fall. Im Juni 2002 gab FBI-Chef Robert Mueller von dem Senatskomitee einen seiner, so die Presse, »detailliertesten öffentlichen Kommentare über die Verursacher der Angriffe« ab.[26] Mueller konstatierte: »Ermittler *glauben*, daß die Idee, das World Trade Center und das Pentagon anzugreifen, von Führern der al-Qaida in Afghanistan stammt«, wobei die Spuren der Planung und Finanzierung möglicherweise nach Deutschland und in die Vereinigten Arabischen Emirate zurückweisen. »Wir *sind der Ansicht*, daß die Hauptverantwortlichen in der Führungsspitze der al-Qaida in Afghanistan zu finden sind«, meinte Mueller. Wenn aber die indirekte Verantwortlichkeit Afghanistans im Juni 2002 nur angenommen werden konnte, war sie sicherlich acht Monate zuvor, als Bush die Bombardierung anordnete, keine *Tatsache*.

Folgt man dem FBI, müßte die Bombardierung als auf reinen Vermutungen beruhender Akt der Aggression und mithin als Kriegsverbrechen gewertet werden. Zudem folgt unmittelbar, daß es für die tatsächlich in Kraft gesetzte Politik keine nennenswerte Unterstützung in der Welt gegeben haben kann, weil selbst die Kriegsbefürworter davon ausgingen, daß die Urheber der Verbrechen vom 11. September Washington und London bekannt waren, was sich im Nachhinein als falsch erwies.

Vielleicht sprach der ehemalige Chef von Human Rights Watch Afrika (jetzt Professor für Recht an der Universität Emory) für viele andere in der Welt, als er im Januar 2002 in einer Rede vor dem Internationalen Rat für Menschenrechtspolitik in Genf bemerkte: »Ich erkenne keinen moralischen, politischen oder rechtlichen Unterschied zwischen diesem Dschihad der Vereinigten Staaten gegen diejenigen, die sie als ihre Feinde betrachten, und dem Dschihad der islamischen Gruppen gegen diejenigen, die sie ihrerseits als Feinde betrachten.«[27]

Und wie war es um die Meinung in Afghanistan selbst bestellt? Die Informationen sind spärlich, vermitteln aber ein ungefähres Bild der Lage. Ende Oktober 2001, nach drei Wochen intensiver Bombardierungen, trafen sich 1000 afghanische Führer, allesamt Gegner der Taliban, in Peschawar. In einem Punkt herrschte »seltene Einmütigkeit zwischen Stammesältesten, islamischen Gelehrten, streitbaren Politikern und ehemaligen Guerrilla-Kommandeuren«, berichtete die Presse. Die USA wurden »einstimmig aufgefordert, die Luftangriffe zu stoppen«, und man appellierte an die internationalen Medien, sich dafür einzusetzen, daß die »Bombardierung unschuldiger Menschen« beendet wird. Es gebe andere Möglichkeiten, das verhaßte Taliban-Regime zu stürzen.

Eine ähnliche Botschaft übermittelte der afghanische Oppositionsführer Abdul Haq, der von der US-Regierung ebenso geschätzt wurde wie von dem jetzigen afghanischen Präsidenten Hamid Karzai. Kurz vor seiner Einreise in Afghanistan, wo er dann gefangengenommen und getötet wurde, verurteilte er die Bombardements und kritisierte die USA, weil sie die Bemühungen, »eine Revolte innerhalb der Taliban auszulösen«, nicht unterstützten. Die Angriffe seien in dieser Hinsicht »ein großer Rückschlag« gewesen. Die USA »lassen die Muskeln spielen, um einen Sieg herauszuholen und die ganze Welt in Angst und Schrecken zu versetzen. Die Leiden der afghanischen Bevölkerung oder die Verluste unserer Gruppen interessieren sie nicht.« Auch die bekannte afghanische Frauenorganisation RAWA (Revolutionary Association of the Women of Afghanistan) – die im Westen verspätete Anerkennung fand, als es ideologisch dienlich wurde, sich besorgt über das Schicksal der afghanischen Frauen zu zeigen – verurteilte die Bombenangriffe.[28]

Und schließlich gehörten noch die großen Hilfsorganisationen zur Opposition, die, unterstützt von wissenschaftlichen Experten, darauf hinwiesen, daß die Bombardements die Gefahr eines millionenfachen Hungertods zur Folge haben könnten.[29]

Insgesamt also eine ganze Menge Schwachköpfe, denen es nicht gelang, die Gerechtigkeit des Afghanistan-Kriegs einzusehen.

Wenden wir uns nun dem Fundament der Theorie des gerechten Kriegs zu, dem Universalitätsprinzip. Wer dieses Prinzip nicht akzeptieren kann, sollte den Anstand haben zu schweigen, wenn es um Recht und Unrecht, gerechten oder ungerechten Krieg geht.

Sind wir bereit, das Prinzip anzuerkennen, stellen sich einige ganz offensichtliche Fragen: Hätten, um ein Beispiel zu nennen, Kuba und Nicaragua das Recht gehabt, zum Zweck der Selbstverteidigung gegen faktische Terrorangriffe Washington, New York und Miami zu bombardieren? Insbesondere, da die Urheber dieser Angriffe bekannt waren und, bisweilen in flagranter Mißachtung der höchsten internationalen Autoritäten, ungestraft handeln konnten, so daß diese Fälle sehr viel klarer sind als der afghanische? Und wenn sie das Recht nicht hatten, warum nicht? Sicherlich kann man zur Begründung nicht auf das Ausmaß der jeweiligen Verbrechen verweisen, das verwehrt schon ein kurzer Blick auf die konkreten Ereignisse.

Wenn eine Theorie des »gerechten Kriegs« solche Fragen unbeantwortet läßt, kann sie nicht ernstgenommen werden; allerdings habe ich noch keinen einzigen Fall gesehen, wo sie überhaupt gestellt worden wären. Das führt zu einigen vermutlich nicht besonders attraktiven Folgerungen, die indes Aufmerksamkeit und Selbstprüfung verlangen – und die die weitere Frage aufwerfen, wie sich die offenkundige Unfähigkeit, das Universalitätsprinzip zu akzeptieren, langfristig auswirken wird.

Abgesehen davon gewähren auch noch andere Behandlungsarten des Universalitätsprinzips Einsicht in die bei uns vorherrschende moralische und intellektuelle Kultur. So informiert uns der Lateinamerika-Korrespondent der *New York Times* darüber, daß lateinamerikanische Intellektuelle »anti-amerikanischen Führern auf geradezu reflexhafte Weise … Immunität gegenüber den moralischen Maßstäben, die an andere politische Führer angelegt werden, gewährten«. Der Journalist bezieht sich dabei auf eine Stellungnahme, in der vor einer nach dem Irakkrieg möglichen Invasion Kubas gewarnt wird und hält angesichts dieser Unfähigkeit, »universelle moralische Maßstäbe« anzuwenden, eine »psychologische Erklärung« für notwendig.[30] Die ist natürlich überflüssig, wenn er und seine Kollegen unseren politischen Führern »auf geradezu reflexhafte Weise … Immunität gegenüber den moralischen Maßstäben«, die für andere gelten, gewähren, wie etwa im Fall der Terrorkriege gegen Kuba und Nicaragua.

Prüfen wir Elshtains Argumente für den Afghanistankrieg im Hinblick auf ihren eigenen theoretischen Rahmen, der für die Bestimmung eines gerechten Kriegs vier Kriterien ausweist. Zum ersten ist Gewalt gerechtfertigt, wenn sie »Unschuldige vor einem bestimmten Schaden bewahrt«. Sie gibt dafür allerdings nur ein einziges Beispiel: Wenn ein Land »mit Sicherheit weiß, daß zu einem bestimmten Datum ein Völkermord beginnt« und die Opfer nicht in der Lage sind, sich zu verteidigen, ist ein Krieg begründbar. Zum zweiten muß der Krieg »öffentlich erklärt oder auf andere Weise durch eine legitime Autorität beglaubigt werden«. Zum dritten muß er »mit den rechten Absichten begonnen werden«. Und zum vierten muß er »die letzte Handlungsalternative darstellen, nachdem alle anderen Möglichkeiten, die in Frage stehenden Werte zu verteidigen oder wiederherzustellen, ausgeschöpft worden sind«.[31]

Die erste Bedingung läßt sich auf Afghanistan nicht anwenden. Die zweite und dritte sind sinnlos: Wenn ein Aggressor öffentlich den Krieg erklärt, wird dieser dadurch noch lange nicht gerecht, und »rechte Absichten« zu hegen behaupten auch die schlimmsten Kriminellen, die dabei immer Helfershelfer zur Bekräftigung ihres Vorhabens finden. Die vierte Bedingung trifft auf Afghanistan ebenfalls nicht zu. Damit ist ihre Argumentation anhand der von ihr genannten Kriterien widerlegt.

Geradezu blendend allerdings passen die vier Bedingungen auf einen Krieg, den die Opfer vieler von Washington geförderter Terroraktionen gegen die USA führen könnten. Elshtain liefert diesen Opfern die Begründung für einen gerechten Krieg mit Bomben und Terror, solange dieser nur offen erklärt und von der Verkündung »rechter Absichten« begleitet wird. Diese *reductio ad absurdum* setzt jedoch voraus, daß wir das in Elshtains historisch-philosophischer Studie unerwähnt bleibende, stillschweigend aber verworfene Universalitätsprinzip anerkennen.

Es gibt noch weitere relevante Tatsachen. Offiziell wurde Afghanistan bombardiert, um die Taliban zur Auslieferung von Personen zu zwingen, die der Verwicklung in die Anschläge vom 11. September verdächtigt wurden, wobei jedoch die USA keinerlei Beweise vorlegten. Zu eben dieser Zeit *erneuerte* Haiti sein Auslieferungsbegehren für Emmanuel Constant, den Anführer der paramilitärischen Gruppen, die zu Beginn der neunziger Jahre für die brutale Ermordung tausender Haitianer verantwortlich waren, als die regierende Militärjunta ziemlich offen von den Regierungen Bush sen. und Clinton gefördert wurde. Haitis Ersuchen war Washington offenkundig nicht einmal eine Reaktion wert. Constant war in Haiti in Abwesenheit verurteilt worden, und vielfach wird angenommen, daß die USA befürchten, seine Aussagen vor Gericht könnten die Beziehungen zwischen Washington und den haitianischen Staatsterroristen aufdecken.[32] Hat Haiti mithin das Recht, Washington mit Bomben zu belegen? Oder dürfte es, à la Israel, den Versuch unternehmen, Constant in New York zu entführen oder zu töten, auch wenn dabei in seiner Nähe befindliche Personen zu Schaden kommen? Und wenn nicht, warum nicht? Warum wird die Frage weder in diesem Fall noch bei anderen Staatsterroristen, die sich in den USA sicher fühlen dürfen, gestellt? Und wenn sie für zu absurd gehalten wird, um auch nur in Erwägung gezogen zu werden (was ohnehin zutrifft, wenn man elementare moralische Maßstäbe zugrundelegt), was geschieht dann mit dem Konsens über die Berechtigung unserer eigenen politischen Führer, Gewalt anzuwenden?

Mit Blick auf den 11. September wird bisweilen das Argument angeführt, daß der Terrorismus »absolut« böse sei und daher als Antwort eine »reziprok absolute Doktrin« verdiene, die Präsident Bush so formulierte: *»Wer Terroristen beherbergt, ist selbst Terrorist; wer Terroristen hilft und sie begünstigt, ist selbst Terrorist – und wird auch so behandelt.«*[33]

Wohl nur wenige würden die Doktrin, daß massive Bombenangriffe eine legitime Reaktion auf terroristische Verbrechen sind, akzeptabel finden. Kein normaler Mensch würde die Auffassung befürworten, daß, in Übereinstimmung mit der »reziprok absoluten Doktrin«, die Bombardierung Washingtons eine legitime oder gar »ausgewogene« Reaktion auf terroristische Greueltaten wäre. Sollte diese Argumentation nicht angemessen sein, müßten die Gründe für ihre Zurückweisung genannt werden, was meines Wissens noch nicht geschehen ist.

Betrachten wir einige der juristischen Argumente, die zur Rechtfertigung des Afghanistankriegs vorgetragen wurden. Christopher Greenwood spricht den USA das Recht auf »Selbstverteidigung« gegen diejenigen zu, die »Tod und Zerstörung … verursacht oder angedroht haben«. Er beruft sich dabei auf das Urteil des Weltgerichtshofs im Fall Nicaragua. Allerdings läßt sich der von ihm zitierte Paragraph sehr viel eindeutiger auf den US-Krieg gegen Nicaragua anwenden als auf die Taliban oder al-Qaida, und wenn Greenwood ihn benutzt, um die amerikanischen Aktionen in Afghanistan zu rechtfertigen, dann hätte Nicaragua noch viel heftigere Angriffe gegen die USA führen dürfen. Ein anderer renommierter Spezialist für internationales Recht, Thomas Franck, begründet den Krieg damit, daß »ein Staat für die Folgen verantwortlich ist, wenn er es gestattet, daß von seinem Territorium aus ein anderer Staat angegriffen wird«. Auch das läßt sich bestens auf die US-Aktionen gegen Kuba, Nicaragua und viele andere Länder beziehen.[34] Natürlich würde in keinem dieser Fälle die Berufung auf ein Recht zur »Selbstverteidigung« gegen fortgesetzte Verursachung von »Tod und Zerstörung« in irgendeiner Weise toleriert werden, obwohl es um konkrete *Handlungen* ging, nicht um bloße Drohungen.

Das nämliche gilt auch für nuanciertere Vorschläge zu einer angemessenen Reaktion auf terroristische Greueltaten. Der Historiker Michael Howard befürwortet »eine unter der Schirmherrschaft der Vereinten Nationen durchgeführte Polizeiaktion … gegen eine kriminelle Verschwörung, deren Mitglieder aufgespürt und vor ein internationales Gericht gestellt werden sollten, wo sie einen fairen Prozeß bekommen und, im Falle ihrer Schuld, eine angemessene Strafe erhalten«. Das ist vernünftig, aber auf die USA und Großbritannien ebenfalls nicht anwendbar.[35]

Zwei Gelehrte der Universität Oxford schlagen das Prinzip der »Proportionalität« vor: »Der Umfang der Reaktion bestimmt sich nach dem Umfang, in dem die Aggression Grundwerte in der angegriffenen Gesellschaft beeinträchtigte«; im Fall des 11. September war das »die Freiheit, in einer pluralen Gesellschaft durch Marktwirtschaft die Verbesserung der eigenen Lage zu betreiben«. Dieser Wert wurde von »Aggressoren«

beeinträchtigt, die »eine andere als im Westen übliche moralische Rechtgläubigkeit besaßen«. Weil nun »Afghanistan sich als Staat auf die Seite der Aggressoren stellte« und das Auslieferungsbegehren der USA verweigerte, »war es gemäß dem Prinzip des Umfangs der Wertbeeinträchtigung moralisch gerechtfertigt, daß die Vereinigten Staaten und ihre Verbündeten gegen die Taliban-Regierung mit Gewalt vorgingen«.[36]

Wenn die moralische Rechtgläubigkeit des Westens dem Universalitätsprinzip folgt, dann wäre es auch »moralisch gerechtfertigt«, daß Kuba und Nicaragua gegen die USA mit noch größerer Gewalt vorgehen. Es ist ja nicht zu bestreiten, daß Washington mit seinen Terrorattacken durchaus absichtsvoll »Grundwerte in der angegriffenen Gesellschaft beeinträchtigte«. Da zudem Großbritannien sich »auf die Seite der Aggressoren stellte«, sollte auch Oxford angegriffen werden, zumindest von Nicaragua.

Die Folgerungen, die aus dem Universalitätsprinzip gezogen werden können, reichen weit über diese Fälle hinaus und betreffen auch solche (nach britisch-amerikanischen Maßstäben) geringfügigeren Eskapaden wie Clintons Raketenangriff von 1998 auf die pharmazeutische Fabrik al-Schifa im Sudan, der, den einzig verläßlichen Schätzungen zufolge, die wir besitzen, zum Tod von »einigen zehntausend Menschen« führte. Diese Schätzungen beziehen sich auf Berichte von Human Rights Watch und anderer informierter Beobachter.[37] Ein ähnliches Verbrechen sehr viel geringerer Größenordnung würde helle Wut auslösen, wenn das Ziel die USA oder Israel oder ein anderes »würdiges Opfer« wären. Die Vergeltung wäre schrecklich und zudem ein maßgebendes Beispiel für einen »gerechten Krieg«. Dem Oxforder Proportionalitätsprinzip zufolge hätte der Sudan jedes Recht zu einem massiven Gegenschlag gehabt, und dies umso mehr, wenn wir davon ausgehen, daß der Raketenangriff »entsetzliche Folgen für die Wirtschaft und Gesellschaft« des Sudan hatte, was für die Attentate vom 11. September, die entsetzlich genug waren, nicht zutrifft.[38]

Die wenigen US-Kommentare zum Angriff auf die Fabrik beschäftigen sich lediglich mit der Frage, ob man in Washington vermutete, daß dort chemische Waffen produziert würden. Aber das spielt gar keine Rolle, weil es darum geht, in welchem »Umfang die Aggression Grundwerte in der angegriffenen Gesellschaft beeinträchtigte«. Es wird auch darauf verwiesen, daß die aus dem Angriff resultierenden Todesfälle nicht beabsichtigt waren und somit die Verusacher wie auch diejenigen, die die Folgen des Angriffs unberücksichtigt ließen, nicht schuldig sind. Aber diese Argumentation beleuchtet wiederum die übliche Zurückweisung des Universalitätsprinzips, denn andere dürften diese Haltung uns gegenüber nicht geltend machen: Viele Greueltaten, die wir zu Recht verurteilen, sind nicht beabsichtigt oder nicht absehbar gewesen, was jedoch zu Recht als irrelevant gilt – aber nur, wenn der Verursacher jemand anderer ist. Aber es kann noch ein sehr viel schärferer und völlig eindeutiger Schluß gezogen werden: Die Behauptung, daß der Angriff keine kriminelle Handlung gewesen sei, läßt sich nur unter der Voraussetzung aufrechterhalten, daß das Schicksal der Opfer den Verursachern gleichgültig war. Wir können nicht ernsthaft bezweifeln, daß die wahrscheinlichen Folgen den US-Strategen bekannt waren; die CIA wußte ebenso gut wie Human Rights Watch und andere Organisationen, daß mit der Aktion die hauptsächliche sudanesische Produktionsstätte für human- und veterinärmedizinische Arzneimittel getroffen wurde und wie die Folgen beschaffen sein würden. Dieser Schluß hätte schon vor dem Angriff gezogen werden können, und auch jetzt noch kann jeder ihn ziehen, der meint, daß die Auswirkungen unserer Gewalt auf arme Afrikaner des Nachdenkens wert sind. Aber vielleicht ist das Leben von Afrikanern nicht so besonders viel wert, jedenfalls nicht aus der Perspektive der »moralischen Rechtgläubigkeit« des Westens.

In Konfrontation mit dem Terror

Wir wollen nun den Begriff »Terror« – in so ungenauer wie konventioneller Weise – auf jene Subkategorie reduzieren, die in der westlichen Doktrin als einzig angemessene gilt.

Die Kriege, die jetzt unter dem Banner des neueröffneten »Kriegs gegen den Terror« geführt werden, sind noch lange nicht zu Ende. »Niemand kann sagen, wie viele Kriege nötig sind, um die Freiheit im Heimatland zu sichern«, verkündete der Präsident mit wünschenswerter Deutlichkeit.[39] Potentielle Gefahren lauern überall, sogar im eigenen Land, wie die Attentate mit Anthrax-Erregern und die diesbezüglich ergebnislosen Ermittlungen zeigen.

Nicht nur wird der »Krieg gegen den Terror« lange dauern, sondern er wurde auch nicht erst am 11. September zum alles beherrschenden Gesichtspunkt. Die Attentate jenes Tags geschahen nicht völlig unerwartet; auch insofern gibt es keinen Grund, darin einen geschichtlichen Bruch zu sehen. Regierungsstrategen und sogar Zeitungsschlagzeilenleser waren sich der Möglichkeit eines solchen Anschlags bewußt, denn bereits 1993 wäre es fast soweit gewesen, als eine al-Qaida nahestehende Organisation kurz davor stand, das World Trade Center in die Luft zu sprengen, was vermutlich zehntausende Tote gekostet hätte. Zudem wurde schnell bekannt, daß es noch weitaus ehrgeizigere Pläne gab, die nur um Haaresbreite verhindert werden konnten. Dennoch veränderte sich die Risikoabschätzung auch mit der grauenhaften Verwirklichung dieser Pläne am 11. September nicht wesentlich.

Schon lange vorher wurde die Möglichkeit terroristischer Anschläge öffentlich diskutiert, und spätestens seit 1981 dürfte sich auch niemand mehr Illusionen über das Wesen der radikalislamistischen Organisationen gemacht haben, die, als Vorläufer von al-Qaida, den ägyptischen Präsidenten Sadat ermordeten und einige Jahre später die US-Truppen aus Beirut vertrieben, wobei hunderte von Soldaten und viele Zivilisten ums Leben kamen. Die Denkweise dieser Gruppen wird zumindest den US-Geheimdiensten gut bekannt gewesen sein, hatten sie deren Mitglieder doch seit 1980 rekrutiert, bewaffnet und ausgebildet und mit ihnen selbst dann noch zusammengearbeitet, als sie die USA angriffen. Als eine Untersuchungskommission der niederländischen Regierung sich mit dem Massaker von Srebrenica befaßte, fand sie heraus, daß während des ersten, mißglückten Attentats auf das World Trade Center radikale Islamisten aus den von der CIA etablierten Netzwerken zusammen mit iranisch gesponserten Hisbollah-Kämpfern und einem beträchtlichen Vorrat an Waffen von Afghanistan nach Bosnien geflogen wurden, um die US-Fraktion in den Balkankriegen zu stärken, während Israel (gemeinsam mit Griechenland und der Ukraine) die Serben bewaffnete (die Hardware wurde vermutlich von den USA geliefert).[40]

Der 11. September ist eine augenfällige Erinnerung an das, was schon längst bekannt war: Die reichen und mächtigen Nationen sind nicht mehr im nahezu ausschließlichen Besitz der Macht, die ihnen im Verlauf der Geschichte immer wieder zugefallen ist, und angesichts der Möglichkeiten moderner Technologie sind die Aussichten wahrlich erschreckend. Obwohl der Terrorismus zu Recht überall gefürchtet wird und in der Tat eine nicht zu duldende »Rückkehr zur Barbarei« darstellt, kann nicht überraschen, daß er, je nachdem, an welchem Ende des Gewehrs man sitzt, höchst unterschiedlich beurteilt wird. Diese Tatsache sollten diejenigen bedenken, die aufgrund ihrer Geschichte an Immunität gewöhnt sind und moralische Feigheit demonstrieren, während sie zugleich schreckliche Verbrechen begehen.

Diese Art von Terror dürfte durch globale Enwicklungen in Wirtschaft und Gesellschaft noch befördert werden. Einige dieser Tendenzen erörtert der US-amerikanische National Intelligence Council (NIC; Nationaler Rat der Geheimdienste) in seiner Perspektive für die kommenden Jahre.[41] Der Globalisierungsschub wird, mit seiner unebenmäßigen, »von finanzieller Instabilität und zunehmender ökonomischer Ungleichheit gekennzeichneten Entwicklung« weiter anhalten. Finanzielle Instabilität bedeutet langsameres Wachstum, unter dem vor allem die Armen leiden. Überhaupt sind die Aussichten düster: »Wirtschaftliche Stagnation, politische Unsicherheit und kulturelle Entfremdung fördern den ethnischen, ideologischen und religiösen Extremismus, der oft von Gewaltaktionen begleitet wird«, die sich einmal mehr gegen die Vereinigten Staaten richten, die den Unterprivilegierten, wie Kenneth Waltz bemerkt, als »Verursacher oder Symbol ihrer Leiden gelten«.[42] Militärstrategen beurteilen die Lage kaum anders.

Wer die vom Terror ausgehenden Bedrohungen abschwächen will, tut gut daran, solche Faktoren zu beachten, und auch Aktionen und langfristige politischen Maßnahmen, die zur Verschärfung der Situation beitragen, nicht aus dem Auge zu verlieren. Zudem muß sorgfältig zwischen den terroristischen Netzwerken und ihrem sozialen Umfeld, aus dem sie ihre Anhänger rekrutieren können, unterschieden werden. Zu diesem Umfeld gehören die Armen und Unterdrückten, die in den Erwägungen der Terroristen keine Rolle spielen, aber unter deren Verbrechen leiden, wie auch reiche und säkularisierte Schichten, die von der US-Politik zutiefst enttäuscht sind und für Usama bin Ladin, den sie eigentlich fürchten und verachten, heimliche Sympathie bekunden, weil er, als »das Gewissen des Islam«, zumindest auf die Politik der USA reagiert.[43]

Diese Unterscheidung von Netzwerk und Umfeld ist von grundlegender Bedeutung. Wer den terroristischen Bedrohungen schon im Vorfeld begegnen will, weiß, daß »die Vereinigten Staaten und ihre Verbündeten in Westeuropa und anderenorts auch weiterhin im Fadenkreuz islamistischer Terroristen bleiben werden, solange die sozialen, politischen und wirtschaftlichen Bedingungen, die für al-Qaida und ähnliche Gruppen den Nährboden abgeben, unverändert bleiben«. Demzufolge »sollten die USA zu ihrem eigenen Schutz sich verstärkt darum bemühen, die Pathologie des Hasses zu mindern, ehe sie noch größere Gefahren ausbrütet«. Man kann »al-Qaida strategisch nur dann schwächen, wenn man ihr die Grundlage – ihre tatsächlichen und potentiellen Anhänger – entzieht«. Auch der stellvertretende Außenminister Paul Wolfowitz hält es für entscheidend, auf eine Politik zu verzichten, die »als Rekrutierungssignal für al-Qaida wirkt«.[44]

»Wer glaubt, daß nur ein ›Zusammenstoß der Kulturen‹ zwischen West und Ost den Islam wieder zur Weltmacht werden läßt«, den kann man nicht beschwichtigen, schreibt die *Financial Times*. Aber wenn man die Fundamentalisten bekämpfen will, muß man »sie von ihrer sich vergrößernden Anhängerschaft abkoppeln«. Zwar sei al-Qaida selbst »nur durch machtvolles Vorgehen zu zerstören, doch gegen die Unterstützung, die den Terroristen zunehmend gewährt wird, hilft nur eine Politik, die Araber und Muslime als gerecht ansehen«. Und selbst die Zerstörung des Netzwerks nützt wenig, »solange die zugrundeliegenden Entstehungsbedingungen – politische Unterdrückung und ökonomische Marginalisierung – fortdauern«. Wenn zudem Washington die »heruntergekommenen Regierungen« in Nahost am Leben hält, ist das »Wasser auf die Mühlen von al-Qaida, die den USA genau das vorwerfen«.[45] Und schließlich hat die Politik gegenüber den Palästinensern und dem Irak »eine ganze Generation von ursprünglich amerikafreundlichen Arabern, darunter wohlhabende Geschäftsleute mit enger Westbindung, Intellektuelle, die in Amerika studiert haben sowie Vertreter einer liberalen Politik, zu harschen Kritikern der US-Weltsicht werden lassen«.[46]

Terrornetzwerke können geschwächt werden, und das ist mit al-Qaida nach dem 11. September geschehen, hauptsächlich aufgrund jener Art von Polizeiarbeit, die Michael Howard für empfehlenswert hält. Erfolge gab es vor allem in Deutschland, Pakistan und Indonesien. Aber mit dem Rekrutierungsfeld muß man völlig anders umgehen. »Heikle soziale und politische Probleme lassen sich nicht einfach aus der Welt bomben«, heißt es im *Middle East Journal*. »Wenn die USA Raketen abschießen, streuen sie Salz in schwärende Wunden. Gewalt ist wie ein

Virus: Je mehr man ihn gewaltsam bekämpft, desto mehr breitet er sich aus.«[47]

Auslöser für den Kommentar der *Financial Times* war der Terroranschlag im saudischen Riad, der, wie die Zeitung mit Recht betont, »nicht unerwartet« kam. »Schon lange war offensichtlich, daß Osama ben Ladens Netzwerk die Vorgänge im Irak nutzen würde, um erneut gegen westliche Ziele vorzugehen und für seinen Dschihad zu trommeln.«

Daß die Irak-Invasion den Fundamentalisten neuen Zulauf bescheren würde, war nicht nur von Geheimdiensten und Mainstream-Experten vorhergesagt worden und hat sich mittlerweile bestätigt. Ein UN-Bericht geht davon aus, daß seit der US-Truppenaufstellung für den Einmarsch al-Qaida in dreißig bis vierzig Ländern neue Anhänger gewinnt.[48] Der Geheimdienst eines europäischen Verbündeten warnt vor »kataklysmischen Effekten«[49] und Jason Burke, der sich ebenfalls auskennt, meint, der Rekrutierungsschub, den der Irakkonflikt bei radikalen Gruppen ausgelöst habe, seit so deutlich bemerkbar, daß »selbst US-Regierungsvertreter ihn zugeben«.[50]

Die Ziele der terroristischen Gruppen und Netzwerke sind klar formuliert und werden von allen Experten, die die Szene beobachten, sehr ernstgenommen. Die Ungläubigen, heißt es, sollen aus den muslimischen Ländern und die von den Ungläubigen eingesetzten und gestützten Regierungen, brutal und korrupt wie sie sind, gestürzt werden, damit an ihre Stelle eine extremistische Version des Islam treten kann. Bin Laden verkündete 1998: »Der Ruf zum heiligen Krieg gegen Amerika erging, als die USA über ihre Unterstützung des unterdrückerischen, korrupten und tyrannischen Regimes [in Saudi-Arabien] hinaus noch zehntausende Soldaten in das Land der zwei Heiligen Moscheen schickten.«[51]

Doch wenn der Westen sich nicht um die Probleme in der Region kümmert, sondern den »Zusammenstoß der Kulturen« vorzieht, könnten die Ziele der radikalen Islamisten noch ehrgeiziger und ihre Anhängerschaft noch größer werden.

Der Anschlag in Riad folgte dem Muster früherer Aktionen. Ziel war das zivil genutzte Gelände der Firma Vinnell, einer Tochtergesellschaft von Northrop Grumman, die US-Militäroffiziere i. R. vermitteln, um »die Eliteeinheiten auszubilden, die die königliche Familie schützen«, allerdings wohl nicht vor ausländischen Bedrohungen. Bereits 1995 war eine Ausbildungseinrichtung von Vinnell bombardiert worden. Das weist, so ein britischer Risikoexperte, darauf hin, daß es »um die militärische Präsenz in Saudi-Arabien geht«.[52]

Michael Ignatieff, der den USA empfiehlt, ihre Rolle als Vormacht im Nahen Osten mit Nachdruck zu spielen, dürfte sich breiter Zustimmung sicher sein, wenn er schreibt, daß die »größte Herausforderung für die USA im Irak-Abenteuer« darin besteht, »den Palästinensern und Israelis einen Frieden aufzuzwingen«, der »den Palästinensern zumindest einen lebensfähigen und zusammenhängenden Staat« bescheren müsse. Läßt man sie aber weiterhin »in die Mündungen von Panzerrohren und Helikopter-MGs starren, dürfte das den islamischen Zorn auf die Vereinigten Staaten noch mehr anfachen«.[53]

Für Ignatieff »spielen die Amerikaner [seit den vierziger Jahren] den imperialen Garanten«, doch erklärt er nicht, was sie eigentlich garantieren. Ebenso übersieht er, daß die israelischen Kampfhubschrauber amerikanische Kampfhubschrauber mit israelischen Piloten sind und daß die Panzer ihre Arbeit nur dank Washingtons Großzügigkeit verrichten können. Außerdem ist nicht einzusehen, warum die USA ihre seit dreißig Jahren betriebene Politik der unilateralen Verweigerung so plötzlich um 180 Grad wenden sollten. Aber davon abgesehen sind Ignatieffs Bemerkungen überaus plausibel.

Wem daran gelegen ist, den Terror einzudämmen, statt ihn anzufachen, sollte anhören, was diejenigen sagen, die Erfahrungen im Kampf gegen ihn gesammelt haben. Dazu gehört Israels Sicherheitsdienst Schabak, der für den »Gegenterror« in den besetzten Gebieten zuständig ist. Ami Ajalon, von 1996 bis 2000 Chef des Schabak, bemerkt, daß ein Sieg über den Terror nur möglich ist, wenn man sich mit den zugrundeliegenden Problemen befaßt. Wer das nicht tut, will offensichtlich einen »nichtendenden Krieg« – der ja auch von Präsident Bush bereits in Aussicht gestellt wurde. Uri Sagie, von 1991 bis 1995 Chef des iraelischen Militärgeheimdienstes, gelangt zu ähnlichen Folgerungen. Die Libanon-Invasion und andere Militäraktionen hätten, so meint er, gezeigt, daß Israel mit reiner Machtpolitik nicht weit kommt. »Wir müssen die Dinge aus der Perspektive der anderen Seite sehen ... Wer mit den Arabern gemeinsam leben und überleben will, muß ein Minimum an Respekt für die arabische Gesellschaft aufbringen.«[54] Sonst dauert der Krieg noch ewig.

Im Nahen Osten kann »das Terrorismusproblem nur gelöst werden, wenn man den Palästinensern eine ehrenhafte Lösung bietet, die ihr Recht auf Selbstbestimmung respektiert«. So äußerte sich vor zwanzig Jahren Jehoschafat Harkabi, der ehemalige Chef des iraelischen Militärgeheimdienstes und einer der führenden Arabisten. Damals war Israel vor Anschlägen aus den besetzten Gebieten heraus noch sicher.[55]

Die amerikanisch-israelische Palästina-Politik ist der eine Grund für den Zulauf, den islamistische Terrorgruppen jetzt zu verzeichnen haben, der andere sind die mörderischen Irak-Sanktionen. Aber schon lange vorher gab es noch viel tiefergehende Gründe, die man nicht ignorieren sollte, wenn man weitere Anschläge verhindern oder die von George W. Bush gestellte fassungslose Frage – »Warum hassen sie uns? – beantworten möchte.

Allerdings ist die Frage falsch gestellt. »Sie« hassen nicht *uns*, sondern die Politik unserer Regierung, und das ist ein erheblicher Unterschied. Anders gestellt, ist die Frage nicht schwer zu beantworten. 1958 – also in einem Jahr, dessen Tragweite bereits erwähnt wurde –, erörterten Präsident Eisenhower und sein Stab die in der arabischen Welt »nicht von den Regierungen, sondern von der Bevölkerung gegen uns geführte Haßkampagne«, die der Nationale Sicherheitsrat auf die in den arabischen Ländern weit verbreitete Auffassung zurückführte, der zufolge die USA korrupte und brutale Regierungen unterstütze und sich »dem politischen oder wirtschaftlichen Fortschritt« widersetze, um »unser Interesse am nahöstlichen Erdöl zu wahren«.[56]

Auf ähnliche Gründe stießen das *Wall Street Journal* und andere Zeitungen, als sie nach dem 11. September die Einstellung von westlich orientierten »wohlhabenden Muslimen« – Bankiers, Freiberufler, Manager multinationaler Konzerne usw. – untersuchten. Dieser Personenkreis schätzt die US-Politik im allgemeinen, nicht jedoch, wie schon die arabischen Bevölkerungen vierzig Jahre zuvor, Washingtons Nahostpolitik, deren Grundzüge unverändert geblieben sind.[57] In den Slums und bei den armen Schichten allgemein dürften Wut und Enttäuschung noch sehr viel größer sein, weil man hier nie begreifen konnte, warum der Reichtum der Regionen in die Taschen der Herrschenden und ins Ausland fließen mußte.

Viele westliche Kommentatoren ziehen auf die Frage, warum »sie« uns hassen, einfachere und (für uns) angenehmere Antworten vor: Die muslimische Welt hege Ressentiments gegen unsere Freiheit und Demokratie, liege seit Jahrhunderten in politischer und kultureller Erstarrung und sei unfähig, an der wirtschaftlichen »Globalisierung« teilzunehmen. Dergleichen zu behaupten, ist vielleicht einfacher, aber nicht unbedingt klüger.

Seit dem 11. September hat sich wenig geändert. Washingtons Zuwendungen für die zentralasiatischen Diktaturen, die demokratische Kreise mit tiefer Feindseligkeit betrachten, sind nur ein Beispiel. Auch in Pakistan wächst, wie Achmed Raschid berichtet, »die Verärgerung darüber, daß die USA es Präsident Musharrafs Militärregime erlauben, den Demokratisierungsprozeß zu verschleppen«. Ein bekannter ägyptischer Wissenschaftler führt die Feindseligkeit gegenüber Washington auf den Umstand zurück, daß »die USA nahezu jede antidemokratische Regierung in der arabisch-islamischen Welt unterstützen. Wenn wir amerikanische Regierungsvertreter von Freiheit, Demokratie und ähnlichen Werten reden hören, klingen diese Begriffe aus ihrem Mund obszön.« Ein ägyptischer Schriftsteller fügt hinzu: »In einem Land zu leben, in dem nicht nur fortwährend gegen die Menschenrechte verstoßen wird, sondern das zugleich für die US-Interessen von großer strategischer Bedeutung ist, lehrt einen so manches über politische Doppelmoral und Heuchelei.« Terrorismus sei »eine Reaktion auf die großenteils von den USA verursachte Ungerechtigkeit innenpolitischer Maßnahmen in der Nahostregion«. Auch der Leiter des Terrorismus-Programms im Council of Foreign Relations meinte: »Die Unterstützung repressiver Regimes wie Ägypten und Saudi-Arabien ist zweifellos ein wichtiger Grund für den Anti-Amerikanismus in der arabischen Welt«. Er fügte jedoch hinzu, daß »in beiden Fällen die wahrscheinlichen Alternativen noch sehr viel bösartiger sind«.[58]

Meinungsumfragen, die Anfang 2003 durchgeführt wurden, ergaben, daß von Marokko bis zu den Emiraten am Golf »die überwiegende Mehrheit … der Ansicht war, die islamische Geistlichkeit solle eine bedeutendere Rolle spielen als die von den meisten arabischen Regierungen derzeit ihr zugewiesene«. Fast 95 Prozent der Befragten glaubten nicht, daß es den USA um eine »Demokratisierung der arabischen oder muslimischen Welt« gehe, sondern daß der Irakkrieg geführt worden sei, »um die Kontrolle über das arabische Öl zu erlangen und die Palästinenser dem Willen Israels zu unterwerfen«. Viele äußerten die Erwartung, daß als Folge der Invasion der Terrorismus zunehmen werde. In der gesamten arabischen und muslimischen Welt, bis nach Indonesien, ist der Fundamentalismus auf dem Vormarsch. Er zieht nicht mehr nur die Armen in seinen Bann, sondern zunehmend auch privilegierte und gebildete Schichten, währen »Amerikas natürliche Freunde, die für liberale Alternativen einstehen … das tiefe Mißtrauen gegenüber den politischen Absichten der US-Regierung« teilen.[59] In dieser Hinsicht hat sich, wie gesagt, seit 1958 wirklich nicht viel verändert.

»George Bush wird selbst von jenen verachtet, die sonst die

USA bewundert haben«, berichtet Jonathan Steele aus Jordanien. »Die Verärgerung über Großbritannien und Amerika ist gewachsen«, und »Blairs Versprechen, sich für eine Lösung des Konflikts zwischen Israel und den Palästinensern einzusetzen, wird nicht ernstgenommen.« Selbst sehr westlich orientierte Jordanier glauben, daß der Irakkrieg »für die Demokratie im Nahen Osten ein Rückschlag« ist und die »Befürworter säkularer Werte und Modernisierungsbestrebungen … in die Defensive gebracht hat«, während »nur wenige bezweifeln, daß es noch mehr Gewalt geben wird.«[60]

Ein prominenter ägyptischer Intellektueller, für den die USA »ein Traum und das Musterbeispiel für liberale Werte darstellten, denen Araber und Muslime nacheifern sollten« und der »Jahrzehnte seines Lebens der Modernisierung des Islam und dem Austausch zwischen Muslimen und Nicht-Muslimen gewidmet hat«, bezeichnet die Regierung Bush als »engstirnig, pathologisch, verbohrt und doktrinär«. Es sei ihre Schuld, daß »für die meisten Menschen in dieser Region die Vereinigten Staaten die Quelle aller Übel auf der Erde darstellen«. Und er fügt hinzu: »Ähnliche Auffassungen kann man dieser Tage auch von reichen arabischen Geschäftsleuten, Universitätsprofessoren, hohen Regierungsbeamten und westlich orientierten politischen Beobachtern hören.«[61]

Hätte die Bevölkerung im »neuen Nahen Osten« öffentliches Gewicht, könnte sie als Ruf radikaler Islamisten nach dem Dschihad vernehmbar werden, oder als Stimme weltlicher Nationalisten, die von der geschichtlichen und jetzigen politischen Praxis eine etwas andere Auffassung hegen als die angloamerikanischen Eliten.

Die hier beschriebenen Beispiele stehen für das, was wir entdecken können, wenn wir unsere Aufmerksamkeit auf die elementaren Tatsachen richten und bereit sind, die Maßstäbe, die wir anderen auferlegen, auch für uns gelten zu lassen. Weiteres folgt, wenn wir über die politisch-moralischen Binsenweisheiten hinaus die Verpflichtung anerkennen, leidenden Menschen nach bestem Vermögen zu helfen, eine Verantwortung, die mit dem Privileg Hand in Hand geht. Es ist nicht angenehm, über die wahrscheinlichen Folgen zu spekulieren, die sich ergeben, wenn die Mächtigen ihren bisherigen Kurs fortsetzen und vor jener kritischen Prüfung abgeschirmt sind, die zur zweiten Natur der Demokratie gehören würde, nähmen wir die Erbschaft der Freiheit, die wir genießen, wirklich an.

IX. Ein Alptraum, der vorübergeht?

Nach dem 11. September starrte das Land »in den Abgrund der Zukunft«.[1] Die Bedrohung durch den Terror, die schon seit dem Angriff von 1993 auf das World Trade Center sichtbar gewesen war, konnte nun nicht mehr ignoriert werden.

Genauer gesagt, war es die Öffentlichkeit, die in den Abgrund starrte, während die an den Hebeln der Macht Sitzenden rückhaltlos ihre eigenen Ziele verfolgen und dabei die gegenwärtigen Ängste und Befürchtungen ausnutzen und sogar Maßnahmen ergreifen können, die den Abgrund vertiefen, auf den sie dann, wenn es ihren Interessen dienlich ist, entschlossen zumarschieren. Es sei, so erklären sie, unpatriotisch, ihre Bestrebungen in Frage zu stellen, während es zweifellos patriotisch ist, eine harte und regressive Politik zu betreiben, die den Wohlhabenden nützt, Sozialprogramme kürzt und verängstigte Bürger schärferen staatlichen Kontrollen unterwirft. Noch bevor sich über den Ruinen des World Trade Centers »der Staub gelegt hatte«, schreibt Paul Krugman, hätten einflußreiche Republikaner bereits signalisiert, daß sie »entschlossen seien, den Terrorismus zum Vorwand für eine radikal rechtsgerichtete politische Zielsetzung zu nehmen«.[2] Krugman und andere haben die unnachgiebige Verfolgung dieser Ziele dokumentiert. Es ist zwar die übliche Reaktion konzentrierter Macht auf eine Krisensituation, doch war sie in diesem Fall besonders abscheulich.

Auch andere Staaten ergriffen die Gelegenheit beim Schopf. Rußland schloß sich bereitwilligst dem »Bündnis gegen den Terror« an, weil es sich damit freie Hand bei seinen Greueltaten in Tschetschenien versprach, und seine Erwartungen wurden nicht enttäuscht. China hatte ähnliche Gründe, und Israel erkannte sofort, daß es jetzt noch brutaler und mit noch festerer US-Unterstützung gegen die Palästinenser vorgehen konnte.

Natürlich ist die Bedrohung durch den internationalen Terrorismus nicht zu unterschätzen. Die Attentate vom 11. September haben den vielleicht schlimmsten unmittelbaren Blutzoll in der Geschichte gefordert, abgesehen von kriegsbedingten Todesfällen. Das Wort »unmittelbar« sollte dabei nicht übersehen werden, denn in den Annalen nicht kriegsbedingter Gewalt steht, wie die traditionellen Opfer sehr wohl wissen, das Septemberverbrechen ansonsten keineswegs einzigartig da.

Allerdings ist der Terrorismus nicht der einzige Abgrund, in den wir starren. Eine sehr viel ernsthaftere Bedrohung für das einzige Experiment, das die Evolution jemals mit Wesen höherer Intelligenz durchgeführt hat, geht von Massenvernichtungswaffen aus. In einem wichtigen Dokument von 1995 bezeichnet die US-amerikanische Strategische Kommandozentrale (StratCom) Atomwaffen als wertvollste Rüstungsgüter im Arsenal, weil, »anders als bei chemischen oder biologischen Waffen die von einer nuklearen Explosion angerichtete Zerstörung so unmittelbar und umfassend ist, daß es so gut wie keine Gegenmittel gibt«. Zudem »werfen Atomwaffen ihren Schatten auf alle möglichen Krisen und Konflikte« und müssen daher sichtbar verfügbar sein. Weiter bemerkt die Studie, daß die Strategen sich nicht als »allzu rational und kaltblütig« darstellen sollten. »Daß die USA irrational und rachsüchtig werden können, wenn man vitale Interessen angreift, sollte Teil des nationalen Persönlichkeitsbilds sein, das wir von uns entwerfen.« Es ist für unsere strategische Einstellung nur nützlich, wenn es den Anschein hat, daß »einige Elemente potentiell ›außer Kontrolle‹ geraten könnten«. Das ist eine Art Neuauflage von Nixons

»Theorie des Verrückten« (*madman theory*), die er und Kissinger im Oktober 1969 anläßlich eines Nuklearalarms durchspielten, den sie für risikolos hielten, der aber aufgrund bestimmter, von ihnen übersehener Faktoren leicht außer Kontrolle hätte geraten können – ein weiteres Beispiel für die unvorhersehbaren Folgen der Androhung oder Anwendung von Gewalt, die in der gegenwärtigen Epoche unkalkulierbar geworden sind.

Zudem müsse, so die StratCom-Studie weiter, Washington sich das Recht auf den Ersteinsatz von Atomwaffen auch gegen Mächte ohne Kernwaffen, die den Atomwaffensperrvertrag von 1970 unterzeichnet haben, vorbehalten und das Frühwarnsystem für strategische Atomraketen in Funktion belassen. Offenbar hat die Regierung Clinton diese Vorschläge angenommen.[3]

In kaum einem, vielleicht keinem anderen Land ist der Zugang zu hochrangigen Planungsdokumenten so einfach wie in den USA – eine bedeutsame Errungenschaft der amerikanischen Demokratie. Dieses Dokument ist, wie viele weitere, seit Jahren verfügbar, aber kaum bekannt – keine bedeutsame Errungenschaft der amerikanischen Demokratie.

Die Gefahren sind nicht auf Massenvernichtungswaffen in den Händen der Mächtigen beschränkt. Kleine Kernwaffen können, wie auch andere potentiell äußerst bedrohliche Massenvernichtungsmittel, ohne große Schwierigkeiten in jedes Land eingeschmuggelt werden.[4] Ganz unmittelbar besorgniserregend sind, wie eine Sondergruppe des US-Energieministeriums ermittelte, »möglicherweise etwa 40 000 Nuklearwaffen in der ehemaligen Sowjetunion, die schlecht bewacht und nachlässig gelagert werden«. Eine der ersten Amtshandlungen der Regierung Bush bestand in der Reduzierung eines ohnehin nicht besonders umfangreichen Programms, mit dem Rußland bei der Sicherung und Vernichtung dieser Waffen sowie einer alternativen Beschäftigungsmöglichkeit für Atomwissenschaftler geholfen werden sollte. Diese Entscheidung erhöht das Risiko eines versehentlichen Abschusses von Atomraketen, aber auch das »Verschwinden« von Sprengköpfen, denen dann vielleicht Atomphysiker folgen, die keine andere Möglichkeit sehen, ihre Kenntnisse zu verwerten.[5]

Raketenabwehrprogramme dürften diese Gefahren noch vergrößern. Sollten die Vereinigten Staaten ein solches Programm umsetzen, würde, US-Geheimdiensten zufolge, China sich genötigt sehen, neue Atomraketen zu entwickeln und das Arsenal, womöglich mit Mehrfachsprengköpfen, um das Zehnfache aufzustocken, was wiederum »Indien und Pakistan zu einem entsprechenden Ausbau ihrer Kapazitäten veranlassen« und sich auch auf den Nahen Osten auswirken könnte. Außerdem würden »Rußland und China die Verbreitung von Atomwaffen ausdehnen und ›Gegenmaßnahmen‹ an Nationen wie Nordkorea, Iran, Irak und Syrien verkaufen«. Und schließlich wäre Rußlands »einzig rationale Antwort« auf ein US-amerikanisches Raketenabwehrprogramm »die Beibehaltung und Stärkung der eigenen Nuklearstreitkraft«.[6]

Die Regierung Bush ließ verlauten, sie habe »keine Einwände gegen Chinas Pläne, ein eigenes kleines Arsenal von Atomraketen aufzubauen«. Mit dieser politischen Wendung hofft Washington, Chinas Zustimmung zum geplanten Abbau zentraler Vereinbarungen zur Waffenkontrolle zu bekommen. Aus ähnlichen Gründen hatten Unterhändler der Regierung Clinton Rußland dazu ermutigt, ein Frühwarnsystem aufzubauen, was von Atomexperten für »reichlich merkwürdig« gehalten wurde, weil Rußlands bestehende und langsam zerfallende Warnsysteme voller Löcher und anfällig für Fehlalarm sind, was die Gefahr »nicht genehmigter, zufälliger oder irrtümlicher Raketenstarts« vermehrt. Berichten zufolge ist auch die Wiederaufnahme von Atomtests durch China in Washington nicht auf Kritik gestoßen. Strategieexperten wiesen darauf hin, daß diese politische Kursänderung China dazu ermutigen würde, mehr Raketen auf Ziele in den USA und Japan auszurichten, was seinerseits zum Ausbau von Abwehrprogrammen in Japan und Taiwan führen könnte. Zur gleichen Zeit berichtete die Presse, daß die USA China Sanktionen angedroht hatte, falls Peking den Transfer nach Pakistan »von Raketenteilen und Technologien, die für die Entwicklung von Waffen mit Atomsprengköpfen wesentlich sind« gestatten würde.[7]

Das alles ist »ziemlich merkwürdig«, wenn Sicherheit ein hochrangiger Wert sein sollte.

John Steinbruner und Jeffrey Lewis weisen darauf hin, daß Washingtons Raketenabwehr- und andere Militärprogramme für Rußland und China eine »inhärente Provokation« darstellen. Sie und andere Strategieexperten halten den von Bush und Putin im Mai 2002 unterzeichneten Vertrag zur Verringerung strategischer Offensivstreitkräfte für eine rein verbale Maßnahme, die »das tödliche Potential der beiden Atommächte nicht entscheidend herabmindern wird«. Auch ein stabiles strategisches Gleichgewicht wird dadurch nicht erreicht: »Das zerfallende russische Arsenal wird durch einen Präventivangriff zunehmend verwundbar, und das umso mehr, als die USA die geplante Modernisierung ihrer nuklearen Streitkräfte und den Ausbau eines Abwehrprogramms vorantreiben« – was Rußland möglicherweise zu einer entsprechenden Reaktion veranlaßt. Auch China betrachtet die amerikanischen Militärprogramme als Bedrohung für seine strategischen Abwehrkräfte und könnte versucht sein, den Schwerpunkt seiner Entwicklung vom wirtschaftlichen auf den militärischen Sektor zu verlagern. Besonders alarmiert reagierte China, schreiben Steinbruner und Lewis, auf ein Dokument des US Space Command aus dem Jahre 1998, in dem langfristige Perspektiven eines neuen »globalen Engagements« umrissen wurden. Dazu gehören »im Weltraum stationierte Atomschlagskapazitäten«, die es den USA gestatten würden, jedes Land anzugreifen und »anderen Ländern ähnliche Kapazitäten zu verwehren«. Auch das ist ein aus der Ära Clinton stammender Vorläufer der Nationalen Sicherheitsstrategie vom September 2002. Die UN-Abrüstungskonferenz steckt seit 1998 im Patt, weil China die ausschließlich friedliche Nutzung des Weltraums durchsetzen will, was bei den USA auf eiserne Ablehnung stößt; eine Haltung, die viele Verbündete vor den Kopf stößt und Konfrontationsmöglichkeiten schafft.[8]

Eine im Mai 2003 veröffentlichte Studie der Rand Corporation kommt zu dem Schluß, daß »trotz besserer Beziehungen zwischen Rußland und den Vereinigten Staaten die Gefahr eines zufälligen oder nicht genehmigten Abschusses von Atomraketen in beiden Ländern während des letzten Jahrzehnts gewachsen ist«. Die Vernachlässigung dieser Risiken könnte »zur größten Katastrophe in der modernen Geschichte führen«, meint der ehemalige Senator Sam Nunn von der Nuclear Threat Initiative, die den Bericht finanzierte. Auch Nunn hält den von Bush und Putin unterzeichneten Vertrag für bedeutungslos. Rußland ist bereits dabei, seine Atomwaffen- und sonstigen militärischen Systeme umfangsmäßig zu vergrößern und technologisch zu verbessern, z. T. aus Besorgnis über die amerikanischen Pläne.[9]

Ein Konsortium einflußreicher Forschungszentren hat in einer Studie das Problem »schwerwiegender Verbreitungsrisiken« von Waffen aus ABC-Arsenalen untersucht. Der Bericht kommt zu dem Schluß, daß von Rußlands Plutonium-Vorräten »so gut wie nichts« und von seinem Bestand an hochangereichertem Uran »weniger als ein Siebtel« für die Herstellung von Atomwaffen unbrauchbar gemacht worden sei, und »das Gleiche gilt für die Vereinigten Staaten«. Zudem seien in Rußland »Tausende von Wissenschaftlern und Waffeningenieuren arbeitslos oder unterbeschäftigt und daher anfällig für lukrative Angebote aus Ländern, die möglicherweise geheime B-Waffen-Programme besitzen«, schreibt die *New York Times* in einem Bericht über die Studie. Unter dem von Sam Nunn und Richard Lugar 1991 angeregten Programm namens Cooperative Threat Reduction (CTR) hat es zwar einige Fortschritte gegeben, aber die noch zu bewältigenden Aufgaben sind sehr umfangreich.[10]

Wie bereits erwähnt, unterläuft Bushs neue Sicherheitsstrategie Maßnahmen, die zum Abbau militärischer Konfrontationen führen könnten und hat sogar potentielle Gegner dazu ermuntert, »mit eigenen Massenvernichtungswaffen und neuen Trägersystemen Abschreckungssysteme aufzubauen«, was die Proliferation mit all ihren Unwägbarkeiten ebenfalls befördert. Mit dem Staatshaushalt setzte Bush ebenso eindeutige Präferenzen: Die Ausgaben allein für das Raketenabwehrprogramm waren höher als das gesamte Budget des Außenministeriums und viermal so hoch wie »Programme zur Sicherung gefährlicher Waffen und Materialien in der ehemaligen Sowjetunion«. Für die Pflege des US-Atomwaffenarsenals und die Vorbereitungen zur Wiederaufnahme von Nukleartests wurde fünfmal soviel Geld vorgesehen wie für Initiativen zur Kontolle »vagabundierender Atomwaffen« (*loose nukes*) und spaltbarer Materialien.[11]

Noch bevor er die neue Sicherheitsstrategie verkündete, hatte Bush Programme für den offensiven Einsatz von Atomwaffen gefordert. Für seine Strategen im Pentagon sind mittlerweile konventionelle und atomare Waffensysteme gleichermaßen »offensive strike systems«, d. h., »im Rahmen einer ›neuen Triade‹ offensiver, defensiver und militärisch industrieller Ressourcen« für einen Militärschlag verwendbar, um »Gegnern eine entschiedene Niederlage zuzufügen«. Damit wird die traditionelle Politik »auf den Kopf gestellt«, wie Ivo Daalder von der Brookings Institution bemerkt, weil Atomwaffen jetzt »ein Mittel zur Kriegführung werden und nicht mehr nur zur Abschrekkung dienen«, wodurch ebenfalls die Unterscheidung zwischen konventionellen und Massenvernichtungswaffen ausgehebelt wird. Bush hat bei der Vorbereitung des Irakkriegs »die Schwelle zum Atomkrieg abgesenkt und die Brandmauer zwischen Atomwaffen einerseits und anderen militärischen Mitteln andererseits niedergerissen« und damit die Welt »unendlich viel gefährlicher gemacht, als sie es vor zwei Jahren, bei seinem Amtsantritt, war«, schreibt der Militärexperte William Arkin.[12]

Im Mai 2003 segnete der US-Kongreß die Regierungsprogramme ab und öffnete damit »einer neuen Generation von Nuklearwaffen« Tür und Tor, was »zu einem neuen Rüstungswettlauf führen kann, wenn andere Nationen versuchen, es Amerika gleichzutun«.[13] Das Armed Services Committee des Senats hob ein 1993 verfügtes Verbot der Erforschung und Entwicklung von Atomwaffen mit niederer Strahlung (*low-yield nuclear weapons*) auf. Obwohl deren Technologie in den USA so weit fortgeschritten ist, daß andere Länder im Augenblick nicht folgen können, sind die Atomstaaten in Asien über diesen Wandel in der Politik »keineswegs unglücklich«, wie ein indischer Abrüstungsexperte bedauernd bemerkt, denn nun haben sie einen Vorwand, »um ihre Waffensysteme und die entsprechende Forschung auf den neuesten Stand zu bringen«. Ein anderer fügt hinzu: »Die Politik der USA gegenüber dem Irak und Nordkorea wird andere Nationen nur noch stärker motivieren, sich Atomwaffen zu beschaffen ... Wenn die USA Waffentests durchführen, wird China nachziehen, und damit wächst wiederum innenpolitisch der Druck auf Indien« und auf Pakistan. »Die Büchse der Pandora wurde geöffnet.«[14] Der Verteidigungsexperte Harlan Ullman wies darauf hin, daß besonders bedrohte Länder wie der Iran »ihre Atomwaffenprogramme beschleunigen könnten, nachdem sie gesehen haben, wie die USA mit dem Irak verfahren sind«. Das aber wäre in selbsterfüllender Prophezeiung der Auslöser für eine Invasion des Iran. Andere befürchten, daß Pakistan »angesichts der deutlichen indischen Überlegenheit bei den konventionellen Streitkräften in einem Konflikt versucht sein könnte, den nuklearen Erstschlag zu führen«.[15]

Die Ausdehnung des Rüstungswettlaufs auf den Weltraum ist seit einigen Jahren ein zentrales Vorhaben Washingtons, wobei *Wettlauf* ein irreführender Begriff ist, weil die USA hier im Augenblick allein auf weiter Flur sind. Die Militarisierung des Weltraums einschließlich solcher Programme wie des Raketenabwehrsystems BMD (*Ballistic Missile Defense*) erhöhen die Gefahren atomarer Zerstörung auch für die USA selbst. Aber in der Geschichte finden sich viele Beispiele für politische Entscheidungen, mit denen ganz bewußt Sicherheitsrisiken erhöht wurden. Bedenklicher noch ist die Tatsache, daß diese Entscheidungen im Rahmen eines herrschenden Wertesystems durchaus sinnvoll sein können. Beide Themen verdienen einiges Nachdenken.

Betrachten wir einige entscheidende Stadien des Rüstungswettlaufs im Kalten Krieg. Mitte des 20. Jahrhunderts konnte die Sicherheit der USA nur durch Interkontinentalraketen gefährdet werden. Die Sowjetunion hätte damals vielleicht einen Vertrag zum Verbot solcher Trägersysteme akzeptiert, weil sie militärtechnisch ohnehin weit zurücklag. Allerdings bemerkt McGeorge Bundy in seiner grundlegenden historischen Studie zum Rüstungswettlauf, daß die USA offenbar kein Interesse daran hatten, diese Möglichkeit auszuloten.[16]

Kürzlich geöffnete sowjetrussische Archive werfen einiges Licht auf diese Zusammenhänge, lassen aber auch, wie Adam Ulam bemerkt, »viele Geheimnisse ungelöst«. Zu diesen Geheimnissen gehört die Frage, ob Stalins Vorschlag vom März 1952, der die Wiedervereinigung Deutschlands unter der Voraussetzung militärischer Neutralität vorsah – angesichts des Hitlerschen Vernichtungskriegs gegen die Sowjetunion keine allzu harte Forderung –, ernstgemeint war. Washington habe »wenig Zeit verschwendet und Moskaus Initiative mit einer Begründung zurückgewiesen, die erstaunlich wenig Überzeugungskraft hatte«, weil sie, so Ulam, die »grundlegende Frage« offenließ: »War Stalin wirklich bereit, die gerade erst gegründete DDR auf dem Altar realer Demokratie zu opfern?«

Die Folgen für den Weltfrieden hätten tiefgreifend sein können. Und es gibt, wie Melvyn Leffler berichtet, noch weitere überraschende Entdeckungen in den sowjetischen Archiven: Nach Stalins Tod habe Berija, »der düstere und brutale Chef der Geheimpolizei, vorgeschlagen, daß der Kreml dem Westen die Wiedervereinigung Deutschlands bei dessen gleichzeitiger Neutralisierung anbieten solle«. Um die Ost-West-Spannungen abzubauen und die politischen und wirtschaftlichen Bedingungen in der Sowjetunion zu verbessern, sei man bereit, »das kommunistische Regime in Ostdeutschland zu opfern«. Daß es solche Möglichkeiten gab, die jedoch zugunsten einer NATO-

Mitgliedschaft der Bundesrepublik Deutschland verworfen wurden, bemerkte schon damals der bekannte politische Beobachter James Warburg, auch eine Stimme, die kein Gehör fand.[17]

Recht eindeutig jedoch sind die Erkenntnisse über andere sowjetische Vorschläge, die von den USA ebenfalls zugunsten einer riskanten Aufrüstungspolitik verworfen wurden. Die Archivmaterialien enthüllen, daß nach Stalins Tod Chruschtschow die beidseitige Verminderung der offensiven Militärstreitkräfte forderte und, als die Regierung Eisenhower seine Initiativen ignorierte, sie einseitig gegen die Einwände des sowjetischen Militärkommandos durchsetzte, um das Wirtschaftswachstum zu fördern. Chruschtschow sah im Wettrüsten eine Methode der USA zur Schwächung der ohnehin nicht allzu starken sowjetischen Wirtschaft, um damit »den Sieg auch ohne militärische Auseinandersetzung davonzutragen«. Den Strategen der Regierung Kennedy waren Chruschtschows Maßnahmen bekannt, aber sie widersetzten sich seiner Forderung nach beidseitiger Abrüstung und betrieben statt dessen den umfassenden Ausbau der konventionellen und atomaren Waffensysteme, womit sie »Chruschtschows Versuch, das sowjetische Militär im Zaum zu halten« zunichte machten, bemerkt Matthew Evangelista nach Sichtung der Archivdokumente.[18] Kenneth Waltz schlägt in die gleiche Kerbe, wenn er bemerkt, daß trotz der Initiativen Chruschtschows die USA »zu Beginn der sechziger Jahre die größte strategische und konventionelle Aufrüstung betrieb, die die Welt jemals in Friedenszeiten erlebt hat«, was natürlich eine entsprechende Reaktion der UdSSR zwingend erforderlich machte. Ähnlich äußern sich die Strategieexperten Raymond Garthoff und William Kaufmann, die diese Vorgänge vor Ort – im US-Geheimdienst und im Pentagon – verfolgen konnten.[19]

Die Reaktion des sowjetischen Militärs auf Washingtons militärische Ambitionen, die auch durch die Demonstration der Schwäche in der kubanischen Raketenkrise beeinflußt wurde, führte zur Beendigung von Chruschtschows Reformprogramm.

Seine Fortsetzung hätte die soziale und wirtschaftliche Stagnation, die mit den sechziger Jahren in der Sowjetunion begann, verhindern und jene dringend notwendigen inneren Reformen in Gang setzen können, für die es zu Gorbatschows Zeit bereits zu spät war. Vielleicht wären auch viele Katastrophen der neunziger Jahre sowie die Zerstörung Afghanistans zu vermeiden gewesen, ganz zu schweigen von der Gefahr eines atomaren Konflikts im Zuge des immer hektischer betriebenen Wettrüstens.

Aggressive und provokative Maßnahmen sind in der Geschichte immer wieder mit der Notwendigkeit gerechtfertigt worden, sich gegen unbarmherzige Feinde verteidigen zu müssen; so sprach Kennedy von der »monolithischen und rücksichtslosen Verschwörung« [der Kommunisten] zum Zweck der Welteroberung. Aber eine solche Behauptung ist nicht informativ, sondern beliebig, weil sie sich jederzeit von wem auch immer vortragen läßt. Es ist eine Binsenweisheit machtgestützter Doktrinen, daß umstrittene Rüstungsinitiativen mit hohen Risikofaktoren als »defensive Maßnahmen« ausgegeben werden. Die gegenwärtigen Programme bilden da keine Ausnahme.

Raketenabwehrprogramme bilden nur eine kleine Komponente sehr viel ehrgeizigerer Pläne zur Militarisierung des Weltraums, um diesen monopolistisch für offensive militärische Ziele nutzen zu können. Diese Pläne liegen seit einigen Jahren der Öffentlichkeit in Dokumenten des US Space Command und anderer Regierungsorganisationen vor.[20] Die darin skizzierten Projekte sind mit unterschiedlicher Intensität verfolgt worden, seit Reagan seine auch »Star Wars« genannte Strategische Verteidigungsinitiative (Strategic Defense Initiative, kurz SDI) verkündete. Das SDI-Programm war offensichtlich vor allem dazu gedacht, »die Gegner von Raketenabwehrsystemen zu entwaffnen« – zu der Zeit eine umfassende internationale Anti-Atom-Bewegung –, indem man sich »ihrer Sprache und Ziele bediente«. Offiziell nämlich sollte SDI für »Frieden« und »Abrüstung« sorgen, während es tatsächlich um die Entwicklung eines technologisch fortgeschrittenen Offensivsystems ging.[21] Zudem war das SDI-Programm eine flagrante Verletzung des ABM-Vertrags von 1972, der die Abrüstung von Raketensystemen vorsah. Während Raymond Garthoff und andere darauf sofort hinwiesen, versuchte die Regierung Reagan, ihre Einwände zu unterdrücken. Der Rechtsberater des Außenministeriums, Richter Abraham Sofaer, drohte sogar mit rechtlichen Schritten gegen die Veröffentlichung eines Buchs von Garthoff zu diesem Thema. Das Buch sollte, so der Autor, die »schamlosen Versuche« von Paul Nitze und anderen reaganistischen SDI-Enthusiasten, »die historischen Fakten zu verzerren und die rechtlichen Verpflichtungen der USA zu unterlaufen«, widerlegen. Später wurde behauptet, SDI habe die Sowjets zu erhöhten Verteidigungsausgaben gezwungen und sei daher von grundlegender Bedeutung für die Beendigung des Kalten Kriegs gewesen, was Garthoff allerdings für wenig wahrscheinlich hält.[22] Es ließe sich jedoch behaupten, daß die von Kennedy gestartete Aufrüstung, mit der er Chruschtschows Hoffnungen auf eine beiderseitige Reduzierung des Atomwaffenarsenals zunichte machte, solche Auswirkungen gehabt haben könnte. Allerdings waren die Kosten dabei so enorm wie die Risiken.

Schon während der ersten Monate der Bush-Regierung wurden Raketenabwehrprogramme und damit zusammenhängende Inititiativen vorangetrieben. Schon vor dem 11. September überstiegen die amerikanischen Militärausgaben die der folgenden fünfzehn Nationen zusammengenommen, aber die Gelegenheit, die von den terroristischen Anschlägen ausgelöste Furcht auszunutzen, konnte Washington sich nicht entgehen lassen und förderte Militärprogramme aller Art, auch wenn diese nichts mit dem Antiterrorkrieg zu tun hatten.

Das Raketenabwehrprogramm mit dem Kürzel BMD gilt vielen Experten als »Trojanisches Pferd für das eigentliche Ziel: die zukünftige Bewaffnung des Weltraums«, bei der Waffen mit hoher Zerstörungskraft im Weltraum plaziert oder von dort aus dirigiert werden.[23] Schon BMD selbst ist eine Offensivwaffe, was engen Verbündeten wie potentiellen Gegnern der USA bestens vertraut ist. Kanadische Militärstrategen teilten ihrer Regierung mit, daß das Ziel von BMD »eher darin zu sehen ist, die Handlungsfreiheit von USA und NATO zu garantieren als die Vereinigten Staaten vor einer befürchteten Bedrohung seitens Nordkoreas oder des Irans zu bewahren«.[24] Chinas oberster Waffenkontrollbeauftragter sagte nichts Neues, als er bemerkte: »Wenn die Vereinigten Staaten erst einmal glauben, daß sie nicht nur über einen starken Speer, sondern auch über einen starken Schild verfügen, könnte sie das zu dem Schluß verführen, daß kein Staat ihnen etwas anhaben kann, sie aber jedem beliebigen Staat Schaden zuzufügen vermögen.« China weiß sehr wohl, daß es im Fadenkreuz der jetzt in Washington regierenden Radikalnationalisten steht und womöglich der wichtigste Adressat der von der imperialen Strategie ausgehenden Botschaft ist, die besagt, daß eine Infragestellung der amerikanischen Hegemonie nicht geduldet wird. China weiß ferner, daß die USA sich das Recht auf den atomaren Erstschlag vorbehalten. Und China weiß genauso gut wie US-Militärspezialisten, daß die »EP-3-Aufklärungsflugzeuge, die nahe der chinesischen Grenze operieren« – eines von ihnen wurde Anfang 2001 abgeschossen, was eine kleine Krise auslöste – »nicht nur zur passiven Überwachung dienen, sondern auch Informationen sammeln, die zur Weiterentwicklung von Atomkriegsplänen nützlich sein können«.[25]

Chinas Interpretation des amerikanischen Raketenabwehrprogramms wird von US-Strategieexperten gestützt: BMD sei, so eine Studie der Rand Corporation, »nicht einfach nur ein *Schild gegen*, sondern ein *Ermöglichungsfaktor für* Angriffsaktionen« und zwar seitens der USA. Das wird von anderer Seite bekräftigt. Andrew Bacevich schreibt in der konservativen Zeitschrift *National Interest*: »Indem sie das eigene Land – wenngleich auf begrenzte Weise – vor Gegenschlägen schützt, wird die Raketenabwehr die Fähigkeit und den Willen der USA stärken, anderenorts für ›klare Verhältnisse‹ zu sorgen.« Zustimmend zitiert er die Folgerung von Lawrence Kaplan im liberalen *New Republic*: »Die Raketenabwehr dient nicht wirklich dazu, Amerika zu schützen. Sie ist ein Werkzeug für die globale Vorherrschaft.« Sie ist, so Kaplan weiter, »nicht für die Defensive gedacht, sondern für die Offensive. Und genau deshalb brauchen wir sie.« Sie verschafft den USA »die absolute Freiheit, in internationalen Beziehungen Gewalt anzuwenden oder anzudrohen« und »zementiert die US-amerikanische Hegemonie und macht die Amerikaner zu den ›Herren der Welt‹«.[26]

Den Hintergrund für solche triumphalen Erklärungen bildet die zeitgenössische Version des Wilsonschen Idealismus, die als Doktrin »gegen jede Infragestellung gefeit ist«: Amerika ist die »geschichtliche Avantgarde« und muß daher seine globale Vorherrschaft und militärische Überlegenheit zum Wohle aller auf Dauer sichern.[27] Daraus folgt, daß »die absolute Freiheit, Gewalt anzuwenden oder anzudrohen«, die den USA durch die Entwicklung des Raketenabwehrsystems zufällt, ein kostbares Geschenk ist, das wir der Menschheit zugute kommen lassen. Dieser makellosen Logik kann niemand sich verschließen.

Natürlich ist bekannt, daß das Raketenabwehrprogramm, seine technische Machbarkeit vorausgesetzt, auf Satellitenkommunikation beruht, wobei der Abschuß von Satelliten sehr viel einfacher ist als der von Raketen. Anti-Satelliten-Waffen, die von Verträgen, um deren Auflösung die Bush-Regierung bemüht ist, verboten wurden, sind selbst Staaten mit geringerer Militärmacht ohne große Schwierigkeiten zugänglich. Dieses Paradox des BMD-Programms ist bereits ausführlich diskutiert worden. Aber vielleicht gibt es dafür in einer imaginären Welt eine Lösung. BMD-Befürworter setzen ihre Hoffnungen auf eine so »vollständige Vorherrschaft« bei der Kontrolle des Weltraums (und der Welt im allgemeinen), daß ein möglicher Gegner selbst mit Anti-Satelliten-Waffen nichts ausrichten könnte. Das erfordert allerdings im Weltraum stationierte Offensivkapazitäten, zu denen auch sogenannte »Todessterne«

gehören, d. h. Waffen mit großer, möglicherweise nuklearer Zerstörungskraft, deren Abschuß computergesteuert ist. Derartig komplexe Systeme vergrößern das Risiko umfassender Katastrophen schon deshalb, weil es dabei immer zu »normalen«, aber natürlich unvorhersehbaren »Zwischenfällen« kommen kann.[28]

Wenige Wochen, nachdem die Nationale Sicherheitsstrategie verkündet worden war, gab es bereits Pläne, in denen BMD und andere Programme als »Schlüssel zur militärischen Effektivität unserer Nation« bezeichnet wurden. Die USA müßten den Weltraum nicht nur »kontrollieren«, sondern »besitzen«, und zwar auf Dauer, damit der »sofortige weltweite Einsatz« garantiert ist und »Angriffe aus dem Weltraum« in Kampfstrategien einbezogen werden können. »Die sofortige globale Erstschlagskapazität, sei sie nuklear oder nicht-nuklear, ermöglicht den USA, von relativ gesicherten Positionen aus lohnende, schwer zu verteidigende Ziele in kürzester Zeit zu treffen« und »verschafft den Befehlshabern eine hohe Flexibilität bei der Bestimmung, Änderung, Verlegung, Vortäuschung, Sprengung, Vernichtung und Neutralisierung von Zielen innerhalb von Stunden/Minuten statt von Wochen/Tagen auch dann, wenn die Streitkräfte der USA und ihrer Verbündeten nur über begrenzte Offensivkapazitäten verfügen.«[29]

Diese Pläne waren bereits in einem als geheim eingestuften Dokument des Pentagon vom Mai 2002 skizziert worden, von dem Teile an die Öffentlichkeit durchsickerten. Gefordert wurde eine Strategie »offensiver Abschreckung«, bei der mit einer Geschwindigkeit von Mach 10 fliegende hypersonische Raketen, die von Stützpunkten im Weltraum abgeschossen würden, sofortige »Angriffe ohne Vorwarnung« ausführen könnten. Der Militärexperte William Arkin kommentiert: »Kein Ziel auf der Erde oder im Weltraum wäre vor einem amerikanischen Angriff sicher. Die Vereinigten Staaten könnte ohne Vorwarnung überall und jederzeit dort zuschlagen, wo sie eine Bedrohung wahrnehmen, und wären selbst durch Raketenabwehrsysteme« sowie innere Sicherheitsmaßnahmen geschützt. Hypersonische Drohnen würden Ziele ausspähen und sprengen. Das neue Waffensystem würde es den USA erlauben, ausgewählte Feinde sofort von US-Stützpunkten aus zu bombardieren, wobei technologisch fortgeschrittene Kommunikations- und Überwachungssysteme mit der Fähigkeit »die Bewegung eines jeden Fahrzeugs in einer ausländischen Stadt aufzuspüren, aufzuzeichnen und zu analysieren«, entscheidende Hilfsfunktionen übernehmen. Damit wäre die Welt auf Gnade oder Ungnade der Möglichkeit US-amerikanischer Angriffe ohne Vorwarnung oder glaubwürdigen Vorwand ausgeliefert – es reicht schon aus, daß eine *Bedrohung wahrgenommen* wird.[30]

Noch kühnere Ideen werden von der Forschungseinrichtung des Pentagon namens DARPA (Defense Advanced Research Projects Agency) gehandelt. Dort denkt man über Technologien zur direkten Vernetzung von Gehirn und Maschine nach, die irgendwann einmal, so hofft man, zu einer unmittelbaren Kommunikation von Gehirn zu Gehirn führen könnte, was dann vielleicht, wie Forscher meinen, »die Kriegsführung der Zukunft« wäre.[31]

Mit der Militarisierung des Weltraums sind weitreichende Ziele verbunden. Die noch während Clintons Amtszeit erschienene Broschüre des Space Command mit dem Titel *Vision for 2020* verkündete das hauptsächliche Ziel gleich auf der Titelseite: »Beherrschung der Weltraumdimension militärischer Operationen zum Schutz US-amerikanischer Interessen und Investitionen«.[32] Das dürfte dann also die nächste Phase der historischen Aufgabe von Militärstreitkräften sein. Armeen wurden benötigt, »um die kontinentale Westexpansion der Vereinigten Staaten voranzutreiben« – was natürlich auch nur ein Akt der Selbstverteidigung war. Zudem haben, wie das Space Command mitteilt, Nationen Flotten gebaut, »um ihre Handelsinteressen zu schützen und zu befördern«. Der weitere logische Schritt ist mithin die Entwicklung von Weltraumstreitkräften, um die »nationalen [militärischen und wirtschaftlichen] Interessen und Investitionen der USA« zu schützen, und zwar durch Raketenabwehrsysteme wie auch »weltraumgestützte Angriffswaffen«, die »die Anwendung präziser Schlagkraft aus dem, in den und im Weltraum« ermöglichen.

Allerdings sind diese Weltraumstreitkräfte nicht mit den Kriegsflotten früherer Epochen zu vergleichen, weil die USA hier die Hegemonie besitzen. Der britischen Kriegsflotte stand die deutsche gegenüber – die Folgen müssen wir hier nicht erörtern. Aber die USA bleiben immun, es sei denn gegen die Entwicklung von Massenvernichtungswaffen durch Schurkenstaaten und gegen jenen Terrorismus, den die herrschende Doktrin einzig als solchen akzeptiert: den Terrorismus der anderen gegen uns und unsere Verbündeten.

Die Notwendigkeit umfassender militärischer Vorherrschaft wird, wie das Space Command erklärt, infolge der »Globalisierung der Weltwirtschaft« noch zunehmen, weil die »Kluft zwischen Besitzenden und Habenichtsen wächst«, was auf seiten der letzteren zu Unruhen und Gewaltausbrüchen führt, die sich vielfach gegen die Vereinigten Staaten richten – ein weiterer Grund für die Verlagerung von Offensivkapazitäten in den Weltraum. Die USA müssen nämlich Aufruhr und Unruhen »durch präzise Angriffsschläge aus dem Weltraum als Gegenmittel für die weltweite Proliferation von Massenvernichtungswaffen« durch widerspenstige Elemente kontrollieren können. Allerdings dürfte die Proliferation gerade eine Folge der Weltraumprogramme sein, so wie die »wachsende Kluft« zwischen Arm und Reich eine voraussehbare Folge der herrschenden Form von »Globalisierung« ist.

Das Space Command hätte seine Analogie zu den Streitkräften früherer Epochen noch erweitern können, denn militärische Belange haben in der Moderne eine bedeutende Rolle für die technologische und industrielle Entwicklung gespielt. Dazu gehören große Fortschritte in Metallurgie und Elektronik, bei der Herstellung von Werkzeugmaschinen und bei Fabrikationsprozessen wie dem amerikanischen System der Massenproduktion, das zur Grundlage für die Automobilindustrie wurde. All diese und andere Errungenschaften beruhten auf langjährigen Erfahrungen mit der investitionskräftigen Forschung und Entwicklung für die Waffenproduktion in US-Armeebetrieben. Nach dem Zweiten Weltkrieg gab es, vor allem in den USA, einen qualitativen Sprung, als das Militär eine entscheidende Rolle bei der Entwicklung der High-Tech-Ökonomie spielte: Computer und Elektronik, Telekommunikation und Internet, Automation, Lasertechnik, kommerzielle Flugzeugindustrie boomten in der zweiten Hälfte des 20. Jahrhunderts, während es jetzt um Nano-, Bio- und Neurotechnologie geht. Wirtschaftshistoriker haben darauf hingewiesen, daß die technischen Probleme der Bewaffnung von Kriegsschiffen gegen Ende des 19. Jahrhunderts vergleichbar waren mit der späteren Herstellung von Raumfahrzeugen, und auch bei den Projekten zur Militarisierung des Weltraums könnten die Auswirkungen auf die Zivilwirtschaft enorm sein.

Wenn die führenden Industrienationen, allen voran die USA, Belange der nationalen Sicherheit aus den sogenannten »Freihandelsabkommen« heraushalten, können sie den Staatssektor aufrechterhalten, den die Privatwirtschaft zur Gewinnabschöpfung bei gleichzeitiger Sozialisierung der Risiken und Kostcn dringend braucht.

Das ist natürlich auch andernorts bekannt. So gab der deutsche Bundeskanzler Gerhard Schröder seine kritische Haltung gegenüber dem BMD-Projekt auf und verkündete, Deutschland habe ein »lebhaftes wirtschaftliches Interesse« an der Entwicklung von Raketenabwehrtechnologien und wolle von der Forschungsarbeit auf diesem Gebiet »nicht ausgeschlossen« sein. Auch in anderen Ländern Europas erwartet man von der Beteiligung an BMD-Programmen die Stärkung einheimischer Industrien. Schon 1995 wies die amerikanische BMD-Organisation japanische Regierungsvertreter darauf hin, daß die Raketenabwehrprogramme »die letzte militärische Geschäftsmöglichkeit dieses Jahrhunderts« seien. Japan soll zu einer Beteiligung veranlaßt werden, damit man seine technologischen Kenntnisse ausnutzen und zugleich die Industrie auf die Militarisierung des Weltraums verpflichten kann. Damit werden »die Programme fest verankert«, wie es bei Politikern und Kommentatoren üblicherweise heißt.[33]

Wie bedenklich solche Schritte sind, ist aus der Geschichte hinlänglich bekannt, jetzt jedoch haben die Gefahren ein Niveau erreicht, auf dem das Überleben der Menschheit gefährdet ist. Dennoch ist die Verfahrensweise unter Berücksichtigung des Prinzips, daß Hegemonie wichtiger ist als Überleben, durchaus rational und entspricht dem vorherrschenden Wertesystem, das seinerseits in den existierenden Institutionen verwurzelt ist.

Dieses Hegemonieprinzip hat die USA dazu veranlaßt, sich allen Versuchen zu widersetzen, den Outer Space Treaty von 1967, der die Nutzung des Weltraums allein zu friedlichen Zwecken vorsah, zu bestätigen und zu verstärken. Daß dies für notwendig gehalten wird, wie UN-Resolutionen, die dazu aufrufen, »einen Rüstungswettlauf im Weltraum zu verhindern« zeigen, verdankt sich der weitverbreiteten Erkenntnis, daß Washington auch diese, bislang noch intakte, Barriere zu überwinden gedenkt. Gleich nach der Konferenz von Havanna über die Kubakrise legte, wie schon erwähnt, die Bush-Regierung ihr Veto gegen einen weiteren internationalen Vorstoß zur ausschließlich friedlichen Nutzung des Weltraums ein und blokkierte Verhandlungen auf der UN-Abrüstungskonferenz während der Sitzungsperiode, die im Januar 2001 begonnen hatte. Die Forderung von UN-Generalsekretär Kofi Annan, daß alle Mitgliedsstaaten ihren Mangel an »politischem Willen« überwinden und sich zu einem Verbot der Militarisierung des Weltraums durchringen sollte, verhallte in den USA ungehört. »Die Vereinigten Staaten sind der einzige der 66 Mitgliedsstaaten, der sich weigert, formelle Verhandlungen über die Nutzung des Weltraums aufzunehmen«, meldete die Nachrichtenagentur Reuters im Februar. Auch eine entsprechende chinesische Initiative fünf Monate später wurde von Washington negativ beantwortet.[34]

Auch das ist rational, wenn man dem Hegemonieprinzip mit seinen kurzfristigen Vorteilen für bestimmte Eliten den Vorrang vor Überlebensinteressen einräumt – die übliche Praxis mächtiger Staaten und anderer Machtkonglomerate.

Ähnliches gilt für die gescheiterten Versuche, ein Verbot chemischer und biologischer Waffen zu erreichen. Ihre Risiken sind bekannt, doch höhere Interessen verhindern ihre Ächtung. Im April 2001 ließen Rüstungskontrollexperten verlauten, daß internationale Verifikationsmaßnahmen zur Einhaltung des Verbots der Herstellung chemischer Waffen drastisch zurückgefahren werden müßten, »weil die Vereinigten Staaten und andere wichtige Unterzeichner des Vertrags [erwähnt wurde Rußland] ihre Beiträge nicht bezahlt haben«. Ein Experte vom Henry Stimson Center in Washington wies darauf hin, daß die Regierung Clinton den Vertrag »ad absurdum geführt« habe, indem sie »Extraregelungen für die Vereinigten Staaten« mit unilateralen Ausnahmebestimmungen einführte. Als der Senat 1997 die Konvention über chemische Waffen ratifizierte, bestanden die USA als einziges Land darauf, von bestimmten Inspektionen und Tests ausgenommen zu werden. Die Bush-Regierung zog sich aus den Verhandlungen über Verifikationsmaßnahmen für die 1972 verabschiedete Konvention über biologische und toxische Waffen zurück, was deren Weiterführung praktisch unmöglich machte. Schon vorher hatten die USA versucht, »den Umfang der Besuche ausländischer Inspektoren auf ein Minimum zu reduzieren, um die weltweit führenden amerikanischen Hersteller pharmazeutischer und biotechnologischer Produkte, die ihre Geschäftsgeheimnisse wahren wollen, zu schützen.«

Die Bush-Regierung begründete ihre Ablehnung jeder Art von Verifikation damit, daß deren Mechanismen ineffektiv wären und »das Risiko, Aktivitäten der Vereinigten Staaten rechtfertigen zu müssen, erhöhen werden«, eine Haltung, die ein hochrangiger europäischer Diplomat als »völlig unakzeptabel« bezeichnete. Kurz darauf wurden über den Schutz der Intimsphäre von US-Konzernen hinaus noch andere Motive sichtbar:

Die USA verfolgten, so hieß es, »drei geheime Defensivprojekte, die nach einem vollständigen Biowaffenprogramm aussehen«. Damit wäre der Geist, wenn nicht sogar der Buchstabe der von den USA später abgelehnten Verifikationsprotokolle verletzt. Schon vorher hatte Washington eingewendet, daß »der Zugang zu amerikanischen bio-defensiven Einrichtungen« militärische Geheimnisse enthüllen könnte – was allerdings gerade der Sinn von Verifikationsmaßnahmen ist.[35]

Jedenfalls befürchten Experten für Biowaffentechnologie, daß die USA »die Verifikationsprotokolle abgelehnt haben, um ihre Geheimprogramme fortsetzen und ausweiten zu können«, und sie weisen darauf hin, daß »Washington offensichtlich kein Interesse an der Formulierung eines Protokolls hat, das für die pharmazeutische Industrie akzeptabel wäre«. Es besteht der Verdacht, daß zu den Geheimprogrammen auch die gentechnologische Entwicklung von impfstoffresistenten Anthrax-Viren gehört, über die die Russen möglicherweise schon verfügen. Die USA »scheinen sich auf eine großenteils geheime Untersuchung von biotechnischen Anwendungsmöglichkeiten zur Entwicklung neuer Biowaffen eingelassen zu haben«. Da werden andere Staaten sicherlich nachziehen und die Gefahr »eines weltweiten Wettrüstens mit Biowaffen« auslösen. Die Verbreitung dieser Technologien wiederum erhöht die Gefahr, daß Terroristen in den Besitz solcher Vernichtungsmittel kommen und damit großes Unheil anrichten; ein Risiko, das auch der Hart-Rudman-Bericht von 2002 über terroristische Bedrohungen für die USA erörtert.[36]

Die Bush-Regierung verkündete ferner, daß sie einige Formulierungen im Artikel VI des Atomwaffensperrvertrags (Nuclear Non-Proliferation Treaty) von 1970 nicht mehr unterstütze. Dieses bedeutendste internationale Abkommen zur Kontrolle von Kernwaffen hatte einige Erfolge zu verzeichnen, die noch größer hätten sein können, wenn die fünf hauptsächlichen Atommächte ihren Verpflichtungen nachgekommen wären. In

Artikel VI erklären die Atommächte ihre Bereitschaft zu »Verhandlungen in gutgläubiger Absicht über wirksame Maßnahmen zur baldigen Beendigung des atomaren Wettrüstens und zur atomaren Abrüstung«. Außerdem erklärte die Bush-Regierung, sie sei gegen den ABM-Vertrag (was später widerrufen wurde) und den Comprehensive Test Ban Treaty, der das endgültige Verbot aller weiteren atomaren Testversuche regeln soll. Und schließlich torpedierte Washington die erste UN-Konferenz zur Kontrolle des Schwarzhandels mit Kleinwaffen, während Bushs Drahtzieher John Bolton den Konferenzteilnehmern mitteilte, man sei gegen die »Aktivitäten internationaler oder Nicht-Regierungs-Organisationen«.[37] Im September 2002 unterlief die Bush-Regierung weitere Bestrebungen, die Biowaffen-Konvention gegen bakterielle Kriegsführung mit Verifikationsmaßnahmen auszustatten, und kurz darauf verhinderte sie die erneute Bestätigung des Genfer Protokolls von 1925, das den Einsatz von Giftgasen und bakteriologischen Methoden der Kriegsführung untersagt.[38]

Auch im Bereich der Umweltpolitik ist die Bush-Regierung von vielen Seiten heftig kritisiert worden. Das bezog sich vor allem auf ihre Weigerung, das Kyoto-Protokoll zu unterzeichnen, was sie mit möglichen Schäden für die US-Wirtschaft begründete. Die Kritik übersieht jedoch, daß die Entscheidung im Rahmen der vorherrschenden Ideologie keineswegs irrational ist. Schließlich werden wir jeden Tag auf die Theorie und Praxis neoklassischer Märkte eingeschworen, bei denen isolierte Individuen als rationale Gewinnmaximierer auftreten. Läßt man wettbewerbsbedingte Verzerrungen einmal beiseite, so reagiert der Markt in perfekter Weise auf die »Stimmabgabe« dieser Individuen, was sich in Dollars oder einem anderen Gegenwert ausdrückt. Ebenso bemißt sich der Wert, den die Interessen einer Person haben, wobei die Interessen von Personen ohne Stimme – z. B. zukünftige Generationen – wertlos sind. Insofern ist es rational, die Überlebensmöglichkeiten unserer Enkelkinder zu zerstören, wenn wir dadurch unseren eigenen »Reichtum« vergrößern können – d. h., eine bestimmte Wahrnehmung des Eigeninteresses, das von riesigen Industrien für uns konstruiert, uns implantiert und permanent bestärkt wird. Gegenwärtig ist das menschliche Überleben auch durch Versuche bedroht, die institutionalen Strukturen, die zur Linderung der harten Folgen des Marktfundamentalismus entwickelt wurden, ebenso zu schwächen wie die Kultur des Mitgefühls und der Solidarität, die diese Institutionen trägt.

Auch hier ist ein Weg, der in nicht allzu ferner Zukunft in die Katastrophe führen kann. Aber auch dieser Weg ist ganz vernünftig, wenn man das institutionelle und ideologische Umfeld, das er durchmißt, in Rechnung stellt.

Es wäre jedoch falsch, aus diesen Ereignissen und Entwicklungen den Schluß zu ziehen, daß die Aussichten nichts als düster sind. Es gibt Licht, nicht nur am Ende des Tunnels. Vielversprechend z. B. ist die allmähliche Entwicklung eines Bewußtseins für die Bedeutung der Bürger- und Menschenrechte in großen Teilen der US-Bevölkerung; eine Tendenz, die sich in den sechziger Jahre beschleunigte, als der politische Aktivismus in vielen Bereichen zu zivilgesellschaftlichen Fortschritten und zum Entstehen u. a. der Umwelt- und Frauenbewegung führte. Außerdem gab es zum ersten Mal in der amerikanischen Geschichte einige Bereitschaft, die Eroberung des nationalen Territoriums und das Schicksal seiner Ureinwohner unvoreingenommen zu betrachten. Die Solidaritätsbewegungen der achtziger Jahre, die sich insbesondere auf Mittelamerika konzentrierten, stellten in der Geschichte des Imperialismus ein völlig neues Moment dar: Nie zuvor hatten sich so viele Menschen aus der imperialen Gesellschaft auf die Seite der Opfer gestellt, ja sogar mit ihnen gelebt, um ihnen zu helfen und ein gewisses Maß an Schutz zu gewähren. Die daraus entstandenen internationalen Organisationen sind jetzt in vielen Teilen der Welt erfolgreich. In repressiven Staaten rufen sie Angst und Zorn hervor, auch wenn ihre Mitglieder bisweilen große Risiken, sogar für Leib und Leben, auf sich nehmen.[39] Die Bewegungen für globale Gerechtigkeit, die sich jedes Jahr auf dem Weltsozialforum treffen, sind ihrem Wesen und Umfang nach ein neues und beispielloses Phänomen. In diesen und ähnlichen Entwicklungen wurzelt die »zweite Supermacht« des Planeten, die Anfang 2003 nicht mehr ignoriert werden konnte.

Im Verlauf der modernen Geschichte hat die Verbreitung der Menschenrechte und der demokratischen Kontrolle mancher gesellschaftlicher Sektoren beträchtliche Fortschritte gemacht. Das verdankt sich nicht der Großzügigkeit aufgeklärter Staatsmänner, sondern dem Kampf der Rechtlosen und Unterprivilegierten. Ein realistischer Optimismus könnte davon ausgehen, daß sich in der Geschichte eine Vertiefung der Menschenrechte durch bewußte Anerkennung ebenso abzeichnet wie eine Ausweitung ihres Geltungsbereichs. Es kommt dabei immer wieder zu herben Rückschlägen, aber die allgemeine Tendenz scheint unumkehrbar zu sein. Das zeigt sich heute mehr denn je zuvor. Die schädlichen Auswirkungen der konzernbetriebenen Globalisierung haben zunächst in den unterentwickelten Ländern, später auch in den reichen Industriegesellschaften zu Massenprotesten und politischen Aktivitäten geführt, die sich immer weniger ignorieren lassen. Zum ersten Mal haben sich Basisbewegungen zu konkreten Bündnissen zusammengeschlossen – eine beeindruckende und viele Möglichkeiten eröffnende Entwicklung, die bereits zum politischen Wandel (wenngleich oft nur auf der rhetorischen Ebene) beigetragen hat. Zwar hat es in der staatlichen Praxis keine »Menschenrechtsrevolution« gegeben, wie westliche Intellektuellenkreise gern behaupten, aber der Ausübung staatsbedingter Gewalt sind gewisse Zügel angelegt worden.

Diese Bewegungen könnten sich für die Zukunft als unendlich wichtig erweisen, wenn es ihnen gelingt, die von Solidarität und Sympathie getragenen globalen Bindungen, die jetzt im Entstehen begriffen sind, zu verstärken. Welche Perspektive die Menschheit hat, hängt in nicht geringem Maße vom politischen Erfolg der neuen Gruppen und Organisationen ab.

In der gegenwärtigen Geschichte lassen sich zwei grundlegende Projekte unterscheiden: Das eine strebt nach Hegemonie und gefährdet mit seiner auf irrwitzigen Voraussetzungen beruhenden Rationalität das Überleben der Menschheit; das zweite handelt in der Überzeugung, daß (so das Weltsozialforum) »eine andere Welt möglich ist«. Es stellt das herrschende ideologische System in Frage und sucht nach konstruktiven Formen des Denkens und Handelns und nach alternativen Institutionen. Welches der beiden Projekte das andere überdauern wird, kann niemand sagen. Historisch ist dieser Gegensatz nicht neu, aber die Risiken sind höher als je zuvor.

Bertrand Russell hat einmal recht düstere Gedanken über die Zukunft des Weltfriedens geäußert:

> »Jahrmillionenlang hat die Erde harmlose Trilobiten und Schmetterlinge hervorgebracht, bis die Fortschritte der Evolution zur Entstehung von Neros, Dschingis Khans und Hitlers führten. Aber das ist, wie ich glaube, nur ein Alptraum, der vorübergeht; irgendwann wird die Erde wieder unfähig sein, Leben zu erhalten, und dann kehrt der Friede zurück.«[40]

Zweifellos stimmt dieser Gedanke in einer Dimension jenseits unserer realistischen Betrachtungsweise. Entscheidend ist, daß wir für unser Erwachen sorgen, bevor der Alptraum alles verschlingt. Dann könnten wir jenes Maß an Frieden, Gerechtigkeit und Hoffnung in die Welt tragen, das gerade jetzt im Bereich unserer Möglichkeit und unseres Willens liegt.

Anmerkungen

I. Hegemonie oder Überleben

1 Ernst Mayr, *Bioastronomy News* 7, Nr. 3 (1995).

2 Donald Kennedy, *Science* 299, 21. März 2003.

3 Howard LaFranchi, *Christian Science Monitor* (i. f.: *CSM*), 30. Okt. 2003.

4 Patrick Tyler, *New York Times* (i. f.: *NYT*), 17. Feb. 2003.

5 Zu Quellen über den Wilsonschen Idealismus und das 17. Jahrhundert vgl. Chomsky, *Deterring Democracy* (Verso, 1991; erw. Ausg. Hill & Wang, 1992), Kap. 12, sowie ders., *Profit over People* (Seven Stories, 1999; dt. Ausg. Europa Verlag, 2000), Kap. 2. Zu ausführlicheren Erörterungen und zeitgenössischen wissenschaftlichen Quellen vgl. Chomsky, »Consent without Consent«, *Cleveland State Review* 44, Nr. 415 (1996).

6 Zit. n. David Fogelsang, *America's Secret War Against Bolshevism* (North Carolina, 1995), S. 28.

7 Andrew Bacevich, *American Empire* (Harvard, 2003), S. 200 f.

8 M. J. Crozier/S. P. Huntington/J. Watanuki, *The Crisis of Democracy* (New York University, 1975), Bericht für die Trilaterale Kommission.

9 Randall Marlin, *Propaganda and the Ethics of Persuasion* (Broadview, 2002).

10 Zur Erörterung dieser umfangreichen Desinformationskampagne vgl. Chomsky, *The Culture of Terrorism* (South End, 1988), sowie *Necessary Illusions* (South End, 1989; dt. *Media Control*, Europa Verlag, 2003), wo ich mich vor allem auf die wichtigen, aber zumeist

vernachlässigten Exposés Alfonso Chardys vom *Miami Herald* und spätere offizielle Quellen beziehe.

11 Zu den engen Grenzen dessen, was an Diskussion erlaubt ist, vgl. *Necessary Illusions*. Zu umfassenderen Fallstudien vgl. Edward Herman/Noam Chomsky, *Manufacturing Consent* (Pantheon, 1988; aktual. Ausg. 2002).

12 *Torture in Latin America*, LADOC (Peruanische Kirche, *Latin American Documentation*), Lima, 1987. Julio Godoy, *Nation*, 5. März 1991.

13 Juan Hernández Pico, *Envío* (Forschungsjournal, UCA, Jesuitische Universität, Managua), März 1994.

II. Die imperiale Strategie

1 White House, *The National Security Strategy of the United States of America*, veröff. am 17. September 2002, S. IX.

2 John Ikenberry, *Foreign Affairs* 81, Nr. 5 (Sept./Okt. 2002).
Ein »revisionistischer Staat« ist in diesem Zusammenhang ein Staat, der das Ziel verfolgt, die bestehende internationale Ordnung zu revidieren, also u. U. mit gewaltförmigen Mitteln zu verändern. (A. d. Ü.)

3 Zu dieser wichtigen Unterscheidung vgl. Carl Kaysen/Steven Miller/Martin Walin/William Nordhaus/John Steinbruner, *War with Iraq* (American Academy of Arts and Sciences, 2002).
Im Deutschen ist diese Unterscheidung nicht adäquat übersetzbar, weil *preemptive* und *preventive* bedeutungsgleich sind. Auch im angelsächsischen Sprachbereich ist die Verwendung keineswegs immer eindeutig, wie andere, von Chomsky zitierte Quellen zeigen. (A. d. Ü.)

4 Steven Weisman, *NYT*, 23. März 2003.

5 Arthur Schlesinger, *Los Angeles Times* (i. f.: *LAT*), 23. März 2003.

6 Richard Falk, *Frontline* (Indien), 25. April 2003.

7 Michael Glennon, *Foreign Affairs*, Mai/Juni 2003 und Mai/Juni 1999.

8 Dana Milbank, *Washington Post* (i. f.: *WP*), 1. Juni 2003. Guy Dinmore/James Harding, *Financial Times* (i. f.: *FT*), 3./4. Mai 2003.

9 Dean Acheson, *Proceedings*, American Society of International Law, Nr. 13, 14 (1963). Abraham Sofaer, US-Außenministerium, *Current Policy*, Nr. 769 (Dez. 1985). Acheson bezog sich insbesondere auf den von den USA geführten Wirtschaftskrieg, kannte aber mit Sicherheit auch die terroristischen Aktionen.

[10] Präsident Clinton, Ansprache vor der UNO, 27. September 1993; William Cohen, *Annual Report*, 1999.

[11] Memorandum of the War and Peace Studies Project; Laurence Shoup/William Minter, *Imperial Brain Trust* (Monthly Review, 1977), S. 130 ff.

[12] Zu ungewöhnlich starken Behauptungen in dieser Hinsicht vgl. Bacevich, *American Empire*.

[13] George W. Bush, Rede zur Lage der Nation, *NYT*, 28. Jan. 2003.

[14] Condoleezza Rice, Interview mit Wolf Blitzer, CNN, 8. Sept. 2002. Scott Peterson, *CSM*, 6. Sept. 2002. John Mearsheimer/Stephen Walt, *Foreign Policy*, Jan./Feb. 2003. Die Behauptungen von 1990, die auf angeblichen Satellitenfotos beruhten, wurden von der *St. Petersburg Times* untersucht. Experten, die von kommerziellen Satelliten geschossene Fotos analysierten, fanden nichts. Weitere Untersuchungen wurden und werden abgewürgt. Zu einer Betrachtung darüber, wie »einige Fakten weniger faktisch« sind, vgl. Peterson, *CSM*.

[15] *CSM*-TIPP-Umfrage, *CSM*, 14. Jan. 2003. Linda Feldmann, *CSM*, 14. März 2003. Jim Rutenberg/Robin Toner, *NYT*, 22.März 2003.

[16] Edward Alden, *FT*, 21. März 2003; Anatol Lieven, *London Review of Books*, 8. Mai 2003.

[17] Elisabeth Bumiller, *NYT*, 2. Mai 2003. Transskription von George W. Bushs Bemerkungen, *NYT*, 2. Mai 2003.

[18] Jason Burke, *Sunday Observer*, 18. Mai 2003.

[19] Programm on International Policy Attitudes (PIPA), Pressemitteilung, 4. Juni 2003.

[20] Jeanne Cummings/Greg Hite, *Wall Street Journal* (i. f.: *WSJ*), 2. Mai 2003. Francis Clines, *NYT*, 10. Mai 2003; Hervorhebung von Rove.

[21] David Sanger/Steven Weisman, *NYT*, 10. April 2003. Roger Owen, *Al-Ahram Weekly*, 3. April 2003.

[22] Kommentar und Analyse, *FT*, 27. Mai 2003.

[23] Corfu Channel, 1949.

[24] Vgl. Chomsky, *The New Military Humanism* (Common Courage, 1999; dt. *Der neue militärische Humanismus*, Edition 8, 2001).

[25] Vgl. Chomsky, *A New Generation Draws the Line* (Verso, 2000; dt. *People Without Rights*, Europa Verlag, 2002), S. 4 f. Erklärung der Bewegung der blockfreien Staaten, Kuala Lumpur, 25. Feb. 2003 (BBC World Monitoring, 26. Feb. 2003).

[26] Arjeh Dajan, *Ha'aretz*, 21. Mai 2003.

27 Amir Oren, *Ha'aretz*, 29. Nov. 2002.

28 Suzanne Nossel, *Fletcher Forum*, Winter/Frühjahr 2003. »Oktober-Überraschungen« werden gelegentlich von der amtierenden US-Regierung kurz vor den Wahlen im November inszeniert, um dem Präsidenten, falls er zur Wiederwahl ansteht, eine gute Ausgangsposition zu verschaffen. (A. d. Ü.)

29 Richard Wilson, *Nature* 302, Nr. 31 (März 1983). Michael Jansen, *Middle East International*, 10. Jan. 2003. Imad Khadduri, *Uncritical Mass*, Memoiren (Ms.), 2003. Scott Sagan/Kenneth Waltz, *The Spread of Nuclear Weapons* (Norton, 1995), S. 18 f.

30 Neely Tucker, *WP*, 3. Dez. 2002; Neil Lewis, *NYT*, 9. Jan. 2003.

31 Neely Tucker, *WP*, 3. Dez. 2002; Neil Lewis, *NYT*, 9. Jan. 2003.

32 Vgl. S. 240.

33 Jack Balkin, *LAT*, 13. Feb. 2003, sowie *Newsday*, 17. Feb. 2003. Nat Hentoff, *Progressive*, April 2003.

34 Winston Churchill zit. n. A. W. Brian Simpson, *Human Rights and the End of Empire* (Oxford, 2001), S. 55.

35 Kaysen u. a., *War with Iraq*. Michael Krepon, *Bulletin of the Atomic Scientists*, Jan./Feb. 2003.

36 John Steinbruner/Jeffrey Lewis, *Daedalus*, Herbst 2002.

37 Vgl. dazu Chomsky, *Year 501* (South End, 1993; dt. *Wirtschaft und Gewalt*, zu Klampen, 2. Aufl. 2001), Kap. 1.

38 James Morgan, *FT*, 25./26. April 1992. Der Artikel bezieht sich auf G-7, den Weltwährungsfond, das allgemeine Zoll- und Handelsabkommen GATT und andere Institutionen des »neuen imperialen Zeitalters«. Guy de Jonquières, *FT*, 24. Jan. 2001. Fukuyama zit. n. Mark Curtis, *The Ambiguities of Power* (Zed, 1995), S. 183.

39 Zu Materialien über Bush sen. und James Baker vgl. Sam Husseini, *Counterpunch*, 8. März 2003. Dilip Hiro, *Iraq: In the Eye of the Storm* (*Thunders Mouth/Nation*, 2002), »US Shifts Goalposts«, S. 102 f.

40 Edward Luck, *NYT*, 22. März 2003.

41 Elisabeth Bumiller/Carl Hulse, *NYT*, 11. Okt. 2002. Materialien zu Colin Powell bei Julia Preston, *NYT*, 18. Okt. 2002. David Sanger/Julia Preston, *NYT*, 8. Nov. 2002. Materialien zu Andrew Card bei Doug Sanders, *Toronto Globe and Mail*, 11. Nov. 2002.

42 Mark Turner/Roula Khalaf, *FT*, 5. Feb. 2003.

43 David Sanger/Warren Hoge, *NYT*, 17. März 2003. Michael Gordon, *NYT*, 18. März 2003.

[44] Transkription von George W. Bushs Pressekonferenz, *NYT*, 7. März 2003. Felicity Barringer/David Sanger, *NYT*, 1. März 2003.

[45] Alison Mitchell/David Sanger, *NYT*, 4. Sept. 2002. Zu Fleischer vgl. Mark Huband, *FT*, 12./13. April 2003. Materialien zu Straw bei David Sanger/Felicity Barringer, *NYT*, 7. März 2003.

[46] »In Powell's Words: Saddam Hussein Remains Guilty«, *NYT*, 6. März 2003. Weisman, *NYT*, 23. März 2003.

[47] Condoleezza Rice, Interview mit Wolf Blitzer, CNN, 8. Sept. 2002; zit. n. John Mearsheimer/Stephen Walt, *Foreign Policy*, Jan./Feb. 2003. Übrigens hatten die Ereignisse vom 11. September keinen Einfluß auf diese Risikoeinschätzungen.

[48] Dafna Linzer, AP, *Boston Globe* (i. f.: *BG*), 24. Feb. 2003.

[49] Guy Dinmore/Mark Turner, *FT*, 12. Feb. 2003. Jeanne Cummings/Robert Block, *WSJ*, 26. Feb. 2003.

[50] Geneive Abdo, *BG*, 13. Feb. 2003. Eric Lichtblau, *NYT*, 11. Feb. 2003.

[51] Richard Boudreaux/John Hendren, *LAT*, 15. März 2003.

[52] Neil King/Jess Bravin, *WSJ*, 5. Mai 2003. Zu US-amerikanischen Haltungen vgl. die Umfrage vom 18.–22. April 2003 vom Program on International Policy Attitudes (PIPA), über die Jim Lobe berichtet, *Foreign Policy in Focus*, 1. Mai 2003.

[53] John Ikenberry, *Foreign Affairs*. Anatol Lieven, *London Review of Books*, 3. Okt. 2002.

[54] Samuel Huntington, *Foreign Affairs*, März/April 1999; Robert Jervis, *Foreign Affairs*, Juli/August 2001.

[55] Kenneth Waltz in Ken Booth/Tim Dunne (Hg.), *World in Collision* (Palgrave, 2002). Steven Miller in Kaysen u. a., *War with Iraq*. Jack Snyder, *National Interest*, Frühjahr 2003. Selig Harrison, *NYT*, 7. Juni 2003.

[56] Bernard Fall, *Last Reflections on a War* (Doubleday, 1967).

[57] Vgl. dazu Chomsky, *For Reasons of State* (Pantheon, 1973; dt. *Aus Staatsräson*, Suhrkamp, 1975), S. 25, über das endgültige Material in den *Pentagon Papers*, die an diesem Punkt aufhören.

[58] Maureen Dowd, *NYT*, 23. Feb. 1991.

[59] Pressemitteilung des Weltwirtschaftsforums, 14. Jan. 2003. Guy de Jonquières, *FT*, 15. Jan. 2003.

[60] Alan Cowell, *NYT*, 23. Jan. 2003; Mark Landler, *NYT*, 24. Jan. 2003. Mark Champion/David Cloud/Carla Anne Robbins, *WSJ*, 27. Jan. 2003.

[61] Auslandsredaktion, »Powell on Iraq: ›We Reserve Our Sovereign Right to Take Military Action‹«, *NYT*, 27. Jan. 2003.

[62] Kaysen u. a., *War with Iraq*.

[63] Hans von Sponeck, *Guardian*, 22. Juli 2002.

[64] Ken Warn, *FT*, 21. Jan. 2003. Richard Bernstein, *NYT*, 19. Feb. 2003. Zu internationalen Meinungsumfragen vgl. Kap. V.

[65] Glenn Kessler/Mike Allen, *WP Weekly*, 3. März 2003. Fareed Zakaria, *Newsweek*, 24. März 2003.

[66] Vgl. Kap. I, Anm. 6. »Democracy and Efficiency«, *Atlantic Monthly*, 1901, zit. n. Ido Oren, *Our Enemies und Us: America's Rivalries and the Making of Political Science* (Cornell, 2002), S. 42.

[67] Andrew Bacevich, *American Empire*, S. 215 f.; Hervorhebung von ihm.

[68] Zu John Stuart Mill vgl. S. 60 f. Großbritanniens Einstellung gegenüber der Großzügigkeit seines Nachfolgers war ein bißchen anders, vgl. S. 183 f.

[69] Andrew Bacevich, *World Policy Journal*, Herbst 2002.

[70] Michael Glennon, *CSM*, 20. März 1986.

[71] Sebastian Mallaby, *NYT Book Review*, 21. Sept. 1997. Michael Mandelbaum, *The Ideas That Conquered the World* (Public Affairs, 2002), S. 195. Hochrangiges US-Regierungsmitglied zit. n. Thomas Friedman, *NYT*, 12. Jan. 1992.

[72] Boot, *NYT*, 13. Feb. 2003. Robert Kagan, *WP Weekly*, 10. Feb. 2003.

[73] Zu Mills Essay und den Umständen, unter denen er geschrieben wurde, vgl. Chomsky, *Peering into the Abyss of the Future* (Delhi, 2002). Viele Engländer, darunter klassische Liberale wie Richard Cobden, waren über die britischen Verbrechen in Indien und China entsetzt.

[74] Henri Alleg, *La Guerre d'Algérie*, Bd. I, S. 62, zit. n. A. Aroua in Y. Bedjauoi/A. Aroua/M. Ait-Larbi (Hg.), *An Inquiry into the Algerian Massacres* (Hoggar, 1999).

[75] Walter LaFeber, *Inevitable Revolutions* (Norton, 1983), S. 50 ff., 75 f.

[76] Mohammad-Mahmoud Mohamedou, *Iraq and the Second Gulf War* (Austin & Winfield, 1998), S. 123.

[77] Sean Murphy, *Humanitarian Intervention* (Pennsylvania, 1996). »Japan Envisions a ›New Order‹ in Asia, 1938«, wiederabgedr. in Dennis Merrill/Thomas Paterson (Hg.), *Major Problems in American Foreign Relations*, Bd. II: *Since 1914* (Houghton Mifflin, 2000), S. 120 f.

78 Zu Materialien über Rußland vgl. Murphy, *Humanitarian Intervention*. Zu Diskussionen in der Regierung Kennedy vgl. Chomsky, *Rethinking Camelot* (South End, 1993).

79 Ivan Maisky, Jan. 1944, zit. n. Vladimir Pechatnov, *The Big Three After World War II* (Woodrow Wilson International Center, Working Paper Nr. 13, Juli 1995).

80 Zit. n. LaFeber, *Inevitable Revolutions*. Robert Tucker, *Commentary*, Jan. 1975.

81 Zit. n. dem mexikanischen Historiker José Fuentes Mares in Cecil Robinson (Hg.), *The View from Chapultepec* (Arizona, 1989), S. 160.

82 Zit. n. William Stivers, *Supremacy and Oil* (Cornell, 1982).

83 Morgenthau, *New York Review of Books*, 24. Sept. 1970.

84 Vgl. dazu die regelmäßigen Berichte von Human Rights Watch und Amnesty International sowie, neben zahlreichen weiteren Publikationen, Javier Giraldo, SJ, *Colombia: The Genocidal Democracy* (Common Courage, 1996) und Garry Leech, *Killing Peace* (Information Network of the Americas, 2002).

III. Die neue Epoche der Aufklärung

1 Michael Wines, *NYT*, 13. Juni 1999; Vaclav Havel, *New York Review of Books*, 10. Juni 1999; David Fromkin, *Kosovo Crossing* (Free Press, 1999). Beispiele für die rhetorischen Verbrämungen in Chomsky, *The New Military Humanism*.

2 Tilly, *Coercion, Capital, and European States*, S. 70.

3 C. H. Chivers, *NYT*, 5. Dez. 2002.

4 Anfang August schätzte das bischöfliche Büro in Ost-Timor die Zahl der Opfer für 1999 auf 3000 bis 5000. Der Historiker John Taylor beziffert die Zahl derer, die vor dem Referendum vom 30. August umgebracht wurden, auf 5000 bis 6000. Vgl. Taylor, *East Timor: The Price of Freedom* (Zed, 1999).

5 Zu Clintons plötzlichem Umschwenken zwischen dem 8. und dem 11. September 1999 vgl. Joseph Nevins, *Counterpunch*, 16. Mai 2002.

6 Das von Australien geleitete UN-Friedenskorps traf in Ost-Timor ein, als die indonesische Armee sich zurückzog. Auch eine frühere Entsendung von Streitkräften wäre nur in dem Sinne eine »Intervention« gewesen, in dem amerikanische und britische Truppen am D-Day in Frankreich »intervenierten«.

7 Fromkin, *Kosovo Crossing*.

[8] Yaroslov Trofimov, *WSJ*, 3. Jan. 2003.
[9] Ronald Paris, *Political Science Quarterly* 117, Nr. 3, 2002.
[10] Michael Mandelbaum, *The Ideas That Conquered the World*, S. 193.
[11] *Guardian*, 19. Sept. 2002.
[12] Zu Robertson vgl. Chomsky, *A New Generation Draws the Line*, S. 106 f. Cook, Sitzungsperiode des brit. Unterhauses 1999–2000.
[13] Nicholas Wheeler, *Saving Strangers* (Oxford 2000), S. 34, 265 ff.
[14] Wesley Clark, *Waging Modern War* (Public Affairs, 2001), S. 171. Michael Ignatieff, *New York Review of Books*, 19. Juli 2001.
[15] Bacevich, *American Empire*, S. 104 f., 196.
[16] Isa Blumi, *Current History*, März 2003.
[17] Anne-Marie Slaughter, *NYT*, 18. März 2003.
[18] Charles Bergquist, in Bergquist u. a. (Hg.), *Violence in Colombia 1990–2000* (Scholarly Resources, 1999).
[19] Anthony Lewis, *Daedalus*, Winter 2003. Die Timoresen wurden von den USA als »indonesische Bürger« angesehen.
[20] Editorial, *BG*, 6. März 2003. Aryeh Neier, *Dissent*, Frühjahr 2000. Neier reagiert auf die Angaben über von den USA unterstützte Greueltaten in meinem Buch *The New Military Humanism*, die keinen Zweifel daran lassen, wo die Verantwortlichen zu suchen sind.
[21] Robert Cooper, *Observer Worldview*, 7. April 2002.
[22] Robert Jervis, *American Political Science Review* 96 (2002).
[23] Dexter Perkins, *The Monroe Doctrine*, Bd. I, S. 131, 167, 176 f.; Bismarck zit. n. Nancy Mitchell, *Prologue* (Quarterly of the National Archives, Sommer 1992, 24.2).
[24] Woodrow Wilson zit. n. Gabriel Kolko, *Main Currents in American History* (Pantheon, 1948), S. 47.
[25] Präsident Taft zit. n. Jenny Pearce, *Under the Eagle* (South End, 1982), S. 17. Wilsons Innenminister zit. n. Gordon Connell-Smith, *The Inter-American System* (Oxford, 1966), S. 16. John Foster Dulles zit. n. Stephen G. Rabe, *Eisenhower and Latin America* (North Carolina, 1988), S. 33.
[26] David Schmitz, *Thank God They're on Our Side* (North Carolina, 1988) sowie ders., *The United States and Fascist Italy, 1922–1940* (North Carolina, 1999). Kabelmeldung von der britischen Botschaft in Washington an das Außenministerium in London vom 24. Nov. 1959, in der über das Gespräch mit Dulles berichtet wird.
[27] Editorial, *NYT*, 6. Aug. 1954.

[28] David Green, *The Containment of Latin America* (Quadrangle, 1971), VII.2.

[29] William Yandell Elliot (Hg.), *The Political Economy of American Foreign Policy* (Holt, Rinehart & Winston, 1955), S. 42.

[30] Schmitz, *The United States and Fascist Italy*, S. 214.

[31] Vgl. Ido Oren, *Our Enemies and Us: America's Rivalries and the Making of Political Science* (Cornell, 2002).

[32] Schmitz, *The United States and Fascist Italy*. Kennon zit. n. Christopher Simpson, *The Splendid Blond Beast* (Common Courage, 1995). Newton, *Diplomacy and Statecraft*, 2./3, Nov. 1991.

[33] Vgl. dazu Chomsky, *Deterring Democracy*, Kap. 11 und die dort zitierten Quellen. Zu späteren Materialien vgl. Chomsky, *Year 501*, Kap. 2, sowie ders., *World Orders Old and New* (Columbia, 1994, erw. Ausg. 1996), Kap. 1.

[34] Schmitz, *Thank God They're on Our Side*, S. 305.

[35] Alan Tonelson, *NYT Book Review*, 25. Dez. 1988.

[36] Lansing/Wilson zit. n. Lloyd Gardner, *Safe for Democracy* (Oxford, 1987). Alex Carey, *Taking the Risk Out of Democracy* (University of Illinois, 1995).

[37] Melvin Leffler, *A Preponderance of Power* (Stanford, 1992), S. 78.

[38] John Lewis Gaddis, *The Long Peace* (Oxford, 1987), S. 10.

[39] Mark Laffey, *Review of International Studies* 29, 2003.

IV. Gefährliche Zeiten

[1] Michael Krepon, Strategieexperte am Henry L. Stimson Center, zit. n. Faye Bowers/Howard LaFranchi, *CSM*, 31. Dez. 2002. Gary Hart/Warren Rudman, *America – Still Unprepared, Still in Danger* (Council on Foreign Relations, 2002).

[2] Marion Lloyd, *BG*, 13. Okt. 2002; Kevin Sullivan, *WP*, 14. Okt. 2002.

[3] Eisenhower zit. n. Michael Evangelista, Working Paper 19, Cold War International History Project (Woodrow Wilson International Center for Scholars), Dez. 1997.

[4] Lloyd, *BG*, 13. Okt. 2002.

[5] Raymond Garthoff, *Reflections on the Cuban Missile Crisis* (Brookings Institution, 1987), S. 83, 89, 86, 37. Hervorhebung von ihm. Natürlich blieben die Sprengköpfe unter US-amerikanischer Kontrolle.

[6] Der führende Wissenschaftler in der US-Regierung erkannte an,

daß die Nationale Befreiungsfront die »einzige politische Partei mit Massenbasis« in Südvietnam sei und daß die Vereinigten Staaten sie mit Gewalt zerstören müßten. Douglas Pike, *Viet-Cong* (Massachussetts Institute of Technology [MIT], 1966). In Indonesien richtete sich das Massaker von 1965 in erster Linie gegen die Kommunistische Partei Indonesiens (PKI), die »bei den Bauern eine Massenbasis besaß«, weil sie »die Interessen der Armen mit Nachdruck verteidigte«. Harold Crouch, *Army and Politics in Indonesia* (Cornell, 1978), S. 351, 155.

7 William Safire, *NYT*, 6. Feb. 2003. Adam Clymer, *NYT*, 6. Feb. 2003.

8 Adlai Stevenson III, *NYT*, 7. Feb. 2003.

9 Vgl. Thomas Paterson, »Cuba and the Missile Crisis«, in Merrill/Paterson (Hg.), *Major Problems in American Foreign Relations*, Bd. II.

10 Ernest May/Philip Zelikow, *The Kennedy Tapes* (Harvard, 1998), S. 263.

11 Frank Costigliola, *Political Science Quarterly*, Frühjahr 1995. Costigliola in Thomas Paterson (Hg.), *Kennedy's Quest for Victory* (Oxford, 1989). Der »hochrangige Berater« ist nicht näher identifiziert, es könnte sich um Dean Acheson oder Mike Mansfield gehandelt haben.

12 Paterson, »Cuba and the Missile Crisis«.

13 Morris Morley, *Imperial State and Revolution* (Cambridge, 1987). Vgl. Daniele Ganser, *Reckless Gamble* (University Press of the South, 2000), S. 216. Zu Kubas Appell an die Vereinten Nationen vgl. Ganser.

14 »A Program of Covert Action against the Castro Regime«, 16. März 1960, freigegeben am 9. April 1998. Text veröffentlicht in *SHAFR Newsletter* (Society for Historians of American Foreign Relations), Sept. 2002.

15 British Cable No. 2455, 24. Nov. 1959. Vgl. Kap. III, Anm. 26.

16 Arthur Schlesinger, Memorandum for the President, 11. Feb. 1961, zit. n. *Foreign Relations of the United States 1961–1963*, Bd. 10, DOC 31M.

17 Thomas Paterson in Paterson (Hg.), *Kennedy's Quest*. Zu den vollständigen Texten vgl. Mark White, *The Kennedys and Cuba: The Declassified Documentary History* (Ivan Dee, 2001), S. 37 ff.

18 May/Zelikow, *The Kennedy Tapes*, S. 134; das Zitat vom 18. Okt.

1962, während einer internen Diskussion über die Anwendung von Gewalt in der Raketenkrise.

19 May/Zelikow, *The Kennedy Tapes*, S. ix. Zur Machtübernahme unter dem Deckmantel der Befreiung vgl. Louis Pérez, *The War of 1898* (North Carolina, 1998).

20 Piero Gleijeses, *Conflicting Missions* (North Carolina, 2002), S. 16. Der zitierte Satz stammt von Arthur Schlesinger und bezieht sich auf die Ziele von Robert Kennedy; vgl. Schlesinger, *Robert Kennedy and His Times* (Ballantine, 1978), S. 477–80.

21 Jorge Domínguez, *Diplomatic History* 24, Nr. 2 (Frühjahr 2000). Gleijeses, *Conflicting Missions*, S. 402 f.

22 White, *The Kennedys and Cuba*, S. 71.

23 Tim Weiner, *NYT*, 13. Okt. 2002, der ein Memorandum von Februar 1961 zitiert; vgl. auch AP, »US Data Show a Plan to Lure Cuba to War«, *BG*, 30. Jan. 1998.

24 Am 15. Februar 1898 wurde die *USS Maine* im Hafen von Havanna durch eine Explosion zerstört. Obwohl keine Beweise vorlagen, machten die USA Spanien für den Vorfall verantwortlich und zogen mit dem Slogan »Erinnert euch an die *Maine*« in den Krieg. Kuba wurde von spanischer Herrschaft »befreit« und fiel den USA in die Hände. (A. d. Ü.)

25 Memorandum für das Verteidigungsministerium, »Justification for the US Military Intervention in Cuba (TS)«, (Operation Northwoods), 13. März 1962.

26 Paterson in *Kennedy's Quest*.

27 Garthoff, *Reflections*, S. 16 f.

28 Garthoff, *Reflections*, S. 78f., 108 f.

29 Memorandum vom 12. November 1962 zit. n. Gleijeses, *Conflicting Missions*, S. 25. Garthoff, *Reflections*, S. 91, 98.

30 Domínguez, *Diplomatic History*. May/Zelikow, *The Kennedy Tapes*, S. 66.

31 Editorial, *NYT*, 2. Jan. 1989.

32 Reuters, *BG*, 15. Okt. 1992. Juan Tamayo, *Miami Herald*, 16. Nov. 1997; Tamayo, *Miami Herald*, 28. Sept. 1997. Andrew Cawthorne, *BG*, 12. März 1999. Ann Louise Bardach/Larry Rohter, *NYT*, 12./13. Juli 1998. Anya Landau/Wayne Smith, *International Policy Report* (Center for International Policy), Nov. 2002.

33 Duncan Campbell, *Guardian*, 7. April 2003. Zu einer Analyse der

Beschuldigungen und ihrem Hintergrund vgl. William Blum, *Counterpunch*, 1. Sept. 2002.

[34] Ruth Leacock, *Requiem for Revolution* (Kent State, 1990), S. 33.

[35] May/Zelikow, *The Kennedy Tapes*, S. 91.

[36] Morris Morley/Chris McGillion, *Unfininshed Business* (Cambridge, 2002), Anm. S. 223.

[37] Morley/McGillion, *Unfinished Business*, S. 153. Vgl. Chomsky, *Necessary Illusions*, S. 177, 101. Shirley Christian, *NYT*, 4. Sept. 1992.

[38] David Sanger, *NYT*, 21. Feb. 1997.

[39] Gleijeses, *Conflicting Missions*, S. 26.

[40] Paterson, »Cuba and the Missile Crisis«.

[41] Brief an Robert Livingstone vom 18. April 1802, zit. n. »The Louisiana Purchase, 1803–2003«, *National Interest*, Frühjahr 2003.

[42] Robert F. Kennedy zit. n. Michael McClintock, *Instruments of Statecraft* (Pantheon, 1992), S. 23.

[43] Zit. n. Adam Isacson/Joy Olson, *Just the Facts* (Latin America Working Group and Center for International Policy, 1999), S. ix.

[44] Vgl. Chomsky, *Deterring Democracy*, Kap. 10.

[45] Lars Schoultz, *Human Rights and United States Policy toward Latin America* (Princeton, 1981), S. 7.

[46] Weitere Erörterung, Kontext und Quellen in Chomsky, *Year 501*, Kap. 7.

[47] Thomas Skidmore, *The Politics of Military Rule in Brazil* (Oxford, 1988). Desgl. *Year 501*, Kap. 7.

[48] »Indonesia-American Relations«, 1965, SNIE, 1. Sept. 1965, zit. n. Mark Curtis, *Web of Deceit* (Vintage, 2003), S. 399 f.

[49] Gleijeses, *Conflicting Missions*, S. 332, 346.

[50] Victoria Brittain, *Race and Class*, April/Juni 2003.

[51] Gleijeses, *Conflicting Missions*, S. 359.

[52] David Gonzalez, *NYT*, 14. Okt. 2002. Barry Gewen, *NYT Book Review*, 15. Sept. 2002.

[53] Alexander George (Hg.), *Western State Terrorism* (Polity/Blackwell, 1991). Vgl. auch Chomsky/Herman, *Political Economy of Human Rights* (Toronto, 1979), Bd. I, Kap. 3, Abschn. 3, sowie Edward Herman, *The Real Terror Network* (South End, 1982).

[54] Jean Bethke Elshtain, *Just War against Terror* (Basic Books, 2003). Eine ausführlichere Analyse dieser Operationen, die z. T. auf Notizen beruhen, die uns der Leiter des Saigoner Büros von *Newsweek*,

Kevin Buckley, überlassen hat, in Chomsky/Herman, *The Political Economy of Human Rights*, Bd. I, S. 313 ff., sowie *Manufacturing Consent*, S. 196 f. Einige dieser Materialien finden sich auch in Christopher Hitchens, *The Trial of Henry Kissinger* (Verso, 2001), S. 30 f.

[55] Aussage vor dem Kongreß, 1986, 1983. Vgl. die Essays von Jack Spence/Eldon Kenworthy in Thomas Walker (Hg.), *Reagan Versus the Sandinistas* (Westview, 1987).

[56] Bemerkungen bei einem Treffen im Weißen Haus von Unterstützern für die Hilfe der Vereinigten Staaten für den demokratischen Widerstand in Nicaragua, 3. März 1986. Walter Robinson, *BG*, 22. März 1986.

[57] Kenworthy in Thomas Walker, *Nicaragua* (Westview, 2003). Vgl. auch Chomsky, *Culture of Terrorism*, S. 219 f., sowie *Deterring Democracy*, S. 259 über verschiedene Phasen der nützlichen Farce. Zu weiteren Details vgl. *NYT*, 2. Mai 1985, sowie Chomsky, *Turning the Tide* (South End, 1986), S. 144. Zu Libyen vgl. Chomsky, *Pirates and Emperors Old and New* (South End, 1992; aktual. Version der Fassung von 1986), S. 72 über Reagans Ansprache vor der American Bar Association vom Juli 1986.

[58] George Shultz, US-Außenministerium, *Current Policy*, Nr. 820. Zu Libyen vgl. Chomsky, *Pirates and Emperors Old and New* (South End, 1992), Kap. 3.

[59] Walker, *Nicaragua*. Thomas Carothers in Abraham Lowenthal (Hg.), *Exporting Democracy* (Johns Hopkins, 1991). Carothers, *In the Name of Democracy: US Policy toward Latin America in the Reagan Years* (California, 1991), Hervorhebung von ihm.

[60] Zur Weltbank, Inter-American Development Bank und weiteren Quellen vgl. Chomsky, *Deterring Democracy*, Kap. 10. Zu Informationen über Auswirkungen auf das Gesundheitssystem vgl. Nicaraguan Society of Doctors and the Defense of Life, sowie International Physicians for the Prevention of Nuclear War (IPPNW), *The War in Nicaragua: The Effects of Low-Intensity Conflict on an Underdeveloped Country* (MEDIPAZ, Managua/Cambridge, 2003).

[61] Vgl. Paul Reichler, *Harvard International Law Journal* 15 (Winter 2001).

[62] *Military and Paramilitary Activities in and against Nicaragua (Nicaragua vs. United States of America)*, Internationaler Gerichtshof, 27. Juni 1986. Sicherheitsrat S/18221, 11. Juli 1986.

[63] Zu diesen und vielen weiteren Beispielen aus der Presse vgl. Chomsky/Herman, *Manufacturing Consent*, S. 240 ff., sowie Chomsky, *Necessary Illusions*, S. 33 ff. und *Year 501*, S. 251 ff.

[64] Charles Radin, *BG*, 17. Nov. 2000.

[65] Der Anthropologe Ira Lowenthal; Hervorhebung von ihm. Zit. n. Paul Farmer, *AIDS and Accusation* (California, 1992).

[66] Vgl. Paul Farmer, *The Uses of Haiti* (Common Courage, 2. Aufl., 2003).

[67] Max Mintz, *Seeds of Empire* (NYU, 1999), S. 75 f., 180 f.

[68] General John Galvin, Kommandeur des US Southern Command (SouthCom), der dem Kongreß die Strategie erläutert; vgl. Fred Kaplan, *BG*, 20. Mai 1987.

[69] Michael Kinsley, *WSJ*, 26. März 1987.

[70] *Envío* (Managua, Nicaragua), März 2003; September 2001.

[71] *Envío*, Oktober 2001.

[72] Zu den Wahlen von 1984 vgl. Walker, *Nicaragua*, S. 156 f. Zu den sämtlich ignorierten Berichten eines breiten Spektrums von Experten und der Übernahme der reaganistischen Interpretation der Wahlen in Nicaragua und den US-Satellitenstaaten in der Region durch die Medien vgl. Chomsky/Herman, *Manufacturing Consent*, Kap. 3.

[73] *Envío*, Oktober 2001.

[74] Kenneth Pollack, *NYT Book Review*, 6. April 2003.

[75] Nachrichtendienst, *WP*, 3. Dez. 2002.

[76] Steven Weisman, *NYT*, 7. Dez. 2002. James Dao, *NYT*, 10. Dez. 2002.

[77] ACLU-Pressemitteilung, 14. Nov. 2002.

[78] *Envío*, Oktober 2001.

[79] Ricardo Stevens, 19. Okt. 2001; zit. n. North American Congress on Latin America (NACLA), *Report on the Americas*, Nov./Dez. 2001.

[80] Interview, Institute for Public Accuracy, 22. März 2002.

V. Die Irak-Connection

[1] Reagan zit. n. *NYT*, 18. Okt. 1985. George Shultz, US-Außenministerium, *Current Policy*, Nr. 589 (24. Juni 1984) und Nr. 629 (25. Okt. 1984).

[2] Zur weiteren Erörterung einiger dieser Fragen vgl. Chomsky/Herman, *Political Economy of Human Rights*; Herman, *Real Terror*

Network, Chomksy, *Pirates and Emperors*; sowie George (Hg.), *Western State Terrorism.*

[3] UN Inter-Agency Task Force, Africa Recovery Program/Economic Commission, *South African Destabilization: The Economic Cost of Frontline Resistance to Apartheid* (1989), S. 13, zit. n. Merle Bowen, *Fletcher Forum*, Winter 1991. UNICEF, *Children on the Front Line*, 1989. Zu Materialien über den ANC vgl. Joseba Zulaika/William Douglass, *Terror and Taboo* (Routledge, 1996), S. 12.

[4] Reagan zit. n. Samina Ahmed, *International Security* 26, Nr. 3 (Winter 2001/2002). Garthoff, *A Journey Through the Cold War* (Brookings Institution, 2001), S. 338, 387. John Cooley, *Unholy Wars* (Pluto, 1999), S. 11, 54.

[5] Cooley, *Unholy Wars*, S. 230 ff.

[6] Miron Rezun, *Saddam Hussein's Gulf Wars* (Praeger, 1992), S. 58 f.

[7] Vgl. Chomsky, *Deterring Democracy*, S. 50 f., 236 f. und 278 f. Task Force on US-Korea Policy, *Current History*, April 2003. Zu Materialien über Duvalier vgl. Chomsky, *Year 501*, Kap. 8.4.

[8] Hannah Pakula, *WP*, 27. Dez. 1989. Howard LaFranchi, *CSM*, 25. Nov. 2002.

[9] John Kelly, als Staatssekretär im Außenministerium zuständig für den Nahen Osten, zit. n. Alan Friedman, *Spider's Web* (Bantam, 1993), S. 151.

[10] Peter Spiegel/Richard McGregor, *FT*, 10. April 2003. Spiegel, *FT*, 10. April 2003.

[11] Eine umfassende Dokumentation in Bedjauoi u. a. (Hg.), *An Inquiry into the Algerian Massacres.* William Burns zit. n. Steven Weisman, *NYT*, 10. Dez. 2002. Robert Fisk, *Independent*, 4. Jan. 2003. Lisa Marlowe, *Irish Times*, 31. Dez. 2002.

[12] Zu Einzelheiten und Quellen vgl. Thomas Ferguson/Joel Rogers, *Right Turn* (Hill & Wang, 1986); Michael Meerpol, *Surrender* (Michigan, 2003). Vgl. auch Chomsky, *Turning the Tide*, Kap. 11 und *Year 501*, Kap. 11. Zu wirtschaftlichen Folgen vgl. die u. d. T. *State of Working America* veröffentlichten Untersuchungen des Economic Policy Institute sowie Edward Wolff, *Top Heavy* (Twentieth Century Fund, 1995; aktual. Ausg., New Press, 1996).

[13] Zu Libyens Rolle in der reaganistischen Dämonologie vgl. Chomsky, *Pirates and Emperors*, Kap. 3; Stephen Shalom, *Imperial Alibis* (South End, 1992), Kap. 7.

[14] Vgl. dazu Chomsky, *Necessary Illusions*, S. 176–180.

[15] Vgl. S. 122 f.

[16] Anthony Lewis, *NYT*, 17. April 1986.

[17] 1988 ließ sich Bush im Präsidentschaftswahlkampf mit einem Foto des afroamerikanischen Straftäters Willie Horton zeigen, dem der demokratische Kandidat, Michael Dukakis, Hafturlaub gewährt hatte. Horton war wegen Vergewaltigung einer Weißen verurteilt worden. (A. d. Ü.)

[18] Hodding Carter zit. n. *WSJ*, 14. Sept. 1989; Thomas Pickering zit. n. AP, 20. Dez. 1989. Zum Drogenkrieg vgl. Chomsky, *Deterring Democracy*, Kap. 5 und 6, sowie Shalom, *Imperial Alibis*, Kap. 8.

[19] Zit. n. Irene Gendzier, *Notes from the Minefield* (Columbia 1977), S. 256.

[20] Ferguson/Rogers, *Right Turn*, S. 122. Jackie Calmes/John D. McKinnon, *WSJ*, 11. Nov. 2002.

[21] Peronet Despeignes, *FT*, 29. Mai 2002. Kotlikoff/Sachs, *BG*, 19. Mai 2003. Fleischer, *FT*, 30. Mai 2003.

[22] Paul Krugman, *NYT*, 27. Mai 2003.

[23] Anatol Lieven, *London Review of Books*, 3. Okt. 2002.

[24] Martin Sieff, *American Conservative*, 4. Nov. 2002.

[25] Donald Green/Eric Schickler, *NYT*, 12. Nov. 2002.

[26] Peter Slevin, *WP*, 19. Sept. 2002.

[27] Vgl. Greg Gordon, *Minneapolis Star–Tribune*, 18. Okt. 2002; *Jane's Terrorism and Security Monitor*, 12. Nov. 2002; Sebastian Rotella, *LAT*, 4. Nov. 2002; Jimmy Burns/Mark Huband, *FT*, 24. Jan. 2003; Eric Lichtblau, *NYT*, 4. März 2003.

[28] Richard Betts, *Foreign Affairs* 82, Nr. 1 (Jan./Feb. 2003).

[29] Kenneth Waltz in Booth/Dunne (Hg.), *World in Collision*. Zum US-Geheimdienst vgl. unten.

[30] Die Untersuchung der Ingenieure zit. n. Charles Glaser/Steve Fetter, *International Security* 26, Nr. 1 (Sommer 2001). Richard Falkenrath, Robert Newman/Bradley Thayer, *America's Achilles' Heel: Nuclear, Biological and Chemical Terrorism and Covert Attack* (MIT, 1998). Barton Gellman, *WP*, 20. Dez. 2001. Hart/Rudman, *America – Still Unprepared, Still in Danger.*

[31] Kaysen u. a., *War with Iraq*; Daniel Benjamin zit. n. *WP*, 31. Okt. 2002. Barton Gellman, *WP*, 10. Mai 2003.

[32] Youssef Ibrahim, *International Herald Tribune*, 1. Nov. 2002.

[33] Vgl. etwa International Physicians for the Prevention of Nuclear War – Medact, *Collateral Damage: The Health and Environmental Costs of War on Iraq*, 12. Nov. 2002; Physicians for Human Rights, *Health and Human Rights Consequences of War in Iraq*, Informationsschrift, 14. Feb. 2003; Nicholas Pelham, *FT*, 28. Feb. 2003; Kenneth Bacon, *Bulletin of the Atomic Scientists*, Jan./Feb. 2003; James Politi/Guy Dinmore, *FT*, 27. Feb. 2003; sowie Ed Vulliamy, Burhan Wazir/Gaby Hinsliff, *Sunday Observer*, 22. Dez. 2002.

[34] Turi Munthe in Munthe (Hg.), *The Saddam Hussein Reader* (Thunder's Mouth, 2002), S. xxvii.

[35] Rein technisch wurden die Sanktionen von der UNO verhängt, aber es war immer klar, daß sie von den USA und Großbritannien durchgesetzt worden waren und gerade in der grausamen, auf Zivilisten zielenden Form bei den UN-Mitgliedsstaaten wenig Unterstützung genossen.

[36] Frances Williams, *FT*, 12. Dez. 2002. John Mueller/Karl Mueller, *Foreign Affairs*, Mai/Juni 1999.

[37] Rajiv Chadrasekaran, *WP Weekly*, 10. Feb. 2003, eine bemerkenswerte Ausnahme angesichts des sonstigen Mangels an Berichterstattung.

[38] Denis Halliday/Hans von Sponeck, *Al-Ahram Weekly*, 26. Dez. 2002.

[39] Joy Gordon, *Harper's*, Nov. 2002. Umfassende Einzelheiten und eine Widerlegung der offiziellen Rechtfertigungen bei Eric Herring, *Review of International Studies* 28 (2002), S. 39–56.

[40] ICRC, *Iraq 1989–1999: A Decade of Sanctions*, 14. Dez. 1999.

[41] Andere Argumente waren zu abwegig, um sie zu erörtern, wie z. B. der Vorschlag, wir sollten den Irak bombardieren und besetzen, um so die Bevölkerung von den Sanktionen befreien zu können.

[42] John Burns, *NYT*, 16. Sept. 2001; Samina Ahmed, *International Security* 26, Nr. 3 (Winter 2001/2002).

[43] So skizziert Thomas Friedman die Denkweise der Regierung Bush sen., nachdem sie Saddam praktisch dazu ermächtigt hatte, die Aufstände, die ihn hätten stürzen können, niederzuschlagen; *NYT*, 7. Juni 1991.

[44] Mark Thomas, *New Statesman*, 9. Dez. 2002. Vgl. oben, Kap. III, Anm. 5.

[45] Gallup Poll International, Dez. 2002; Mark Champion, *WSJ*, 30. Jan. 2003; Steven Weisman, *NYT*, 10. Feb. 2003.

[46] Powell zit. n. Weisman, *NYT*, 10. Feb. 2003. Powell bezieht sich auf die ehemaligen Satellitenstaaten der UdSSR.

[47] Andrew Higgins, *WSJ*, 18. März 2003.

[48] Holbrooke zit. n. Lee Michael Katz, *National Journal*, 8. Feb. 2002.

[49] Editorials, *WSJ*, 3./7. Feb. 2003.

[50] Thomas Friedman, *NYT*, 9. Feb. 2003.

[51] Todd Purdum, *NYT*, 30. Jan. 2003. Max Boot, *NYT*, 13. Feb. 2003. Robert Kagan, *WP Weekly*, 10. Feb. 2003.

[52] Mark Landler, *NYT*, 20. Jan. 2003, dort das Zitat des Sprechers der rechtsgerichteten Christlich-Sozialen Union (CSU).

[53] Umfragen aus dem *Economist*, 16. Jan. 2003. Morton Abramowitz, *WSJ*, 16. Jan. 2003.

[54] Recep Tayyip Erdogan zit. n. Brian Groom, *FT*, 24. Jan. 2003.

[55] Dexter Filkins, *NYT*, 6. und 26. Feb. 2003; Amberin Zaman, *LAT*, 8. Feb. 2003.

[56] Steven Weisman, *NYT*, 30. März 2003.

[57] Paul Wolfowitz zit. n. Marc Lacey, *NYT*, 7./8. Mai 2003.

[58] Thomas Carothers, *Foreign Affairs*, Jan./Feb. 2003.

[59] Carothers in *Exporting Democracy*, sowie ders., *In the Name of Democracy*. Neil Lewis, *NYT*, 6. Dez. 1987. Weitere Details in Chomsky, *Necessary Illusions*, S. 49.

[60] Atilio Boron, *State, Capitalism, and Democracy in Latin America* (Lynne Reinner, 1995), Kap. 7.

[61] James Mahon, *Mobile Capital and Latin American Development* (Penn State, 1996).

[62] Zu Keynes-Zitaten vgl. Timothy Canova, *American University International Law Review* 14, Nr. 6 (1999), und *Brooklyn Law Review* 60, Nr. 4 (1995). Der Generalsekretär der OAS, César Gaaviria, in Guy Dinmore, *FT*, 11. Juni 2003.

[63] Ha-Joon Chang/Ajit Singh, *UNCTAD Review*, 1993, S. 45–81. Vgl. auch North American Congress on Latin America (NACLA), *Report on the Americas: Privatization and Ist Discontent*, Jan./Feb. 2003.

[64] Thomas Patterson, *BG*, 15. Dez. 2000, und *NYT*, 8. Nov. 2000. Vgl. auch sein Buch *The Vanishing Voter* (Knopf, 2002), sowie die Artikel von Chomsky im *Z Magazine* vom Januar und Februar 2001.

[65] Stuart Ewen, *Captains of Consciousness* (McGraw-Hill, 1976), S. 85. Vgl. auch Michael Dawson, *The Consumer Trap* (Illinois, 2003), der auf umfassende Weise die Technik des »off-job control« untersucht,

die seit den zwanziger Jahren als Gegenstück zur »on-job control« des Taylorismus entwickelt wurde und das Ziel hatte, die Menschen nicht nur bei der Arbeit, sondern auch im Alltagsleben in kontrollierte Roboter zu verwandeln.

[66] Von Sponeck, *Toronto Globe and Mail*, 2. Juli 2002. Halliday, *Al-Ahram Weekly*, 26. Dez. 2002.

[67] Thomas Friedman, *NYT*, 7. Juni 1991; Alan Cowell, *NYT*, 11. April 1991; Friedman, *NYT*, 4. Juni 2003.

[68] Scowcroft zit. n. Bob Herbert, *NYT*, 10. April 2003.

[69] Die Abbildung in der *NYT*, 7. Mai 2003; Quelle: Verteidigungsministerium, Büro für Wiederaufbau und humanitäre Hilfe (Office of Reconstruction and Humanitarian Assistance).

[70] David Sanger/John Tagliabue, *NYT*, 5. April 2003.

[71] Arthur Schlesinger, vgl. S. 21.

VI. Weltmachtprobleme

[1] David Ignatius, *International Herald Tribune*, 14./15. Dez. 2002, aus der *Washington Post*.

[2] *Financial Times*, *Business Week*, *Wall Street Journal*. Zu diesen und anderen Quellen vgl. *World Orders Old and New*, Kap. 2.

[3] Arie Farnam, *CSM*, 10. Juni 2003.

[4] UNDP zit. n. Duncan Green/Matthew Griffith, *International Affairs* 78, 1 (2002). Zum demographischen Niedergang vgl. David Powell, *Current History*, Okt. 2002. Zu Umfragen, Michael Wines, *NYT*, 5. März 2003.

[5] Bruce zit. n. Costigliola, »Failure to Consult«.

[6] Henry Kissinger, *American Foreign Policy* (erw. Ausg., Norton, 1974).

[7] Vgl. S. 24 f.

[8] Christopher Thorne, *The Issue of War* (Oxford, 1985), S. 225, 211. Zum allgemeinen Hintergrund und Quellen vgl. Chomsky, *Deterring Democracy*.

[9] Howard Wachtel, *The Money Mandarins* (M. E. Sharpe, 1990), S. 44 f. *Business Week*, 7. April 1975.

[10] Melvin Leffler, *A Preponderance of Power* (Stanford, 1992), S. 339.

[11] Zu Großbritannien vgl. Mark Curtis, *Web of Deceit* (Vintage, 2003), S. 15 f. Zu den anderen Ländern vgl. Aaron David Miller, *Search for Security* (North Carolina, 1980); Irvine Anderson, *Aramco, the United States and Saudi Arabia* (Princeton, 1981); Michael Stoff, *Oil, War*

and American Security (Yale, 1980). Eisenhower zit. n. Steven Spiegel, *The Other Arab-Israeli Conflict* (Chicago, 1985), S. 51.

12 Taks Force on US-Korea Policy (Center for International Policy, Washington, und Center for East Asian Studies, University of Chicago, Selig Harrison, Leiter), »The Nuclear Crisis on the Korean Peninsula: Avoiding the Road to Perdition«, gekürzte Version, *Current History*, April 2003.

13 Zit. n. Selig Harrison, *World Policy Journal*, Winter 2002/2003.

14 Die Ausführungen über den San Francisco Peace Treaty beziehen sich auf John Price, *JPRI [Japan Policy Research Institute] Working Paper*, Nr. 78, Juni 2001.

15 Human Rights Watch Pressemitteilung, »Ashcroft Attacks Human Rights Law; Justice Dept. Undermining Key Precedent«, 15. Mai 2003.

VII. »Ein Hexenkessel von Feindseligkeiten«

1 Michael Krepon zit. n. Bowers/LaFranchi, *CSM*.

2 Butler zit. n. Hans Kristensen, *BASIC Research Report* (British-American Security Information Council) 98, Nr. 2 (März 1998), Anhang I. Aluf Benn berichtet in *Ha'aretz* (2. Juni 2003) über Rußlands Forderung, daß Israels Atomprogramm »auf die Tagesordnung der internationalen Organisationen gehört, die sich damit befassen, die Weiterverbreitung von Nuklearwaffen zu verhindern«.

3 Knut Royce, *Newsday*, 29. Aug. 1990; 3. Jan. 1991.

4 Ruth Sinai, *Ha'aretz*, 3. Dez. 2002.

5 Jitzhak ben-Jisrael, *Ha'aretz*, 16. April 2002.

6 Galal Nassar, *Al-Ahram Weekly*, 7. März 2002.

7 Robert Olson, *Middle East Policy* 9, Nr. 2 (Juni 2002).

8 Praful Bidwai, *News International*, 22. Mai 2003, dort das Zitat von Brajesh Mishra.

9 Lloyd George zit. n. V. G. Kiernan, *European Empires from Conquest to Collapse* (Fontana, 1982).

10 National Intelligence Council, *Global Trends 2015: A Dialogue about the Future with Nongovernment Experts* (Dez. 2002).

11 NIC, *Global Trends*.

12 Mark Curtis, *Web of Deceit*, Kap. 22.

13 Tom Shanker/Eric Schmitt, *NYT*, 20. April 2003.

14 Herbert, *NYT*, 21. April 2003.

[15] Zum Planungszusammenhang vgl. Kap. VI. Die hier angesprochenen Themen werden sehr viel ausführlicher in folgenden Büchern von Chomsky erörtert: *World Orders Old and New; Fateful Triangle* (aktualisierte Fassung, South End, 1999; dt. *Offene Wunde Nahost*, Europa Verlag, 2003), sowie *Middle East Illusions* (aktualisierte Fassung, Rowman & Littlefield, 2003; EA 1975). Zu den hier diskutierten Zusammenhängen vgl. insbesondere Norman Finkelstein, *Image and Reality of the Israel-Arab Conflict* (aktualisierte Fassung, Verso, 2003; EA 1995).

[16] Abraham Ben-Zvi, *Decade of Transition* (Columbia, 1998), S. 76. Vgl. Irene Gendzier, *Notes from the Minefield: United States Intervention in Lebanon and the Middle East, 1945–1958* (Columbia, 1997), sowie Wm. Roger Louis/Roger Owen (Hg.), *A Revolutionary Year: The Middle East in 1958* (Tauris, 2002). Zu den Ereignissen in Indonesien vgl. Audrey Kahi/George Kahin, *Subversion as Foreign Policy* (New Press, 1995).

[17] Ben-Zvi, *Decade of Transition*, S. 80 f. Die Erklärung des Nationalen Sicherheitsrats schreibt er Eisenhower zu. Vgl. auch Gendzier, *Notes from the Minefield*, und Ilan Pappé in Lewis/Owen (Hg.), *A Revolutionary Year.*

[18] Efraim Inbar, *The Israeli-Turkish Entente* (King's College London Mediterranean Studies, Herbst 2002, Nr. 75), S. 25; der Aufsatz ist aus einer Perspektive geschrieben, die der offiziellen israelischen Haltung sehr nahesteht.

[19] Vgl. dazu insbesondere Finkelstein, *Image and Reality*, sowie Chomsky, *Middle East Illusions*, Kap. 5.

[20] Zu den Einzelheiten dieser komplizierten Affäre vgl. Irwin Wall, *France, the United States, and the Algerian War* (California, 2001).

[21] Zu den Vorgängen und der Reaktion der Medien und Kommentatoren vgl. Chomsky, *Fateful Triangle.*

[22] Zu Israels Libanon-Politik in den achtziger und neunziger Jahren vgl. Chomsky, *Pirates and Emperors* und *Fateful Triangle.*

[23] Michael Walzer, *New Republic*, 6. Sept. 1982; Hervorhebung von ihm.

[24] James Bennet, *NYT*, 24. Jan. 2002.

[25] Program on International Policy Attitudes (PIPA), *Americans on the Israel/Palestine Conflict*, University of Maryland, 8. Mai 2002.

[26] Zu 'Abd al-Shafis retrospektiver Einschätzung vgl. sein Interview mit Rashid Khalidi, *Journal of Palestine Studies* 32, Nr. 1 (Herbst 2002).

[27] Schlomo Ben-Ami, *A Place for All* (Hakibbutz Hameuchad, 1998). Vgl. Chomskys Einleitung zu Roane Carey (Hg.), *The New Intifada* (Verso, 2001), wiederabgedr. in ders., *Pirates and Emperors Old and New*.

[28] Avi Primor, *Ha'aretz*, 19. Sept. 2002. Zu gegenwärtigen israelischen Strategien vgl. insbesondere Tanya Reinhart, *Israel/Palestine: How to End the War of 1948* (Seven Stories, 2002); Baruch Kimmerling, *Politicide* (Verso, 2003).

[29] Akiva Eldar, *Ha'aretz*, 14. Feb. 2002.

[30] Hussein Agha/Robert Malley, *Foreign Affairs*, Mai/Juni 2002.

[31] B'Tselem, *Land Grab: Israel's Settlement Policy in the West Bank*, Mai 2002.

[32] Geoffrey Aronson, *Report on Israeli Settlement*, März/April 2003.

[33] Zit. n. Harvey Morris/Guy Dinmore/Christopher Adams, *FT*, 1. Mai 2003.

[34] »Proposal for ›Final and Comprehensive Settlement‹ to Middle East Conflict«, *NYT*, 1. Mai 2003.

[35] Sharmila Devi, *FT*, 1. Mai 2003, die *Ha'aretz* zitiert.

[36] Harvey Morris, *FT*, 5. Mai 2002. Eva Basley/Katrin Sommer, *News from Within* (Jerusalem), Okt. 2002.

[37] Sara Roy, *Daily Star* (Beirut), 2. Juni 2003. Zu Scharons Plan von 1992 und anderen Vorschlägen aus dieser Zeit vgl. die Analyse von Peace Now, die in *World Orders Old and New* (S. 224) erörtert wird.

[38] Amira Hass, *Ha'aretz*, 28. Mai 2003.

[39] Greg Myre, *NYT*, 27. Mai 2003.

[40] Conference of High Contracting Parties, *Report on Israeli Settlement*, Jan./Feb. 2002.

[41] Zit. n. John Connelly/Charles Radin, *BG*, 9. April 2002.

[42] *Ha'aretz* und *Jerusalem Post*, 4. Dez. 2003. Über die Abstimmung wurde von Associated Press und Agence France Press am 3. Dezember 2003 berichtet.

[43] James Bennet, *NYT*, 17. März 2003.

[44] Elisabeth Bumiller, *NYT*, 27. Feb. 2003.

[45] John Donnelly, *BG*, 11. Sept. 2002.

[46] Lord Douglas Hurd, *FT*, 3. Dez. 2002.

[47] Ben Kaspit, »Two Years of the Intifada« (hebr.), erster Teil, *Ma'ariv*, 6. Sept. 2002.

[48] Reuven Pedatzur, *Ha'aretz*, 12. Mai 2003, Rezension von Motti

Golani, *Milhamot lo Korot Mei'atzman (Kriege passieren nicht einfach so)* (Modan, 2003; hebr.).

49 Kaspit, *Ma'ariv*, 6. Sept. 2002. Doron Rosenblum, *Ha'aretz*, 26. Sept. 2002.

50 Patrick Sloyan, *Newsday*, 12. Sept. 1991.

51 *Air Universities Quarterly Review* 6, Nr. 4 (Winter 1953/54). Ausführlichere Darstellungen und Zitate in Chomsky, *Towards a New Cold War* (Pantheon, 1982), S. 112 f.

52 Jawaharlal Nehru, *The Discovery of India* (Asia Publishing House, 1961). Stanley Wolpert, *A New History of India* (Oxford, 1993). C. A. Bayly, *The New Cambridge History of India* (Cambridge, 1988). Jack Beeching, *The Chinese Opium Wars* (Harcourt Brace Jovanovich, 1975). Vgl. auch Chomsky, *Peering into the Abyss of the Future.* Die damaligen Ereignisse in Indien bildeten den direkten Hintergrund für John Stewart Mills klassischen Essay über die humanitäre Intervention. Vgl. Kap. II, Anm. 73.

53 Mark Curtis, *Web of Deceit*, Kap. 15.

54 Kaspit, *Ma'ariv*, 6. Sept. 2002.

55 Zu den Methoden der ersten Intifada vgl. Norman Finkelstein, *The Rise and Fall of Palestine* (Minnesota, 1996). Zu persönlichen Erfahrungen und israelischen Quellen vgl. Chomsky, *Fateful Triangle* (Kap. 8); weitere Quellen in ders., *Necessary Illusions*, Anhang 4.2. Darüber hinaus vgl. Zachary Lockman/Joel Beinin (Hg.), *Intifada* (South End, 1989).

56 Joram Peri, *Davar*, 10. Dez. 1982. »Arabuschim« ist im israelischen Slang ähnlich abwertend für die Araber wie »Nigger« im Amerikanischen für die Schwarzen. Moshe Dajans in einer internen Regierungsdiskussion gefallene Bemerkung zit. n. Jossi Beilin, *Mehiro schel Ihud* (Revivim, 1985; hebr.).

57 Editorial, *Ha'aretz*, 16. März 2003. Wer regelmäßig die Korrespondentenberichte dieser Zeitung, vor allem die von Gideon Levy/Amira Hass, gelesen hat, wird diese Äußerungen nicht überraschend finden.

VIII. Terrorismus und Gerechtigkeit

1 Strobe Talbott/Nayan Chanda (Hg.), *The Age of Terror* (Basic Books, 2001).

2 Zu US-amerikanischen Definitionen vgl. Chomsky, »International

Terrorism: Image and Reality«, in Alexander George (Hg.), *Western State Terrorism* (Polity/Blackwell, 1991). Britische Definitionen zit. n. Curtis, *Web of Deceit*, S. 93.

[3] Zur Reformulierung der offiziellen Definitionen vgl. Scott Atran, *Science* 299 (7. März 2003). Atran merkt an, daß die revidierten Definitionen immer noch »keinen prinzipiellen Unterschied zwischen ›Terror‹, wie er vom US-Kongreß definiert wird, und ›Aufstandsbekämpfung‹ (*counterinsurgency*), die laut US-Armeehandbüchern erlaubt ist«, machen. Diese Schwierigkeit, »Terror« auf eine für die offizielle Doktrin geeignete Weise zu definieren, ist nicht neu.

[4] McClintock, *Instruments of Statecraft*, Kap. 3.

[5] UN-Resolution 42/159, 7. Dez. 1987.

[6] Zu einem bemerkenswerten Beispiel in bezug auf Vietnam vgl. David Rapoport, *Current History*, Dez. 2001. Zum Irak vgl. den Nahostkorrespondenten von ABC, Charles Glass, im *London Review of Books*, 17. April 2003.

[7] Maechling, *LAT*, 18. März 1982.

[8] *Columbia Update* 1, Nr. 4 (Dez. 1989). Vgl. auch Chomsky, *Deterring Democracy*, S. 130 f.

[9] McClintock, *Instruments of Statecraft*, S. 222.

[10] Raymond Bonner, *NYT*, 28. Okt. 2002.

[11] Talbott/Chanda (Hg.), *Age of Terror*.

[12] Martha Crenshaw/Ivo Daalder/James Lindsay bzw. David Rapoport, *Current History*, Dez. 2001.

[13] Die eigentliche Zielperson, ein muslimischer Scheich, konnte entkommen. (A. d. Ü.)

[14] Zu Einzelheiten vgl. Chomsky, *Pirates and Emperors Old and New*. George (Hg.), *Western State Terrorism*. Zu israelischen Libanon-Invasionen in den neunziger Jahren, über die illegal besetzte südliche Region hinaus vgl. Chomsky, *Fateful Triangle* (Ausgabe von 1999).

[15] Crenshaw, *Current History*, Dez. 2001.

[16] John Burns, *NYT*, 8. Nov. 2002.

[17] Justin Huggler/Phil Reeves, *Independent*, 25. April 2002.

[18] Vgl. *Fateful Triangle*, S. 136.

[19] »Laurels«, *Columbia Journalism Review*, Juli 2002.

[20] Vgl. S. 68 f.

[21] Judith Miller, *NYT*, 30. April 2000. Pearson, *Fletcher Forum* 26, Nr. 1 (Winter/Frühjahr 2002).

22 Vgl. S. 79 f.

23 Jean Bethke Elshtain, *BG*, 6. Okt. 2002; vgl. auch ihren Aufsatz in Booth/Dunne (Hg.), *World in Collision*. Die Welt wird mit Interesse zur Kenntnis nehmen, daß sich die USA niemals der Praxis, »Terroristen von der Leine zu lassen« befleißigt oder auf andere Weise Zivilisten bedroht oder geschädigt haben.

24 Bill Keller, *NYT*, 24. August 2002.

25 Eine Durchsicht der Medien von Jeff Nygaard erbrachte einen einzigen Hinweis auf die Gallup-Umfrage, nämlich eine kurze Notiz im *Omaha World-Herald*, wo »die Ergebnisse völlig falsch dargestellt wurden«. *Nygaard Notes*, 16. Nov. 2001, wiederabgedr. in *Counterpoise* 5, Nr. 3–4 (2002). *Envío* (Managua, Nicaragua), Okt. 2001.

26 Walter Pincus, *WP*, 6. Juni 2002; Hervorhebung von mir.

27 Abdullah Ahmed An-Na'im in Booth/Dunne (Hg.), *World in Collision*.

28 Abdul Haq, Interview mit Anatol Lieven, *Guardian*, 2. Nov. 2001. Zum Treffen in Peschawar, Barry Bearak, *NYT*, 25. Okt. 2001; John Thornhill/Farhan Bokhari, *FT*, 25./26. Okt. 2001; John Burns, *NYT*, 26. Okt. 2001; Indira Laskhmanan, *BG*, 25./26. Okt. 2001. RAWA, Webseiten. Die relevanten Informationen standen jederzeit in unabhängigen (»alternativen«) Zeitschriften, in Print- und elektronischen Ausgaben, zur Verfügung; vgl. z. B. Znet (*www.zmag.org*). Zusätzliche Zitate in Chomsky, »The World After September 11«, wiederabgedr. als Kap. 6 von *Pirates and Emperors Old and New*.

29 Vgl. S. 161 f.

30 Larry Rohter, *NYT*, 18. Mai 2003.

31 Das sind vier der sechs Kriterien, die die klassische, aus dem Mittelalter stammende Theorie des *bellum iustum* kennt. Der Vollständigkeit halber: 1. *Iusta causa*, d. h., der Krieg muß eine gerechte Ursache haben. 2. *Recta intentio*, d. h., der Krieg muß in ehrlicher Absicht begonnen werden, also tatsächlich eine Bedrohung oder Aggression abzuwenden suchen. 3. *Proportionalitas*, d. h., die Verhältnismäßigkeit muß gewahrt bleiben, was nicht der Fall ist, wenn der Krieg z. B. mehr Leid verursacht als abwendet. 4. *Legitima auctoritas*, d. h., der Krieg muß von einer dazu befugten Autorität erklärt werden. 5. *Ultima ratio*, d. h., der Krieg darf erst dann geführt werden, wenn alle nicht-kriegerischen Mittel ausgeschöpft sind. 6. *Ius in bello* (von

manchen Interpreten auch als eigenständige Kategorie betrachtet), d. h., auch im Krieg sind die Regeln des humanitären Völkerrechts zu beachten. Anhand dieser Kriterien dürfte auch der Krieg der USA gegen den Irak kaum als gerecht bezeichnet werden. Vgl. dazu den instruktiven Essay von Alois Riklin, »Gerechter Krieg?«, *Neue Zürcher Zeitung am Sonntag*, 23. März 2003. (A. d. Ü.)

[32] Daniel Grann, *Atlantic Monthly*, Juni 2001.

[33] Talbott/Chanda (Hg.), *Age of Terror*, S. xv f. Hervorhebung von ihnen. Sie fügen hinzu, daß das Problem und seine Lösung »komplizierter« sind, scheinen aber die Folgerung zu akzeptieren und halten die Bombardierungen für angemessen und »ausgewogen«.

[34] Christopher Greenwood, *International Affairs* 78, Nr. 2 (2002). Thomas Franck, *American Journal of International Law* 95, Nr. 4 (Okt. 2001).

[35] Michael Howard, *Foreign Affairs*, Jan./Feb. 2002; vgl. auch Howards Vortrag vom 30. Oktober 2001, über den Tania Branigan im *Guardian* (31. Okt. 2001) berichtete.

[36] Frank Schuller/Thomas Grant, *Current History*, April 2002.

[37] Werner Daum, deutscher Botschafter im Sudan, *Harvard International Review*, Sommer 2001. Die gleiche Einschätzung gibt Jonathan Belke, Regionaldirektor der Near East Foundation, der über einschlägige Erfahrungen aus seinen Aufenthalten im Sudan verfügt; *BG*, 22. Aug. 1999. Kenneth Roth, Chef von Human Rights Watch, wies sofort darauf hin, daß die Bombardierung die medizinische Hilfe für 2,4 Millionen vom Hungertod bedrohte Sudanesen gefährde und die unbestimmte Vertagung »entscheidender« Hilfe für Menschen in weit entfernten Orten, wo es bereits täglich Todesfälle gab, erzwingen würde; Brief an Präsident Clinton vom 15. September 1998, veröffentlicht auf der Webseite von HRW. Zu diesen Vorgängen vgl. auch Chomsky, *9–11* (Seven Stories, 2001; dt. *The Attack*, Europa Verlag 2002), S. 45 ff.

[38] Christopher Hitchens, *Nation*, 10. Juni 2002.

[39] George W. Bush zit. n. Anthony Shadid, *BG*, 6. Aug. 2002.

[40] Richard Aldrich, *Guardian*, 22. April 2002.

[41] National Intelligence Council, *Global Trends 2015*.

[42] Kenneth Waltz in Booth/Dunne (Hg.), *World in Collision*.

[43] Ein Anwalt für multinationale Konzerne, zit. n. Neil MacFarquhar, *NYT*, 5. Okt. 2001.

[44] Sumit Ganguly, *Current History*, Dez. 2001; Philip Wilcox, als US-Botschafter zuständig für Gegenterrorismus, 1994-97, *New York Review of Books*, 18. Okt. 2001; Rohan Gunaratna zit. n. Thomas Powers, *New York Review of Books*, 18. Okt. 2001. Wolfowitz zit. n. *Vanity Fair*, Mai 2003; er bezieht sich vor allem auf die US-Präsenz in Saudi-Arabien.

[45] Editorial, *FT*, 14. Mai 2003; P. W. Singer, *Current History*, Nov. 2002; Daniel Byman, *FT*, 26. Mai 2003. Die befremdliche Idee, daß solche vertrauten Beobachtungen »Bin Ladins Forderung, Amerikaner zu töten ... entschärfen« muß nicht weiter diskutiert werden; Elshtain, *Just War against Terror: The Burden of American Power in a Violent World* (Basic Books, 2003), S. 215, bezieht sich damit auf eine ähnliche Bemerkung in Chomsky, *9–11.*

[46] Anthony Shadid, *WP*, 26. Feb. 2003.

[47] James Bill/Rebecca Bill Chavez, *Middle East Journal*, Herbst 2002.

[48] David Johnston/Don Van Natta, *NYT*, 17. Mai 2003. Byman, *FT*, 26. Mai 2003. Don Van Natta/Desmond Butler, *NYT*, 16. März 2003. Scott Atran, *NYT*, 5. Mai 2003.

[49] Faye Bowers, *CSM*, 5. Mai 2003.

[50] Jason Burke, *Sunday Observer*, 18. Mai 2003.

[51] Zu weiteren Zitaten und Zusammenhängen vgl. Gilbert Achcar, *The Clash of Barbarisms* (Monthly Review, 2002), S. 58 f. Daß dies die Ziele der Islamisten sind, nehmen auch die Strategen in Washington an; vgl. das Interview mit Wolfowitz, *Vanity Fair*, 9. Mai 2003.

[52] Michael Kranish, *BG*, 15. Mai 2003; Joseph Treaster, *NYT*, 14. Mai 2003.

[53] Michael Ignatieff, *NYT Magazine*, 5. Jan. 2003.

[54] Das Interview mit Ami Ayalon in *Le Monde*, 22. Dez. 2001, wiederabgedr. in Roane Carey/Jonathan Shanin, *The Other Israel* (New Press, 2002). Uri Sagie, *Lights within the Fog* (Jedioth Ahronoth-Chemed, 1998; hebr.), S. 300 ff.

[55] Jehoschafat Harkabi zit. n. Amnon Kapeliuk, *Le Monde diplomatique*, Feb. 1986.

[56] Zu Quellen und weiteren Erörterungen vgl. Chomsky, *World Orders Old and New*, S. 79, 201 f. Desgl. Salim Yaqub, *Diplomatic History* 16, Nr. 4 (Herbst 2002). Zu von den USA verhängten Handelshindernissen vgl. Nathan Godfried, *Bridging the Gap between Rich and Poor* (Greenwood, 1987) und weitere in *World Orders Old and New* zitierte Quellen.

[57] Peter Waldman u. a., *WSJ*, 14. Sept. 2001; vgl. auch Waldman/Hugh Pope, *WSJ*, 21. Sept. 2001. Vgl. auch Chomsky, *9–11* sowie ders. *Middle East Illusions*, Kap. 10.

[58] Ahmed Rashid, *Far Eastern Economic Review*, 1. August 2002. Professor El-Lozy von der American University of Cairo, der Schriftsteller Azizuddin El-Kaissouni und Warren Bass vom Council of Foreign Relations zit. n. Joyce Koh, *Straits Times* (Singapur), 14. Aug. 2002.

[59] Youssef Ibrahim, *WP Weekly*, 31. März 2003.

[60] Jonathan Steele, *Guardian*, 9. April 2003. Zum Einfluß des Irakkriegs auf Einstellungen gegenüber den USA vgl. Christopher Marquis, *NYT*, 4. Juni 2003. Er berichtet dort über eine Studie des Pew Research Centers, die zu dem Schluß kommt: »Der Krieg hat die Kluft zwischen Amerikanern und Westeuropäern vergrößert, die muslimische Welt weiter in Zorn versetzt, die Unterstützung für den Krieg gegen den Terrorismus aufgeweicht und die weltweite öffentliche Unterstützung für die Säulen der Nachkriegsordnung – die UNO und das nordatlantische Bündnis – erheblich geschwächt.« (Andrew Kohut, Leiter des Forschungszentrums.)

[61] Susan Sachs, *NYT*, 8. April 2003.

IX. Ein Alptraum, der vorübergeht?

[1] Schlagzeile der *New York Times* vom 23. Sept. 2001.

[2] Paul Krugman, *NYT*, 21. Dez. 2001.

[3] StratCom, *Essentials of Post-Cold War Deterrence*, 1995. Ausführlichere Zitate in Chomsky, *The New Military Humanism*, Kap. 6. Zu weiteren präsidentiellen Anordnungen vgl. Center for Defense Information, *Defense Monitor* 29, Nr. 3 (2000). Zu gesetzgeberischen Maßnahmen gegen die Aufhebung des Frühwarnsystems vgl. Morton Mintz, *American Prospect*, 26. Feb. 2001. Zum Alarm von 1969, der Moskau US-amerikanische Absichten in Vietnam »signalisieren« sollte, vgl. Scott Sagan/Jeremi Suri, *International Security* 27, Nr. 4 (Frühjahr 2003). Das wichtigste Ereignis, das ignoriert wurde, war ein schwerer Grenzkonflikt zwischen der Sowjetunion und China, der zur Fehlinterpretation des »Signals« durch die Sowjets geführt haben könnte.

[4] Vgl. Charles Glaser/Steve Fetter, *International Security* 26, Nr. 1 (Sommer 2001); eine umfassende Darstellung bieten Hart/Rudman, *America – Still Unprepared.*

[5] Scott Peterson, *CSM*, 9. Mai 2001; Walter Pincus, *WP*, 19. März 2001. Eine knappe Ankündigung schien auf eine mögliche Änderung dieser Politik als Reaktion auf den 11. September zu deuten; Elisabeth Bumiller, *NYT*, 28. Dez. 2001. Zu den Erfolgen der Initiative der Senatoren Sam Nunn und Richard Lugar vgl. Michael Krepon, *Bulletin of the Atomic Scientists*, Jan./Feb. 2003.

[6] Steven Lee Myers, *NYT*, 10. Aug. 2000; Bob Drogin/Tyler Marshall, *LAT*, 19. Mai 200; Michael Byers, *London Review of Books*, 22. Juni 2000. Vgl. auch Michael Gordon/Steven Lee Myers, *NYT*, 28. Mai 2000, sowie Glaser/Fetter, *International Security* 26, Nr. 1 (Sommer 2001).

[7] David Sanger, *NYT*, 2. Sept. 2001; Sanger, *NYT*, 5. Sept. 2001; Jane Perlez, *NYT*, 2. Sept. 2001; zu Clinton vgl. William Broad, *NYT*, 1. Mai 2000.

[8] John Steinbruner/Jeffrey Lewis, *Daedalus*, Herbst 2002.

[9] David Ruppe, *Global Security Newswire*, 22. Mai 2003. Rand Corporation, *Beyond the Nuclear Shadow*, Mai 2003. Paul Webster, *Bulletin of the Atomic Scientists*, Juli/Aug. 2003.

[10] Judith Miller, *NYT*, 30. Jan. 2003. Vgl. oben, Anm. 5.
Dieses Programm sollte den ehemaligen Sowjetrepubliken bei der Sicherung und Vernichtung von Massenvernichtungswaffen technisch, organisatorisch und finanziell behilflich sein. (A. d. Ü.)

[11] Krepon, *Bulletin of the Atomic Scientists*, Jan./Feb. 2003.

[12] Michael Gordon, Eric Schmitt, *NYT*, 11. März 2002. William Arkin, *LAT*, 26. Jan. 2003. Vgl. auch Mark Bromley/David Grahame, »Bunker Busters: Washington's Drive for New Nuclear Weapons«, New York University Global Beat Web site, 6. Sept. 2002, sowie Bruce Blair, *WP Weekly*, 2. Juni 2003, zur Bedrohung russischer Kommandozentren durch die neuen nuklearen »Bunkerzerstörer«.

[13] Carl Hulse/James Dao, *NYT*, 29. Mai 2003.

[14] Scott Baldauf, *CSM*, 15. Mai 2003.

[15] Peter Slevin, *WP*, 23. Sept. 2002.

[16] McGeorge Bundy, *Danger and Survival* (Random House, 1988), S. 326.

[17] Adam Ulam, *Journal of Cold War Studies* 1, Nr. 1 (Winter 1999). Melvyn Leffler, *Foreign Affairs*, Juli/Aug. 1996. James Warburg, *Germany: Key to Peace* (Harvard, 1953), S. 189 f.

[18] Matthew Evangelista, »Why Keep Such an Army?«, Working Paper

19, Cold War International History Project, Woodrow Wilson International Center for Scholars, Dez. 1997.

[19] Kenneth Waltz, *PS: Political Science & Politics*, Dez. 1991. Garthoff/Kaufmann zit. n. Chomsky, *Deterring Democracy*, S. 26.

[20] Vgl. insbesondere US Space Command, *Vision for 2020*, Feb. 1997.

[21] *High Frontier* (Heritage Foundation) zit. n. Gordon Mitchell, »National Missile Defense«, Vortrag vor dem Royal Defence College (Brüssel), 30. Jan. 2001. Vgl. Mitchells *Strategic Deception* (Michigan State, 2000).

[22] Garthoff, *A Journey through the Cold War*, S. 357 f.

[23] Jack Hitt, *NYT Magazine*, 8. Aug. 2001, der den Geheimdienstberater George Friedman zitiert.

[24] David Pugliese, *National Post* (Toronto), 24. Mai 2000.

[25] Sha Zukang zit. n. Michael Gordon, *NYT*, 29. April 2001. Das EP-3-Zitat von William Arkin, *Bulletin of the Atomic Scientists*, Mai/Juni 2001.

[26] Andrew Bacevich, *National Interest*, Sommer 2001; Lawrence Kaplan, *New Republic*, 12. März 2001. Die Studie der Rand Corporation wird nach Kaplan zitiert.

[27] Vgl. S. 57 f.

[28] Michael Krepon, *Foreign Affairs*, Mai/Juni 2001; vgl. auch seine Kommentare in Hitt, *NYT Magazine*, 8. Aug. 2001. Gordon Mitchell, *Fletcher Forum* 25, Nr. 1 (Winter 2001), der Charles Perrow zitiert. Vgl. auch Karl Grossman, *Weapons in Space* (Seven Stories, 2001).

[29] Air Force Space Command, *Strategic Master Plan (SMP) FY04 and Beyond*, 5. Nov. 2002.

[30] William Arkin, *LAT*, 14. Juli 2002. Michael Sniffen, AP, 1. Juli 2003.

[31] Hannah Hoag, *Nature* 423 (19. Juni 2003).

[32] Vgl. Kap. VII, Anm. 10.

[33] Tomas Valasek, *CDI Defense Monitor* 30, Nr. 3 (März 2001). Mitchell, *Fletcher Forum*, Winter 2001.

[34] Vgl. S. 152. AFP, 23. Jan. 2001. Reuters, 15. Feb. 2001; ein Bericht darüber fand sich in den *Deseret (Utah) News*; das war praktisch die einzige Berichterstattung über die Konferenzen von 2001 in den US-Medien. Frances Williams, *FT*, 8. Juni 2001.

[35] Judith Miller, *NYT*, 27. April 2001; Marlise Simons, *NYT*, 5. Okt. 2001; Michael Gordon/Judith Miller, *NYT*, 20. Mai 2001; Richard

Waddington, Reuters, *BG*, 8. Dez. 2001. Oliver Meier, *Bulletin of the Atomic Scientists*, Nov./Dez. 2001. Michael Gordon, *NYT*, 24. Juli 2001. Vgl. auch William Broad/Judith Miller, *NYT*, 13. Dez. 2001.

36 Mark Wheelis/Malcolm Dando/Catherine Auer, *Bulletin of the Atomic Scientists*, Jan./Feb. 2003. Zu sowjetischen Programmen, die die vertraglichen Verpflichtungen grob verletzten, vgl. William Broad/Judith Miller/Steven Engelberg, *Germs: Biological Weapons and America's Secret War* (Simon & Schuster, 2001).

37 *Bulletin of the Atomic Scientists*, Juli/Aug. 2002, wo diese und ähnliche Regierungsinitiativen erörtert werden; George Perkovich, *Foreign Affairs*, März/April 2003.

38 Vgl. S. 152.

39 So wurde z. B. Rachel Corrie im März 2003 von israelischen Streitkräften im Gazastreifen von einem Bulldozer, einer der brutalsten Waffen, die Israel einsetzt, getötet; vgl. S. 218 f. Wenn man Augenzeugenberichten folgt, könnte man auch von *Mord* sprechen. Die Tötung einer amerikanischen Staatsbürgerin durch einen US-Satellitenstaaten mittels von den USA gelieferter Ausrüstung wurde keiner Untersuchung wert erachtet.

40 Bertrand Russell zit. n. Judy Toth, *Bertrand Russell Quarterly*, Feb. 2003.

Personenregister